Gesellschaftsrechtliche Vereinigung (Hrsg.)

Gesellschaftsrecht in der Diskussion 2021

Jahrestagung der Gesellschaftsrechtlichen Vereinigung

Schriftenreihe
der
Gesellschaftsrechtlichen Vereinigung
(Hrsg.)

Band 27

Gesellschaftsrecht in der Diskussion 2021

Jahrestagung
der Gesellschaftsrechtlichen
Vereinigung (VGR)

herausgegeben
von der Gesellschaftsrechtlichen Vereinigung

mit Beiträgen von

Prof. Dr. Georg Bitter
Universitätsprofessor, Universität Mannheim

Prof. Dr. Ingo Drescher
Vorsitzender Richter am Bundesgerichtshof,
Karlsruhe

Dr. Thomas Kremer
Rechtsanwalt, Düsseldorf

PD Dr. Kaspar Krolop
Bundesministerium der Finanzen/
Humboldt-Universität zu Berlin

Dr. Sebastian Lochen
Group General Counsel und
Chief Compliance Officer thyssenkrupp AG,
Essen

Prof. Dr. Christine Osterloh-Konrad
Universitätsprofessorin,
Eberhard Karls Universität Tübingen

2022

ottoschmidt

Bibliografische Information
der Deutschen Nationalbibliothek

Die Deutsche Nationalbibliothek verzeichnet diese
Publikation in der Deutschen Nationalbibliografie;
detaillierte bibliografische Daten sind im Internet
über http://dnb.d-nb.de abrufbar.

Verlag Dr. Otto Schmidt KG
Gustav-Heinemann-Ufer 58, 50968 Köln
Tel. 02 21/9 37 38-01, Fax 02 21/9 37 38-943
info@otto-schmidt.de
www.otto-schmidt.de

ISBN 978-3-504-62727-0

Das verwendete Papier ist aus chlorfrei gebleichten
Rohstoffen hergestellt, holz- und säurefrei,
alterungsbeständig und umweltfreundlich.

Einbandgestaltung nach einem Entwurf von:
Jan P. Lichtenford
Satz: WMTP, Birkenau
Druck und Verarbeitung: Stückle, Ettenheim
Printed in Germany

Vorwort

Am 5.11.2021 fand die 24. Jahrestagung der Gesellschaftsrechtlichen Vereinigung statt. Der vorliegende 27. Band der VGR-Schriftenreihe enthält die Referate und Diskussionsberichte dieser Veranstaltung.

Zum zweiten Mal fand die Tagung unter dem Einfluss der Corona-Pandemie statt. Anders als im Vorjahr konnten aber zumindest rund 170 Interessierte vor Ort in Frankfurt/Main teilnehmen; weitere 240 Teilnehmer waren virtuell zugeschaltet.

Auch in diesem Jahr hatten sich Vorstand und Beirat bemüht, aktuelle Themen aus den verschiedenen Bereichen des Unternehmensrechts zu finden und dafür hoch qualifizierte Referentinnen und Referenten zu gewinnen. In guter Tradition stand zu Beginn der Tagung ein Überblick über die aktuelle gesellschaftsrechtliche Rechtsprechung des BGH durch den Vorsitzenden des II. Zivilsenats. Prof. Dr. *Ingo Drescher* zeigte anhand der von ihm ausgewählten neun Entscheidungen, davon drei zu Personengesellschaften, eine zu einer PLC & Co. KG, zwei zu GmbH und drei zu Aktiengesellschaften, wie sehr der BGH das Gesellschaftsrecht in den unterschiedlichen Bereichen durch die Klärung von Zweifelsfragen weiterentwickelt.

Im Anschluss führte Privatdozent Dr. *Kaspar Krolop* in die Corporate Governance und die Governance der Abschlussprüfung nach dem Gesetz zur Stärkung der Finanzmarktintegrität (FISG) ein, das am 1.7.2021 in Kraft getreten ist. Dr. *Krolop*, der im Bundesfinanzministerium für dieses Gesetz zuständig war, stellte zunächst die neuen aktienrechtlichen Regelungen des § 91 Abs. 3 AktG zur Einrichtung eines angemessenen und wirksamen internen Kontroll- und Risikomanagementsystems sowie die §§ 100 Abs. 5 und 107 Abs. 4 AktG zum Aufsichtsrat und Prüfungsausschuss vor. Anschließend ging er insbesondere auf die Reform des Bilanzkontrollverfahrens und die Änderungen der Governance der Abschlussprüfung ein, bevor er seine Überlegungen mit einem Ausblick auf die Governance der Bilanzierung und Abschlussprüfung im Lichte aktueller Entwicklungen auf der europäischen Ebene abschloss.

Frau Prof. Dr. *Christine Osterloh-Konrad* widmete sich in dem nachfolgenden Referat dem Rechtsinstitut der *actio pro socio*. Dabei zeichnete sie den vom Gesetz zur Modernisierung des Personengesellschaftsrechts (MoPeG) durch Einführung des § 715b Abs. 1 Satz 2 BGB eingeschlagenen Weg hin zu einer allgemeinen verbandsrechtlichen Institution ohne vollständige Einebnung erforderlicher rechtsformspezifischer Unterschiede nach. Sie empfahl, diesen Ansatz konsequent fortzuentwickeln, insbesondere im Hinblick auf die Wirkung der Rechtshängigkeit und die Anwendung der *actio pro socio* auf die Verfolgung von Drittansprüchen.

Im Anschluss daran stellte Dr. *Thomas Kremer* die Digitalisierung als Vorstandspflicht vor. Dazu stellte er zunächst klar, dass Digitalisierung über die Einführung neuer Software hinaus die digitale Transformation in den Unternehmen insbesondere durch Cloud Computing, Algorithmen, Machine Learning und künstliche Intelligenz umfasst. Im Anschluss ging er auf die Aufgaben und Pflichten des Vorstands und des Aufsichtsrats im Hinblick auf die so verstandene Digitalisierung ein. Einen Schwerpunkt legte er dabei auf die zwingenden Bemühungen um Cybersicherheit und freiwillige Maßnahmen der Corporate Digital Responsibility. Den Abschluss bildeten Überlegungen zum Einsatz digitaler Tools zur Optimierung interner Kontrollsysteme.

Gegenstand des nächsten Referats war das Pflichtenprogramm für die Geschäftsleitung nach dem neuen Lieferkettensorgfaltspflichtengesetz und dessen praktische Umsetzung. Auch dieses Thema wurde mit Dr. *Sebastian Lochen* durch einen erfahrenen Praktiker behandelt. Er stellte die Pflichten für den eigenen Geschäftsbereich sowie im Hinblick auf unmittelbare und mittelbare Zulieferer dar und erläuterte, wie sein Unternehmen die Vorgaben des Gesetzes prozessual und inhaltlich umgesetzt hat. Im Anschluss ging er auf verschiedene praxisrelevante Aspekte wie den Anwendungsbereich des Gesetzes, das Beschwerdesystem, die Risikoanalyse sowie die Rolle des Menschenrechtsbeauftragten ein.

Den Abschluss der Tagung bildete das Referat von Prof. Dr. *Georg Bitter* zur Massesicherung nach Insolvenzreife nach dem neuen § 15b InsO. In Abgrenzung zur Vorgängervorschrift des § 64 GmbHG und dessen Interpretation und Ausformung durch die Rechtsprechung ging er insbesondere auf die Sorgfaltsausnahme des § 15b Abs. 1 Satz 2, Abs. 2, 3, 8 InsO ein, wonach das Zahlungsverbot nach Eintritt der Zahlungsunfähigkeit oder der Überschuldung nicht gilt, soweit Zahlungen mit der Sorgfalt eines ordentlichen und gewissenhaften Geschäftsleiters vereinbar sind. Einen weiteren Schwerpunkt bildete die Rechtsfolge des § 15b Abs. 4 InsO, wonach die Antragspflichtigen der juristischen Person zur Erstattung der entgegen Abs. 1 geleisteten Zahlungen verpflichtet sind, allerdings beschränkt auf einen geringeren Schaden, der der Gläubigerschaft entstanden ist.

Zu jedem der Referate fand eine teilweise kontroverse Diskussion statt, die in den Diskussionsberichten im Anschluss an den jeweiligen Vortrag zusammengefasst ist.

Alle Beiträge sind auch bei juris – im Partnermodul Handels- und Gesellschaftsrecht premium, im Zusatzmodul Hochschulen und im Modul VGR – powered by juris online abrufbar. VGR-Mitglieder, die Ihre Zugangsdaten verlegt oder nicht präsent haben sollten, können sich insoweit an den Vertrieb des Verlags Dr. Otto-Schmidt (Tel.: (0221) 93738-998), E-Mail: kundenservice@otto-schmidt.de wenden.

Vorstand und Beirat der VGR danken allen, die zum Gelingen der 24. Jahrestagung beigetragen haben, insbesondere der Referentin und den Referenten, den Verfassern der Diskussionsberichte sowie den Teilnehmern und Teilnehmerinnen an den Diskussionen. Ganz besonderer Dank gebührt Frau *Heike Wieland*, in deren Händen auch in diesem Jahr die organisatorische Vorbereitung und Durchführung der Tagung lag und die durch ihren unermüdlichen Einsatz für einen störungsfreien Ablauf der Tagung sowohl im Präsenz- als auch im virtuellen Format gesorgt hat.

München, im März 2022

Für Vorstand und Beirat
der Gesellschaftsrechtlichen Vereinigung
Jochen Vetter

Inhalt*

---

* Ausführliche Inhaltsübersichten jeweils zu Beginn der Beiträge.

Inhalt

X

Die aktuelle gesellschaftsrechtliche Rechtsprechung des BGH

Prof. Dr. Ingo Drescher

Vorsitzender Richter am BGH, Karlsruhe

I. Verjährung der Abfindung nach Streit über Ausschluss, Urt. v. 18.5.2021 – II ZR 41/20, NJW 2021, 2647

Sachverhalt: 1

In einer Gesellschaft bürgerlichen Rechts wurde am 6.4.2009 ein Beschluss über den Ausschluss des Klägers aus wichtigem Grund gefasst. Seine Klage dagegen war zunächst erfolgreich, bis der Bundesgerichtshof

1

das Urteil des Berufungsgerichts aufhob und die Sache zurückverwies (Urt. v. 11.3.2014 – II ZR 24/13, ZIP 2014, 1019 = GmbHR 2014, 705). Daraufhin wies das Berufungsgericht die Klage ab. Die Entscheidung ist nach Zurückweisung der Nichtzulassungsbeschwerde des Klägers seit 1.12.2015 rechtskräftig.

2 Am 29.12.2014 leitete der Kläger ein Güteverfahren wegen der Abfindung ein. Das Berufungsgericht wies die nachfolgende Klage wegen Verjährung ab. Der Abfindungsanspruch sei mit dem Ausschlussbeschluss fällig geworden, und der Kläger habe Kenntnis der zugrundeliegenden Tatsachen gehabt.

3 **Rechtliche Würdigung:**

Die Revision hatte Erfolg. Der Abfindungsanspruch verjährt gemäß § 195 BGB in drei Jahren. Er entsteht mit dem Ausscheiden (§ 199 Abs. 1 Nr. 1 BGB), also der Kenntnis vom Ausschlussbeschluss, doch ist damit die nach § 199 Abs. 1 Nr. 2 BGB für den Beginn der Verjährungsfrist erforderliche Kenntnis von den Anspruch begründenden Umständen noch nicht gegeben. Diese liegt im Sinn des Gesetzes nur vor, wenn eine Klageerhebung zumutbar ist. An dieser Zumutbarkeit fehlt es im Regelfall vor der rechtskräftigen gerichtlichen Entscheidung über die Wirksamkeit des Ausschlusses. Die Zumutbarkeit fehlt, wenn der Gläubiger eines Anspruchs sich mit der Geltendmachung in Widerspruch zu eigenem Vorbringen setzen müsste. Daher ist es nicht zumutbar, dass der Gesellschafter nach Erhebung der Klage gegen seinen Ausschluss mit der Abfindungsklage, die einen wirksamen Ausschluss voraussetzt, gleichzeitig den gegenteiligen Standpunkt einnehmen muss und damit seinen Prozessvortrag entwertet. Hinzu kommt, dass die Wirksamkeit des Ausschlusses erst nach einer nicht immer eindeutig zu treffenden Bewertung beurteilt werden kann (Unzumutbarkeit der Fortsetzung der Gesellschaft mit dem Gesellschafter). Dass bei Streit die Wirksamkeit des Ausschlusses vor der Abfindung geklärt wird, entspricht auch den Interessen der Beteiligten. Ein Hilfsantrag auf Zahlung der Abfindung würde den Ausschlussprozess mit der Bewertung der Abfindung belasten und verzögern. Durch ein Teilurteil nur über den Hauptantrag gegen den Ausschluss, das von der Klärung der Abfindung erst einmal entlasten würde, entsteht auch kein Gewinn an Rechtssicherheit und Beschleunigung, weil die Abfindung ebenfalls zunächst offenbliebe. Ein schutzwürdiges Vertrauen darauf, dass infolge des Zeitablaufs bei einem andauernden Ausschlussrechtsstreit keine Abfindung mehr zu zahlen ist, kann auch nicht entstehen. Schließlich wissen die anderen Gesellschafter bzw. die Gesellschaft von Anfang an, dass bei Wirksamkeit des Ausschlusses die Abfindung zu zahlen ist.

II. Haftung des Kommanditisten in der Insolvenz für Gewerbesteuerforderungen, Ausgleich unter den Kommanditisten, Urt. v. 15.12.2020 – II ZR 108/19, BGHZ 228, 28

Sachverhalt: 4

Der Kläger ist Insolvenzverwalter über das Vermögen einer Schiffsfondsgesellschaft. Vor der Insolvenzeröffnung wählte die Gesellschaft die Tonnagebesteuerung, was zur Festsetzung des Unterschiedsbetrags zwischen Buchwert und Teilwert führte. Nach der Veräußerung des Schiffes in der Insolvenz wurde der Unterschiedsbetrag zum Gewinn bei der Gewerbesteuer hinzugerechnet, so dass eine Gewerbesteuerverbindlichkeit entstand. Nach der Rechtsprechung des Bundesfinanzhofs handelt es sich dabei um eine Masseverbindlichkeit.

Der Kläger verlangt von dem beklagten Kommanditisten die erhaltenen   5
Ausschüttungen zurück. Der Betrag wird nur benötigt, wenn die Gewerbesteuer zu den Verbindlichkeiten zählt, für die gehaftet wird. Außerdem meint der Kläger, der Betrag werde auch zum Ausgleich unter den Kommanditisten benötigt.

Rechtliche Würdigung: 6

Für die angemeldeten Forderungen anderer Kommanditisten auf Rückzahlung von vor der Insolvenz zurückgezahlten Ausschüttungen haftet der Kommanditist allerdings nicht. Diese Ansprüche sind auf Rückzahlung der Kommanditeinlage gerichtet, die im Insolvenzfall zur Befriedigung der Gläubiger als Haftungsmasse zur Verfügung stehen muss und die keine Insolvenzforderung im Sinne von § 38 InsO, sondern erst im Rahmen des sich an die Schlussverteilung anschließenden Innenausgleichs der Gesellschafter zu berücksichtigen ist.

Dagegen haftet der Kommanditist nach § 171, § 172 Abs. 4, § 161 Abs. 2,   7
§ 128 HGB für die Gewerbesteuerforderung, jedenfalls soweit sie auf der Hinzurechnung des Unterschiedsbetrags nach § 5a Abs. 4 EStG zum Gewinn der Schuldnerin beruht. Die Gewerbesteuerforderung ist eine Verbindlichkeit der Schuldnerin. Bei der Gewerbesteuer handelt es sich nicht

3

um eine Steuerschuld der Gesellschafter, sondern der Gesellschaft. Ein Kommanditist haftet nach § 171 Abs. 1 Halbs. 1, § 172 Abs. 4, § 161 Abs. 2, § 128 HGB für alle Verbindlichkeiten der Gesellschaft. In der Insolvenz der Gesellschaft ist jedoch eine teleologische Reduktion dieser Haftung aus § 128 HGB geboten, da die Gesellschafter keinen Einfluss mehr auf die Gesellschaft haben. Diese Einschränkung der persönlichen Haftung nach § 128 HGB ist aber entgegen der bisherigen Rechtsprechung nicht danach vorzunehmen, wie die betreffende Gläubigerforderung insolvenzrechtlich einzuordnen ist. Die Einordnung eines Anspruchs als Masseverbindlichkeit bzw. Insolvenzforderung folgt keinem einheitlichen Wertungsgedanken, sondern beruht auf unterschiedlichen Gründen. Die Einordnung der Gewerbesteuerforderung als Masseverbindlichkeit im Sinne von § 55 Abs. 1 Nr. 1 InsO und die Verwirklichung des gesetzlichen Besteuerungstatbestands des § 5a Abs. 4 EStG ist ohne Belang.

8 Den genauen Umfang der Beschränkung der Haftung hat der Bundesgerichtshof offengelassen. Jedenfalls haften die Gesellschafter – unabhängig von der insolvenzrechtlichen Einordnung – für Verbindlichkeiten, die bis zur Eröffnung des Insolvenzverfahrens begründet worden sind. Insoweit können die für die Haftung des ausgeschiedenen Gesellschafters nach § 160 HGB entwickelten Abgrenzungskriterien herangezogen werden. Maßgeblich ist dann, dass die Rechtsgrundlage der Verpflichtung bis zum Ausscheiden des Gesellschafters gelegt worden ist, auch wenn die daraus resultierenden einzelnen Verpflichtungen erst später entstehen und fällig werden. Dazu zählt die Gewerbesteuer, jedenfalls soweit sie auf der Hinzurechnung beruht (siehe dazu auch BGH, Urt. v. 28.1.2021 – IX ZR 54/20, ZIP 2021, 528 = NJW 2021, 938, zur Haftung nach Veräußerung des Schiffs mit Zustimmung des vorläufigen Insolvenzverwalters).

9 Zur Durchführung des Innenausgleichs unter den Gesellschaftern fehlt dem Insolvenzverwalter die Einziehungsbefugnis. Hauptzweck des Insolvenzverfahrens ist die gemeinschaftliche Gläubigerbefriedigung. Aus den dem Insolvenzverwalter nach der Insolvenzordnung zukommenden Aufgaben und Befugnissen ergibt sich lediglich seine Ermächtigung, einen nach der Schlussverteilung etwa verbleibenden Überschuss an die Gesellschafter zu verteilen. Eine darüber hinausgehende Befugnis oder gar Verpflichtung, durch Einziehung von Ausgleichsbeträgen auch den Innenausgleich der Gesellschafter herbeizuführen, kommt dem Insolvenzverwalter nach dem Gesetz nicht zu. Die Durchsetzung von Ausgleichs-

ansprüchen durch den Insolvenzverwalter würde zudem zu einer zusätzlichen Schmälerung der Verteilungsmasse und damit zu einer Finanzierung des – im Gesellschafterinteresse erfolgenden – Innenausgleichs zu Lasten der Masse und damit der Gläubiger führen, was dem nach der gesetzlichen Zielsetzung vorrangigen Zweck der Gläubigerbefriedigung widerspräche.

III. Entlastung, eigenübliche Sorgfalt bei KG, Urt. v. 22.9.2020 – II ZR 141/19, ZIP 2020, 2117

Sachverhalt: 10

Der Kläger war mit einem Beklagtem – beides Kommanditisten – Geschäftsführer der Komplementärin, einer GmbH. Die Geschäfte hat ein Verwalter geführt, der Gelder veruntreute.

Der Kläger verlangt für die Kommanditgesellschaft vom Beklagten Ersatz der veruntreuten Beträge wegen mangelhafter Überwachung des Verwalters. In einer Gesellschafterversammlung der KG wird gegen die Stimmen des Klägers die Entlastung der Komplementärin durch die weiteren beklagten Kommanditisten, beschlossen. Der Kläger klagt auf Feststellung der Nichtigkeit des Entlastungsbeschlusses.   11

Rechtliche Würdigung: 12

Die Kommanditgesellschaft ist nach vorbehaltloser Entlastung der Komplementärin auch mit Schadensersatzansprüchen gegen den Geschäftsführer der Komplementärin ausgeschlossen. Die Entlastung der Geschäftsführung bedeutet die Billigung der zurückliegenden Amtsführung und der Ausspruch von Vertrauen für die künftige Geschäftsführung. Die Entlastung der Komplementär-GmbH als Billigung ihrer Amtsführung umfasst die Billigung der Amtsführung des Geschäftsführers der Komplementär-GmbH.

Der Geschäftsführer der Komplementärin hat bei der Führung der Geschäfte auch dann die Sorgfalt eines ordentlichen Geschäftsmannes im Sinne von § 43 GmbHG anzuwenden, wenn er Gesellschafter der Kommanditgesellschaft ist, nicht nur die eigenübliche Sorgfalt nach § 708 ZPO. Die Verletzung der Pflichten des Geschäftsführers bei der Geschäftsführung für die GmbH muss sich im Innenverhältnis zwischen Komplementär-GmbH und Kommanditgesellschaft erstere nach § 31 BGB zurechnen lassen. Ein einheitlicher Haftungsmaßstab für die Haf-   13

5

tung des Geschäftsführers gegenüber der Komplementärin und gegenüber der Kommanditgesellschaft entspricht der Interessenlage der beteiligten Gesellschaften. Der Geschäftsführer hat gemäß § 43 Abs. 1 GmbHG in den Angelegenheiten der Gesellschaft und damit auch einer GmbH & Co. KG die Sorgfalt eines ordentlichen Geschäftsmannes anzuwenden. Dass der Geschäftsführer der Komplementärin einer personalistisch strukturierten GmbH & Co. KG zugleich Gesellschafter der Kommanditgesellschaft ist, führt nicht zu einer Verminderung der von ihm anzuwendenden Sorgfalt.

14 Ein Entlastungsbeschluss ist nur anfechtbar, wenn keine andere Entscheidung als die Versagung denkbar und die Entlastung missbräuchlich ist. Das ist insbesondere der Fall, wenn dem Geschäftsführer schwere Pflichtverletzungen vorzuwerfen sind und der Gesellschaft ein erheblicher Schaden zugefügt wurde. Die Beweislast: hat, wer den Entlastungsbeschluss angreift. Die Beweislastverteilung für Haftungsprozesse kann nicht entsprechend herangezogen werden. Die Gesellschafter, die den Entlastungsbeschluss fassen, sind anders als der Geschäftsführer nicht in die angeblich haftungsbegründenden Vorgänge einbezogen.

IV. Einziehung eines materiell bestehenden, aber aus der Gesellschafterliste entfernten Geschäftsanteils, Urt. v. 10.11.2020 – II ZR 211/19, NJW 2021, 622

15 **Sachverhalt:**

Der Kläger ist Gesellschafter einer GmbH. Am 17.4.2015 wurde die Einziehung seines Geschäftsanteils beschlossen, am 4.6.2015 eine Gesellschafterliste ohne ihn und seinen Geschäftsanteil eingereicht. Am 30.8.2016 wurde erneut die Einziehung seines Geschäftsanteils beschlossen, am 20.10.2017 ein drittes Mal. Mit Urteil vom 20.6.2019 wurde die Nichtigkeit der ersten beiden Einziehungsbeschlüsse festgestellt. Das Berufungsgericht hat den dritten Einziehungsbeschluss vom 20.10.2017 für nichtig erachtet, weil der Geschäftsanteil des Kläger nicht in der Gesellschafterliste ausgewiesen gewesen sei.

16 **Rechtliche Würdigung:**

Eine Gesellschaft mit beschränkter Haftung ist durch die negative Legitimationswirkung des § 16 Abs. 1 Satz 1 GmbHG nicht gehindert, einen nach einem möglicherweise fehlgeschlagenen Einziehungsversuch aus der Gesellschafterliste entfernten, aber materiell bestehenden Geschäftsanteil aus einem in der Person des materiell berechtigten Gesellschafters liegenden wichtigen Grund einzuziehen.

Der dritte Einziehungsbeschluss ging nicht etwa deshalb ins Leere, weil der Geschäftsanteil schon eingezogen war. Der erste und zweite Einziehungsbeschluss waren nichtig, so dass Kläger materiell noch Gesellschafter war. Der dritte Einziehungsbeschluss war nur für Fall gefasst, dass der erste und zweite Einziehungsbeschluss nichtig waren.   17

Der dritte Einziehungsbeschluss ging auch nicht ins Leere, weil der Kläger nicht mehr in der Gesellschafterliste als Gesellschafter ausgewiesen war. Allerdings galt der Kläger wegen § 16 Abs. 1 GmbHG nicht mehr als Gesellschafter. Die formelle und materielle Gesellschafterstellung können aber differieren. Ein materiell möglicher Einziehungsbeschluss muss gefasst werden können, ohne vorher den Gesellschafter wieder in die Liste aufzunehmen. Aus der Sicht der Gesellschaft liegen die Voraussetzungen für eine Korrektur der Gesellschafterliste vor Abschluss des Verfahrens zu den früheren Einziehungsbeschlüssen nicht vor, so dass sie keine neue Gesellschafterliste zum Zweck der erneuten Einziehung des Geschäftsanteils vorlegen könnte Der Gesellschafter ist nach der neuerlichen Einziehung aber trotz Streichung in der Liste anfechtungsbefugt.   18

Nach der Entscheidung BGH, Urt. v. 26.1.2021 – II ZR 391/18, ZIP 2021, 459, besteht die Anfechtungsbefugnis aber nur gegen den Einziehungsbeschluss, nicht gegen Beschlüsse zur Abberufung als Geschäftsführer, zur Kündigung des Geschäftsführerdienstvertrags oder zur Geltendmachung von Schadensersatzansprüchen.   19

V. § 64 GmbHG bei Vorleistung des Zahlungsempfängers, Urt. v. 27.10.2020 – II ZR 355/18, BGHZ 227, 221

Sachverhalt: 20

Die Schuldnerin, eine GmbH, hatte ein debitorisch geführtes Konto, für das sie eine Grundschuld und Sicherheiten an Massegegenständen gegeben hat. Der Insolvenzverwalter verlangt vom Geschäftsführer Ersatz für die Einzahlungen auf dieses debitorisch geführte Konto nach Insolvenzreife.

Bei einer anderen Bank hatte die Schuldnerin ein im Haben geführtes Konto. Der Insolvenzverwalter verlangt vom Geschäftsführer Ersatz der   21

Auszahlungen von diesem Konto nach Eintritt der Insolvenzreife. Mit den Zahlungen wurden Vorleistungen von Lieferanten bezahlt. Teilweise lieferten diese unter Eigentumsvorbehalt.

22 Rechtliche Würdigung:

Die Einzahlungen auf das debitorisch geführte Konto sind nicht zu erstatten. Sie führen zu einem masseneutralen Aktiventausch, weil die Grundschuld bzw. die Sicherheit an Massegegenständen frei wird. Zwar ist der Freigabeanspruch nur ein schuldrechtlicher Anspruch, doch ist eine Vermögensbetrachtung maßgeblich. Dass Auszahlungen vorgenommen werden, verhindert den durch die Einzahlung eingetretenen Aktiventausch nicht. Vielmehr sind die Auszahlungen von diesem Konto eigenständige Zahlungen, weil die Sicherheiten belastet werden.

23 Die Auszahlungen vom kreditorisch geführten Konto sind grundsätzlich als Zahlungen im Sinn von § 64 GmbHG a.F. zu erstatten. Dass Vorleistungen von Lieferanten vergütet wurden, führt nicht zu einem Aktiventausch. § 64 GmbHG a.F. begründet eine Masseerhaltungspflicht. Wenn für eine Zahlung ein werthaltiger und für die Gläubiger verwertbarer Gegenstand hereinkommt, wird der Masseverlust ausgeglichen und eine Erstattungspflicht des Geschäftsführers entfällt. Wenn aber bereits ein die Masse bereichernder Gegenstand in das Vermögen der Schuldnerin gelangt ist, gleicht die spätere Zahlung nichts aus, sondern führt zu einem Verstoß gegen die Masseerhaltungspflicht. Ein Aktiventausch kommt aber in Betracht, wenn die Zahlung nach einer Lieferung unter Eigentumsvorbehalt zum Eigentumserwerb der Schuldnerin und damit dem Verlust des Aussonderungsrechts des Lieferanten führt

VI. Weiche Patronatserklärung und Überschuldung, Urt. v. 13.7.2021 – II ZR 84/20, NJW 2021, 3046

24 Sachverhalt:

Der Beklagte war Executive Director der Komplementärin der A. Plc & Co. KG, über deren Vermögen auf Antrag des Beklagten vom 15.8.2017 am 1.11.2017 das Insolvenzverfahren eröffnet wurde. Ein Inkassounternehmen nimmt den Beklagten wegen Insolvenzverschleppung auf Schadensersatz für Flugkunden, die für ihre Vorauszahlungen infolge der Insolvenz keine Gegenleistung erhielten, in Anspruch, weil die Schuldnerin bereits zuvor überschuldet gewesen sei.

Die Gesellschafterin hatte in einem Comfort Letter erklärt: „Auf der 25
Grundlage der mitgeteilten Vorausberechnungen bis zum 31. Dezember
2018 wird die Absicht bestätigt, der Schuldnerin die notwendige Unterstützung für die vorhersehbare Zukunft, jedenfalls aber für 18 Monate
ab dem 28. April 2017 zu geben, damit die fälligen finanziellen Verpflichtungen erfüllt werden könnten."

Rechtliche Würdigung: 26

Die Haftung wegen Insolvenzverschleppung (Neugläubigerschaden) nach
§ 823 Abs. 2 BGB, § 15a InsO setzt Insolvenzreife voraus. Dazu kommt
im konkreten Fall die Überschuldung nach § 19 InsO in Frage. Die insol-
venzrechtliche Überschuldung setzt eine rechnerische Überschuldung
und das Nichtbestehen einer positiven Fortführungsprognose voraus. Ist
der Comfort Letter als harte (interne) Patronatserklärung zu verstehen,
die einen Anspruch der Schuldnerin begründet, kann dies grundsätzlich
die rechnerische Überschuldung beseitigen. Handelt es sich dabei um
eine weiche Patronatserklärung, hat er dagegen keine Bedeutung für eine rechnerische Überschuldung. Eine weiche Patronatserklärung (ohne
rechtliche Verpflichtung der Patronin) kann zwar eine positive Fortführungsprognose begründen. Bei der Prognose der Fortführungswahrschein-
lichkeit in der Krise ist sie aber in der Regel nicht zur Schließung von er-
warteten Liquiditätslücken geeignet.

VII. Beratungsvertrag mit Gesellschaft, deren organ-
schaftlicher Vertreter Aufsichtsratsmitglied ist,
Urt. v. 29.6.2021 – II ZR 75/20, ZIP 2021, 1596

Sachverhalt: 27

Eine Aktiengesellschaft hatte einen Beratungsvertrag mit einer anderen
Aktiengesellschaft geschlossen, deren Vorstandsvorsitzender Aufsichtsratsmitglied der beratenen Aktiengesellschaft ist. Die Beratungsleistungen erbrachte der Vorstandsvorsitzende, die Vergütung wurde an die Gesellschaft gezahlt.

Die beratene Aktiengesellschaft verlangt die geleistete Vergütung vom 28
Vorstandsvorsitzenden zurück, weil die Zustimmung ihres Aufsichtsrats fehlte.

9

29 **Rechtliche Würdigung:**

Nach § 114 Abs. 1 AktG darf eine Aktiengesellschaft grundsätzlich keine Honorare an ein Aufsichtsratmitglied zahlen, bevor der zugrundeliegende Beratungsvertrag vom Aufsichtsrat genehmigt ist. Das gilt auch für einen Beratungsvertrag mit der Gesellschaft, an der das Aufsichtsratmitglied beteiligt ist. Wegen des Normzwecks, die Aktiengesellschaft vor verdeckten Aufsichtsratvergütungen und der Gefährdung der Unabhängigkeit des Aufsichtsratmitglieds durch zu enge Beraterbeziehungen zu schützen, hat der Bundesgerichtshof diese Grundsätze auf den Fall eines Beratungsvertrags mit einer Gesellschaft, deren organschaftlicher Vertreter ein Aufsichtsratmitglied ist, erweitert. Schuldner des Rückzahlungsanspruchs ist das Aufsichtsratmitglied, nicht die honorarempfangende Gesellschaft. In der Rechtssache BGH, Urt. v. 22.6.2021 – II ZR 225/20, ZIP 2021, 1538, hat der Bundesgerichtshof ebenso für den Fall entschieden, dass die Aktiengesellschaft einen Beratungsvertrag mit einer Gesellschaft schließt, die ihrerseits einen Beratungsvertrag mit der Gesellschaft schließt, deren Gesellschafter-Geschäftsführer Aufsichtsratmitglied der Aktiengesellschaft ist.

VIII. Stimmrecht von Vorzugsaktionären bei Spaltung, Urt. v. 23.2.2021 – II ZR 65/19, BGHZ 229, 27

30 **Sachverhalt:**

Die beklagte börsennotierte Aktiengesellschaft und ihre 100 %ige Tochtergesellschaft schlossen einen Ausgliederungs- und Abspaltungsvertrag zur Aufteilung in zwei börsennotierte Aktiengesellschaften. Vermögensgegenstände eines Geschäftsbereichs sollen dazu von der Beklagten auf eine neue Aktiengesellschaft gegen die Gewährung von Anteilen an die Aktionäre der Beklagten (Abspaltung) bzw. die Beklagte selbst (Ausgliederung, rund 10 %) übertragen werden. Ein anderer Teilbereich verblieb bei der Beklagten. Für jede Stamm- bzw. Vorzugsaktie der Beklagten wurde eine Stamm- bzw. Vorzugsaktie des übernehmenden Rechtsträgers gewährt.

31 Die Hauptversammlung stimmte dem Spaltungsvertrag mit 99,95 % der Stimmen der Stammaktionäre zu. Ein Sonderbeschluss der Vorzugsaktionäre wurde nicht gefasst. Gegen den Zustimmungsbeschluss richtet sich die Klage auf Feststellung der Nichtigkeit/Unwirksamkeit bzw. Nichtigerklärung.

Rechtliche Würdigung: 32

Die Klage hatte keinen Erfolg. Eine Zustimmung aller Anteilsinhaber nach § 128 Satz 1 UmwG ist nicht erforderlich, weil die Abspaltung verhältniswahrend ist. Sie ist verhältniswahrend, wenn Beteiligungsquote im Hinblick auf den übertragenen Vermögensteil unverändert bleibt; die Gesamtbeteiligung an dem übernehmenden Rechtsträger ist nicht entscheidend. Hier wurden am übertragenen Vermögensanteil (90 %) neue Anteile exakt im alten Verhältnis für Stamm- wie Vorzugsaktien beim übertragenden Rechtsträger gewährt. Die Verwässerung wegen 10 % bei der übertragenden Beklagten (Ausgliederung) sind unerheblich.

Es war auch kein Sonderbeschluss der Vorzugsaktionäre nach § 65 Abs. 2 33 UmwG erforderlich. Der Spaltungsbeschluss der Hauptversammlung bedarf zu seiner Wirksamkeit der Zustimmung der stimmberechtigten Aktionäre jeder Gattung, wenn mehrere Gattungen von Aktien vorhanden sind. Die Vorzugsaktionäre haben aber kein Stimmrecht. Ein Stimmrecht ist auch nicht europarechtlich geboten. Die Gesellschaftsrechtsrichtlinie betrifft nur Aufspaltungen, nicht Abspaltungen oder Ausgliederungen. Eine nationale Erstreckung der Regelungen der Gesellschaftsrechtsrichtlinie auf Abspaltungen war vom Gesetzgeber nicht beabsichtigt. Den Vorgaben der Gesellschaftsrechtsrichtlinie ist nach Vorstellungen des Gesetzgebers im Übrigen nicht bei § 65 Abs. 2 UmwG, sondern im Rahmen von § 141 Abs. 1 AktG Rechnung zu tragen.

Auch ein Sonderbeschluss der Vorzugsaktionäre nach § 141 Abs. 1 AktG 34 war nicht erforderlich. § 65 Abs. 2 UmwG schließt die Anwendung von § 141 Abs. 1 AktG nicht aus, ist also nicht die speziellere Norm. Das folgt aus Wortlaut, Systematik, Gesetzgebungsgeschichte und der Vermeidung einer gespaltenen Auslegung. Auch § 23 UmwG (Inhabern von Rechten ohne Stimmrecht sind im übernehmenden Rechtsträger gleiche Rechte zu gewähren) verdrängt § 141 Abs. 1 AktG nicht, da die Vorschrift nur einen schwächeren schuldrechtlichen Anspruch gibt. § 141 Abs. 1 AktG gibt den Vorzugsaktionären aber nur ein Stimmrecht, wenn eine unmittelbare Beeinträchtigung in Rede steht. Bei der verhältniswahrenden Abspaltung kommt aber allenfalls eine wirtschaftliche und damit mittelbare Beeinträchtigung des Vorzugs in Betracht. Ein zusätzlicher Sonderbeschluss der Stammaktionäre ist überflüssig.

Die Entscheidung befasst sich dann u.a. noch mit Formfragen, so der 35 Formbedürftigkeit weiterer Abreden im Zusammenhang mit der Abspal-

11

tung und verweist für den Umfang der Beurkundungspflicht auf die zu § 311b Abs. 1, 3 BGB entwickelten Grundsätze. Dass der Vertrag nicht im Original oder in Abschrift mit Urkundennummer, Vollmachten und Unterschriften ausgelegt wurde, ist zwar fehlerhaft. Dieser Fehler ist aber nicht relevant, weil es auf den Inhalt des Vertrags und nicht auf die Urkundennummer etc. ankommt.

IX. Bestimmung der angemessenen Barabfindung, Beschl. v. 15.9.2020 – II ZB 6/20, BGHZ 227, 137

36 **Sachverhalt:**

Ein Jahr nach dem Abschluss eines Beherrschungs- und Gewinnabführungsvertrags wird der Ausschluss der Minderheitsaktionäre beschlossen. Im Spruchverfahren zum Beherrschungs- und Gewinnabführungsvertrag kommt es zu einer Erhöhung der Ausgleichszahlung. Im Spruchverfahren zum Ausschluss möchte das OLG die Abfindung nach dem Barwert der Ausgleichszahlung bemessen.

37 **Rechtliche Würdigung:**

Der Barwert der Ausgleichszahlungen ist geeignet, die Höhe der angemessenen Barabfindung zu bestimmen, wenn der Unternehmensvertrag zum nach § 327b Abs. 1 Satz 1 AktG maßgeblichen Zeitpunkt bestand und von seinem Fortbestand auszugehen war. Der Unternehmensvertrag, auf dem die Ausgleichszahlungen beruhen, gehört zu den Verhältnissen der Gesellschaft im für die Bemessung der Abfindung maßgeblichen Zeitpunkt. Der feste Ausgleichsanspruch tritt an die Stelle der aus dem Bilanzgewinn auszuschüttenden Dividende und bildet das in der Aktie verkörperte Anteilseigentum jedenfalls teilweise ab. Dass der Ausgleichsanspruch schuldrechtlich und nicht verbrieft ist, ist für die Berücksichtigung bei der Anteilsbewertung unerheblich. Auch der wegen einer möglichen Beendigung des Unternehmensvertrags vorübergehende Charakter des Ausgleichsanspruchs ist unerheblich, solange von einer Fortdauer des Unternehmensvertrags auszugehen ist.

Bericht über die Diskussion des Referats Drescher

Thomas Koch
Richter am LG, Mannheim/Karlsruhe

Oliver Saam
Richter am AG, Ludwigsburg/Karlsruhe

I. Einleitung

Der Diskussionsleiter *J. Vetter* dankte *Drescher* für das Referat und eröff-   1
nete die Diskussion, die sich auf die von *Drescher* vorgestellten Entscheidungen aus den Bereichen des Personengesellschaftsrechts, des GmbH-
Rechts und des Aktienrechts erstreckte.

II. Personengesellschaftsrecht

D. Könen (Universität Köln) bezog sich auf den im Urteil vom 15.12.2020[1]   2
behandelten Innenausgleich der Gesellschafter und den Grundsatz der
Gläubigergleichbehandlung. In der Entscheidung habe sich der Senat ausführlich mit § 199 Satz 2 InsO befasst. *Könen* erläuterte, dass man dazu
nur komme, wenn die Masse verteilt worden sei. Er fragte, wie im Zeitpunkt der Schlussverteilung noch eine masseschädliche Zahlung vorgenommen werden solle. Entweder seien Kommanditisten Gläubiger,
womit auch der Grundsatz der Gläubigergleichbehandlung gelte, oder
der Insolvenzverwalter habe gem. § 199 Satz 2 InsO Liquidationsbefug-
nisse. Er merkte an, dass aus § 199 Satz 2 InsO ein gesetzliches Liquida-
tionsmandat des Insolvenzverwalters zur Schlussverteilung folge. Dieses wirke – sofern keine abweichende Vereinbarung getroffen werde – in
der gesellschaftlichen Liquidation fort. Er fragte nach, wie Kosten produziert werden sollten, wenn alles ausgerechnet sei und es nur noch um
die Auszahlung an die Kommanditisten gehe. *Drescher* stellte klar, dass
die Schlussverteilung Sache des Insolvenzverwalters sei, er dabei aber
nur das zu verteilen habe, was noch vorhanden sei. Dies entspreche aber
nicht notwendig dem gesamten Ausgleich. Wenn die Gesellschafter unterschiedlich hohe Beiträge zur Masse erbracht hätten, könne ein Aus-

---

1 BGH v. 15.12.2020 – II ZR 108/19, BGHZ 228, 28 = GmbHR 2021, 252.

gleichsanspruch gem. § 426 BGB bestehen. Dieser Ausgleich liege jenseits des Mandats des Insolvenzverwalters.

3   *C. Müller* (Rechtsanwalt, Düsseldorf) bemerkte zu derselben Entscheidung, dass sich nach dem Brexit ein Anwendungsbereich der Haftungsbegrenzung wegen fehlenden Einflusses der Gesellschafter im Hinblick auf eine insolvente Ltd. ergebe. Nach der Trabrennbahn-Entscheidung[2] werde die Ltd. zur OHG. Wende man den Gedanken der Einflussnahmemöglichkeit des Gesellschafters darauf an, müsse der Gesellschafter, der nach Erklärung des Austritts des Vereinigten Königreichs die Gelegenheit zur Herbeiführung einer Haftungsbeschränkung nicht genutzt habe, nach § 128 HGB haften, auch wenn die Insolvenz schon vor dem Austritt bzw. dem Auslaufen der Übergangsphase eingetreten sei. *Drescher* erwiderte, dass sich der Senat zur sog. Wechselbalgtheorie im Zusammenhang mit dem Brexit nicht geäußert habe. Für die englische Ltd. gelte die Niederlassungsfreiheit nach dem Brexit nicht mehr. Welche Folgen dies für eine Ltd. mit Verwaltungssitz in Deutschland habe, sei noch nicht entschieden. Das Thema sei aber vielschichtig. Es gebe Fälle, in denen der Brexit während der Insolvenz einer Ltd. eingetreten sei und die Gesellschafter keine Möglichkeit mehr gehabt hätten, die Ltd. in eine andere Gesellschaft umzuwandeln. Solche Gesellschaften wären von derartigen Überlegungen nicht erfasst. Im Übrigen liege es auf der Linie der Trabrennbahn-Entscheidung, dass eine Ltd., die ihre Geschäfte nach dem Brexit hier weiterführe und dann insolvent werde, als Personengesellschaft oder Einzelkaufmann behandelt werde. Entschieden sei das aber noch nicht.

III. GmbH-Recht

4   *Wertenbruch* (Universität Marburg) merkte zum Urteil des Senats zur Einziehung eines materiell bestehenden, aber aus der Gesellschafterliste entfernten Geschäftsanteils[3] an, dass die Entscheidung einfacher mit der lediglich formellen Legitimationswirkung der Gesellschafterliste zu begründen sei, durch die sich die materielle Rechtslage nicht verändere. Der Einziehungsbeschluss könne daher ohne weiteres bestätigt werden, möglicherweise aufschiebend bedingt auf den Erfolg einer Klage gegen

---

2 BGH v. 27.10.2008 – II ZR 158/06, BGHZ 178, 192 = AG 2009, 84 = GmbHR 2009, 138 m. Anm. *Wachter.*
3 BGH v. 10.11.2020 – II ZR 211/19, NJW 2021, 622 = GmbHR 2021, 84 m. Anm. *Wachter.*

den vorangegangenen Einziehungsbeschluss. Unabhängig von der formellen Legitimation könne der von der Einziehung betroffene Gesellschafter den zweiten Einziehungsbeschluss anfechten. Sonstige Gesellschafterbeschlüsse könne der betroffene Gesellschafter, der wegen der formellen Legitimationswirkung des § 16 GmbHG kein Stimmrecht mehr habe, hingegen nicht mehr anfechten, wie auch der Senat zuletzt entschieden habe.[4] Besonders bedeutsam sei daher der einstweilige Rechtsschutz gegen die Entfernung aus der Gesellschafterliste. Hier sei aufgrund der geschilderten Situation stets von einem Verfügungsgrund auszugehen, weshalb die insoweit zurückhaltende Instanzrechtsprechung kritisch zu sehen sei. *Drescher* stellte klar, dass es nach der Entscheidung des Senats bei der vorsorglichen Einziehung gerade auf die materielle Gesellschafterstellung ankomme, während insoweit die formelle Gesellschafterstellung keine Rolle spiele. Der einstweilige Rechtsschutz könne nicht mit dem Argument versagt werden, es sei nicht mit der Einreichung einer geänderten Gesellschafterliste zu rechnen. Umgekehrt würden die Gesellschaften eine geänderte Gesellschafterliste häufig verfrüht einreichen. Nach der Senatsrechtsprechung werde der Einziehungsbeschluss nur dann mit Zugang beim Gesellschafter wirksam, wenn er nicht nichtig sei oder später, dann also ex tunc, für nichtig erklärt werde. Dies habe die Gesellschaft bei Einreichen der geänderten Gesellschafterliste zu beurteilen, etwa im Hinblick auf das Fehlen eines wichtigen Grundes.

Bayer (Universität Jena) erwiderte auf *Wertenbruch*, dass bei der Gesell- 5 schafterliste im Hinblick auf den Wortlaut des § 16 Abs. 1 GmbHG nicht einfach auf die materiell-rechtliche Situation verwiesen werden könne. Vielmehr sei, was der Senat in der von *Drescher* dargestellten Entscheidung im Ergebnis zutreffend entschieden habe, die Situation bei der Einziehung lediglich als Ausnahmefall zu werten, weil der Umweg, den Gesellschafter zunächst wieder in die Liste aufzunehmen, ein bloße Förmelei sei. Es sei jedoch nicht von dem Grundsatz auszugehen, es komme auf die materielle Rechtslage an. Daher sei der Gesellschafter gehalten, einen Verlust der formellen Gesellschafterstellung mit Hilfe des einstweiligen Rechtsschutzes unter Beachtung der dort geltenden Darlegungs- und Beweisanforderungen zu verhindern. Zu diskutieren seien daher lediglich weitere Ausnahmefälle, etwa die Kaduzierung eines fehlerhaft noch in der Liste stehenden Gesellschafters, wobei insoweit da-

---

4 BGH v. 26.1.2021 – II ZR 391/18, ECLI:DE:BGH:2021:260121UIIZR391.18.0, ZIP 2021, 459 = GmbHR 2021, 366 m. Anm. *Bayer*.

rauf abgestellt werden könne, ob die Fehlerhaftigkeit der Liste dem Verhalten des Gesellschafters zurechenbar sei, weil er etwa an einer materiell-rechtlich unwirksamen Abtretung des Anteils und der Änderung der Liste mitgewirkt habe.

IV. Aktienrecht

6 *Bitter* (Universität Mannheim) nahm zur Insolvenzvermeidung durch Patronatserklärungen[5] Stellung und pflichtete dem Senat bei, dass eine weiche Patronatserklärung nur in seltenen Ausnahmefällen in einer Krisensituation eine positive Prognose begründen können.[6] Er fragte, ob, wie früher von ihm dargelegt,[7] für die Berücksichtigung der harten Patronatserklärung auf der Aktivseite der Überschuldungsbilanz die Rechtsprechung des IX. Zivilsenats[8] zu dem die Passivseite betreffenden qualifizierten Rangrücktritt gespiegelt werden sollte, wonach dieser als Vertrag zugunsten Dritter ausgestaltet sein müsse, so dass auch insoweit eine vorzeitige Kündigung bzw. Beendigung ausgeschlossen sei und sich der Patron nicht zum Nachteil der Gläubiger einseitig zurückziehen könne. *Drescher* antwortete, der Senat habe sich in der besprochenen Entscheidung damit nicht befassen müssen, da dort eine harte lediglich von einer weichen Patronatserklärung abzugrenzen gewesen sei, wobei letztere nach dem Sachverhalt nähergelegen habe und es auf deren insolvenzvermeidende Wirkung angekommen sei.

7 *E. Vetter* (Rechtsanwalt, Köln) merkte in Bezug auf den Beschluss vom 15.9.2020[9] an, dass der Barwert für die Ausgleichszahlungen sich auf eine historische Unternehmensbewertung beziehe, weil der Abschluss des Unternehmensvertrages regelmäßig einige Jahre zurück liege und das Unternehmen seitdem meist tiefgreifende Änderungen erfahren habe. Das sei ein anderer Stichtag als für eine Unternehmensbewertung im Rahmen des Squeeze-out, für die der Tag der Hauptversammlung maßgeblich sei, die über den Squeeze-out beschließe. Wenn es um den Fortbestand dieses Vertrages gehe, werde der Hauptaktionär vermutlich vortragen, dass er beabsichtige den Beherrschungs- und Gewinnabführungsvertrag zu be-

---

5 BGH v. 13.7.2021 – II ZR 84/20, ECLI:DE:BGH:2021:130721UIIZR84.20.0, ZIP 2021, 1643.
6 Vgl. insoweit auch *Bitter/Jochum*, WuB 2021, 496 ff.
7 *Bitter*, ZHR 181 (2017), 428.
8 BGH v. 5.3.2015 – IX ZR 133/14, BGHZ 204, 231 = GmbHR 2021, 472 m. Anm. *Farian*.
9 BGH v. 15.9.2020 – II ZB 6/20, BGHZ 227, 137 = AG 2020, 949.

enden. *E. Vetter* stellte die Frage, ob eine solche Erklärung bewirke, dass der Unternehmensvertrag nur vorübergehenden Charakter in diesem Sinne habe, oder ob man in diesem Fall vom ungekündigten Vertrag ausgehen müsse. *Drescher* erwiderte, dass der Hauptaktionär gut beraten sei, das zunächst mit seinem Steuerberater zu besprechen, da dies Auswirkungen auf die steuerrechtliche Organschaft haben könne. Der Senat habe sich mit solchen Erklärungen nicht befasst. Eine zweckgerichtete Beendigung des Unternehmensvertrages in der Absicht, ihn nach einiger Zeit fortzusetzen, könne man möglicherweise vor dem Manipulationshintergrund beurteilen.

Corporate Governance und Governance der Abschlussprüfung nach dem FISG

PD Dr. Kaspar Krolop*

Bundesministerium der Finanzen/
Humboldt-Universität zu Berlin

* Dr. habil. *Kaspar Krolop* ist in der Abteilung für Finanzmarktregulierung des Bundesministeriums der Finanzen tätig und Privatdozent an der Humboldt Universität zu Berlin. Der Artikel gibt nur die persönliche Auffassung des Autors wieder.

19

I. Einleitung

1   Am 10.6.2021 wurde das Gesetz zur Stärkung der Finanzmarktintegrität (Finanzmarktintegritätsstärkungsgesetz – FISG) im Bundesgesetzblatt bekannt gemacht.[1] Der Großteil der Vorschriften ist zum 1.7.2021 in Kraft getreten; einige Vorgaben erst am 1.1.2022.[2]

2   Das Gesetz zielt darauf ab, in Umsetzung des Aktionsplans der Bundesregierung zur Bekämpfung von Bilanzbetrug und zur Stärkung der Kontrolle über die Kapital- und Finanzmärkte[3] dem im Fall Wirecard zutage getretenen Verbesserungsbedarf bei der Bilanzkontrolle und Regulierung

---

1 BGBl. I 2021, 1534.
2 Art. 27 Abs. 1 FISG; vorbehaltlich in Art. 27 Abs. 2 FISG genannter Regelungen, die erst zum 1.1.2022 in Kraft treten.
3 Veröffentlicht am 6.10.2020; im Internet unter https://www.bundesfinanzministerium.de/Content/DE/Downloads/Finanzmarktpolitik/2020-10-08-aktionsplan-bekaempfung-bilanzbetrug.pdf?__blob=publicationFile&v=2.

der Abschlussprüfer vorzunehmen und so das Vertrauen in die Integrität des Finanzmarkts zu stärken und Anleger besser zu schützen.[4]

1. Das FISG als wichtiger Baustein des Aktionsplans der Bundesregierung

Das FISG ein sehr wichtiger Baustein, aber auch nur ein Baustein des ge- 3 nannten Aktionsplans. Einige vom FISG nicht oder nicht vollständig adressierte Punkte seien kurz stichwortartig genannt:

– *Geldwäschebekämpfung:* Bei Wirecard sind auch Unregelmäßigkeiten bezüglich der Einhaltung der Vorgabe zur Geldwäschebekämpfung festgestellt worden. Eine Zuständigkeit der BaFin besteht grundsätzlich nur soweit, wie Banken und Versicherungen betroffen sind. Bei sonstigen Unternehmen sind grundsätzlich die Länder zuständig. Erste Neuregelungen zu diesem Komplex wurden im Zusammenhang mit dem Transparenzregistergesetz geregelt.[5]

– *Adäquate aufsichtsrechtliche Erfassung von Finanzholdings:* Das FISG enthält in § 25 KWG n.F. Vorgaben, die verhindern sollen, dass die Aufsicht bei Auslagerungen von Dienstleistungen umgangen werden kann. Die anderen Aspekte dieses vielschichtigen Themas sind nicht Gegenstand des FISG.

– *BaFin-Reform:* FISG ist nur ein Baustein einer umfassenden BaFin-Reform. Es hat einige gesetzliche Grundlagen gelegt für ein Reformprojekt zur Umstrukturierung, Verbesserung der Ausstattung und Modernisierung der BaFin.[6]

– *Hinweisgeberschutz:* Diese Thematik wird sehr zeitnah im Rahmen der Umsetzung der Hinweisgeberschutz-RiLi[7] ausführlich adressiert werden; beim Aktionsplan ging man noch davon aus, dass das Gesetz vor Ablauf der Legislaturperiode verabschiedet werden kann. Hierbei ist darauf hinzuweisen ist, dass bei Banken und Versicherern auf-

---

4 Begr. RegE FISG, BT-Drucks. 19/26966, S. 1 zur Bedeutung der Abschlussprüfung für das Markt- und Anlegervertrauen vgl. stellvertretend *Windbichler* in FS Rokas, 2012, S. 1389, die im Titel ihres Beitrags die Frage stellt „How assuring are Auditors' Assurances?".
5 Transparenzregister- und Finanzinformationsgesetz v. 25.6.2021, BGBl. I 2021, 2083.
6 Siehe dazu näher III.1.b), Rz. 30.
7 Richtlinie (EU) 2019/1937 des Europäischen Parlaments und des Rates vom 23.10.2019 zum Schutz von Personen, die Verstöße gegen das Unionsrecht melden, ABl. EU Nr. L 305 v. 26.11.2019, S. 17.

sichtsrechtliche Vorgaben für die Organisation für ein internes Meldesystem für Hinweisgeber bestehen. Ferner gibt es seit Längerem bei der BaFin eine Meldestelle für die Entgegennahme und Weiterleitung von Hinweisen, die im Verordnungswege bereits auf einen mit der Hinweisgeberschutzrichtlinie konformen Stand gebracht wurde.[8]

2. Das FISG als Gesetz zur Corporate Governance und Governance der Abschlussprüfung

4 Gegenstand und Aufgabe des FISG ist vorliegend enger als die Thematik der Aufarbeitung der Causa Wirecard und zugleich aber auch weiter als der Gegenstand dieses Beitrags, der sich auf die Corporate Governance im engeren Sinne und die Governance der Abschlussprüfung fokussiert.

5 Der Fall Wirecard könnte für das deutsche Recht eine ähnliche Zäsur bilden wie der ENRON-Skandal 2001[9] in den USA. Dem in Reaktion hierauf erlassenen Sarbanes Oxley Act wurde vorgeworfen, ein Sammelsurium von Ergänzungen von Pflichten und Sanktionsverschärfungen zu sein, getreu dem bekannten Bonmot „Hard cases make bad law." Das Echo zum Regierungsentwurf des FISG war teilweise ähnlich. So heißt der Titel eines Beitrags von *Schüppen* etwa „Hart, bissig, unausgegoren".[10] Der Regierungsentwurf ist im Schrifttum und auch im parlamentarischen Verfahren intensiv diskutiert worden. Diese Diskussionen haben in der Beschlussempfehlung des Finanzausschusses[11] ihren Niederschlag gefunden, der erhebliche Änderungen und Ergänzungen vorsah.[12]

6 Das FISG ist ein umfangreiches Artikelgesetz, das auf den ersten Blick wie eine Ansammlung Einzelregelungen anmuten mag, bei denen der

---

8 BaFin-Hinweisgeberschutzverordnung (BGBl. I 2021, 3207), die die bisherige BaFin-Verstoßmeldeverordnung ersetzt. Ermächtigungsgrundlage hierfür ist § 4d Abs. 9 FinDAG.

9 Siehe dazu stellvertretend *Martin*, NZG 2003, 948 der auch die Causa ENRON und weitere sog. Bilanzskandale in den USA in den Blick nimmt; rechtsvergleichend *Hopt*, ZHR 175 (2011), 444; aus betriebswirtschaftlicher Sicht *Menzies*, Sarbanes-Oxley und Corporate Compliance, 2006, S. 2.

10 *Schüppen*, DStR 2021, 246.

11 Beschlussempfehlung Finanzausschuss BT-Drucks. 19/29879, S. 3 ff. Dabei sind in das Gesetz auch Erkenntnisse aus dem Untersuchungsausschuss zu „Wirecard" eingeflossen.

12 Zusammenfassend *Krolop*, NZG 2021, 853.

rote Faden nicht ohne Weiteres erkennbar ist. Wichtiges Anliegen dieses Beitrags ist es aufzuzeigen, dass es sich keineswegs um ein „Sammelsurium" handelt, sondern eine überlegte Collage, mit der die Elemente der Corporate Governance im klassischen Sinne und der Regierung der Abschlussprüfer insbesondere an den Schnittstellen zu einem im Großen und Ganzen stimmigen Gesamtbild verbunden werden. An dieser Stelle möchte ich an meine Lehrerin Frau Prof. *Windbichler* erinnern, die schon zu meinen Studentenzeiten stets betont hat, dass die Abschlussprüfung ein wichtiger Teil der Corporate Governance ist. Ein von Expertinnen und Experten im Nachgang veröffentlichtes Papier zu möglichem weiteren Handlungsbedarf trägt entsprechend den Titel „10-Punkte Plan zur Stärkung der Unternehmenskontrolle".[13]

Das FISG beschränkt sich nicht auf „Unternehmenskontrolle". Der Abschlussprüfer wird nicht nur als Kontrollinstrument in der Corporate Governance angesehen, sondern vor allem auch als Gegenstand der Kontrolle adressiert: Wie kontrolliert man effizient diesen Kontrolleur? Diese Regelungsaufgabe wird hier mit Governance der Abschlussprüfung bezeichnet. Ich wähle diesen Terminus auch deshalb, da es für die Einordnung und Bewertung des FISG hilfreich erscheint, die Regelungen des FISG Kategorien zuzuordnen, die aus der Governance Diskussion bekannt sind.   7

3. Gang der Darstellung

Ich beginne entsprechend mit der Corporate Governance im engeren Sinne (II., Rz. 9) und widme mich dann verschiedenen Elementen aus der Governance der Abschlussprüfer beginnend mit dem Public Enforcement (III., Rz. 28; IV.1., Rz. 35), über Private Enforcement, insbesondere Schadensersatzhaftung (IV.2., Rz. 42 und IV.3., Rz. 55) endend bei den Regelungen zur Bestellung und Bestellungsvoraussetzungen des Abschlussprüfers (IV.4., Rz. 70). Am Ende erfolgt ein Ausblick auf mögliche Entwicklungen auf der europäischen Ebene (V., Rz. 74).   8

---

13 *Langenbucher/Nonnenmacher/Weimer/Thomas/Holle/Naumann*, 10-Punkte Plan zur Stärkung der Unternehmenskontrolle in Deutschland, FAZ vom 26.12.2021, Ziff. 6.

II. Regelungen zur Corporate Governance (ieS)

9   Wenn man die Abschlussprüfung im Allgemeinen und gerade auch den Fall Wirecard im Besonderen betrachtet, sollte man im Blick behalten, dass für die Erstellung eines ordnungsgemäßen Jahresabschlusses an erster Stelle die Gesellschaft verantwortlich ist, und man den Faden bei der Erstellung des Jahresabschlusses und den unternehmensinternen Kontrollmechanismen aufnehmen muss.

1. Einrichtung eines internen Kontroll- und Risikomanagementsystems

10   Hier setzt auch die neue Regelung zur Pflicht zur Einrichtung eines „angemessenen und wirksamen, internen Kontroll- und Risikomanagementsystems" in § 91 Abs. 3 AktG n.F. an. Dies geht weiter als das System zur Früherkennung nach § 91 Abs. 2 AktG, da nicht nur bestandsgefährdende Risiken erfasst werden.[14] Diese Regelung entspricht der Empfehlung A.2 des Deutschen Corporate Governance Kodex (DCGK) und ist weit verbreitete Praxis.[15] Die verbreitet begrüßte Regelung[16] hat daher vor allem eine klarstellende Bedeutung mit Signalfunktion auch im Hinblick auf Anleger und Investoren.[17] Nach der Begründung des RegE,[18] umfasst das interne Kontrollsystem „die Grundsätze, Verfahren und Maßnahmen zur Sicherung der Wirksamkeit und Wirtschaftlichkeit der Geschäftstätigkeit, zur Sicherung der Ordnungsmäßigkeit der Rechnungslegung und zur Sicherung der Einhaltung der maßgeblichen rechtlichen Vorschrif-

---

14 Daher enthält § 91 Abs. 2 AktG nach h.M. keine Pflicht zur Einrichtung eines umfassenden internen Kontrollsystems, *Hüffer/Koch*, 14. Aufl. 2020, § 91 AktG Rz. 4 ff.; *Hopt/Kumpan*, AG 2021, 129, 131.

15 *Hopt/Kumpan*, AG 2021, 129, 131; teilweise wird aus § 76 AktG 1 AktG eine derartige Pflicht abgeleitet (so etwa *Fischer/Schuck*, NZG 2021, 534, 535; *Spindler* in MünchKomm. AktG, 5. Aufl. 2015, § 76 Rz. 35 f.

16 *Hopt/Kumpan*, AG 2021, 129, 131; *Deutschen Aktieninstitut DAI*, Positionspapier vom 2.10.2020, S. 8; *Arbeitskreis Bilanzrecht Hochschullehrer Rechtswissenschaft (AKBR)*, BB 2020, 2731, 2734 und NZG 2020, 938, 940 f.; *Langenbucher/Nonnenmacher/Weimer/Thomas/Holle/Naumann*, 10-Punkte Plan zur Stärkung der Unternehmenskontrolle in Deutschland, FAZ vom 26.12.2021, Ziff. 1; zurückhaltender *DAV Handelsausschuss*, NZG 2020, 1380, 1382; *Fischer/Schuck*, NZG 2021, 534.

17 *Fischer/Schuck*, NZG 2021, 534, 541.

18 Begr. RegE FISG, BT-Drucks. 19/26966, 133.

ten".[19] Die Pflicht zur Implementierung eines effektiven Compliance-Systems ist hiervon umfasst.[20]

Teilweise wird auch die Einrichtung eines internen Meldesystems für   11
Hinweisgeber – Stichwort Whistleblowing – als notwendiger Teil eines
Compliance-Systems bzw. internen Kontrollsystems angesehen und eine entsprechende Regelung oder Klarstellung im FISG angemahnt.[21]
Spätestens mit Umsetzung der Hinweisgeberschutz-Richtlinie[22] wird eine derartige Pflicht geregelt werden. Hierbei ist darauf hinzuweisen, dass
bei Banken und Versicherern aufsichtsrechtliche Vorgaben für die Organisation für ein internes Meldesystem für Hinweisgeber bestehen. Ferner
gibt es seit Längerem bei der BaFin eine Meldestelle für die Entgegennahme und Weiterleitung von Hinweisen, die im Verordnungswege bereits auf einen mit der Hinweisgeberschutzrichtlinie konformen Stand
gebracht wurde.[23]

Die Regelung des § 91 Abs. 3 AktG n.F. beschränkt sich auf börsenno-   12
tierte Unternehmen. Bei nicht börsennotierten Unternehmen liegt die
Einrichtung eines derartigen Systems weiterhin im pflichtgemäß aus-
zuübenden Ermessen des Vorstands,[24] soweit sich eine dahingehende
Pflicht nicht ohnehin aus aufsichtsrechtlichen Bestimmungen ergibt.
Letzteres ist insbesondere bei Kreditinstituten (vgl. § 25a Abs. 1 Satz 6
Nr. 3 KWG) und Versicherungen (§§ 26 ff. VAG) der Fall. An dieser Stelle
kommt die für das FISG sehr wichtige Differenzierung zwischen Unternehmen von öffentlichem Interesse (auch Public Interest Entities – PIEs
genannt) und sonstigen Unternehmen zum Tragen.

---

19 Damit wird an die Begründung zu der mit dem BilMoG (Bilanzrechtsmoder-
   nisierungsgesetz vom 25.5.2009; BGBl. I 2009, 1102) eingeführten Regelungen
   zur Beschreibung der wesentlichen Merkmale des Kontroll- und Risikomanagement bezüglich des Rechnungslegungsprozesses nach § 289 Abs. 4 HGB
   angeknüpft: vgl. BilMoG-RegE, BT-Drucks. 16/10067, S. 77.
20 So u.a. *Fischer/Schuck*, NZG 2021, 534, 537 f.; *Hopt/Kumpan*, AG 2021, 129,
   131 f.
21 *Hopt/Kumpan*, AG 2021, 129, 133.
22 Siehe Fn. 7.
23 BaFin-Hinweisgeberschutzverordnung (BGBl. I 2021, 3207), die die bisherige
   BaFin-Verstoßmeldeverordnung ersetzt hat. Ermächtigungsgrundlage hierfür
   ist § 4d Abs. 9 FinDAG.
24 *Bachmann* in Kremer/Bachmann/Lutter/v. Werder, DCGK, 8. Aufl. 2021, G4
   Rz. 3; *Fischer/Schuck*, NZG 2021, 534, 537 f.

2. Exkurs: Der Begriff des Unternehmens von öffentlichem Interesse und Anwendungsbereich

13 Diese Vorschrift enthält eine mit dem FISG neu eingeführte zentrale, für das gesamte Recht des Jahresabschlusses und Abschlussprüfung maßgebliche Legaldefinition der Unternehmen von öffentlichem Interesse. Inhaltlich orientiert sich die PIE-Definition an Art. 2 Nr. 13 Abschlussprüferrichtlinie.[25] Diese zählt drei Kategorien auf. Für das FISG ist vor allem die Unterscheidung zwischen kapitalmarktorientierten Unternehmen einerseits und Banken und Versicherungen (sonstige PIEs)[26] wichtig.

14 Erstere knüpfen an die Definition in § 264d HGB an. In diese Kategorie, die der Kategorie „börsennotiert" i.S.v. § 3 Abs. 2 AktG entspricht fallen ca. 545 Unternehmen.[27] Hier liegt die besondere Bedeutung der Rechnungslegung im Hinblick auf die Integrität des Finanzmarkts und den Anlegerschutz auf der Hand.

15 Für den Finanzmarkt sind aber auch Banken und Versicherungen, die nicht kapitalmarktorientiert sind, von besonderer Bedeutung. Hinzu kommt, dass eine Reihe aufsichtsrechtlicher Vorgaben an Bezugsgrößen anknüpfen, die unmittelbar oder mittelbar, von der Rechnungslegung abhängig sind. Daher betrifft der Großteil der Regelungen des FISG alle PIEs und damit auch diese Unternehmen. Dort, wo das Aufsichtsrecht spezielle Regelungen enthält, wie beispielsweise bei der soeben vorgestellten Regelung zum internen Kontroll- und Risikomanagementsystem, erfassen die Regelungen nur börsennotierte Unternehmen.

3. Regelungen zum Aufsichtsrat, insbesondere zum Prüfungsausschuss

16 Im Übrigen zielen die Änderungen im AktG auf die wichtigste Kontrollinstanz in der Binnenorganisation der Gesellschaft, den Aufsichtsrat, und

---

25 Richtlinie 2006/43/EG des Europäischen Parlaments und des Rates vom 17. Mai 2006 über Abschlussprüfungen von Jahresabschlüssen und konsolidierten Abschlüssen, zur Änderung der Richtlinien 78/660/EWG und 83/349/EWG des Rates und zur Aufhebung der Richtlinie 84/253/EWG des Rates, ABl. EU Nr. L 157 v. 17.5.2006, S. 87.

26 CRR-Kreditinstitute i.S.v. § 1 Abs. 3d KWG (vgl. § 316a Abs. 1 Nr. 2 HGB n.F.) sowie Versicherungsunternehmen i.S.v. Art. 2 Abs. 1 RL 91/674/EWG (vgl. § 316a Abs. 1 Nr. 3 HGB n.F.).

27 *BaFin* (Hrsg.), Jahresbericht der BaFin für 2020, 2021, S. 103.

nehmen vor allem den Prüfungsausschuss in den Blick. Für PIEs wird die in der Empfehlung D.3 des Deutschen Corporate Governance Kodex (DCGK) empfohlene Einrichtung eines Prüfungsausschusses obligatorisch.[28] Im parlamentarischen Verfahren wurde die Klarstellung ergänzt, dass der Aufsichtsrat nur aus drei Mitgliedern besteht, dieser zugleich der Prüfungsausschuss ist (§ 107 Abs. 4 Satz 2 AktG nF.). Diese Regelung zielt vor allem auf sonstige Unternehmen von öffentlichem Interesse, wo derartige Aufsichtsräte häufiger vorkommen.

Damit der Prüfungsausschuss fachlich adäquat besetzt werden kann, ist 17 in § 105 Abs. 5 AktG n.F. vorgesehen, dass ein Mitglied des Aufsichtsrats sachkundig auf dem Gebiet der Rechnungslegung sein muss und ein weiteres Mitglied auf dem Gebiet der Abschlussprüfung.[29]

Bisher verlangte das Gesetz lediglich eine Person mit Kenntnissen in 18 den Bereichen Bilanzrecht *oder* Abschlussprüfung. Kumuliert man die erhöhten Anforderungen in § 100 Abs. 5 AktG mit der Empfehlung D.4 des DCGK muss, wenn man dieser Empfehlung weiterhin entsprechen will, der Vorsitzende des Prüfungsausschusses Sachkunde in Rechnungslegung *und* Abschlussprüfung vorweisen können und ein weiteres Mitglied des Aufsichtsrats (typischerweise, aber nicht notwendig des Prüfungsausschusses) Kenntnisse auf einem der beiden Gebiete. Teilweise wird kritisiert, dass bei kleinen Aufsichtsräten es dann kaum Raum für andere Qualifikationen gäbe. Allerdings sind letztlich vorwiegend sonstige PIEs, also Banken und Versicherungen betroffen. Bei diesen spielt die Rechnungslegung aber ohnehin eine besonders bedeutende Rolle, so dass Branchenkenner häufig typischerweise auch Kenntnisse auf dem Gebiet der Rechnungslegung haben dürften.

Neben der Sachkunde der Mitglieder des Prüfungsausschusses sind die 19 Gewährleistung der Informationsflüsse und die Stärkung der Autonomie des Aufsichtsrats im Allgemeinen und des Prüfungsausschusses im Besonderen weitere Ansatzpunkte.

---

28 Für Aktiengesellschaften ergibt sich dies aus § 107 Abs. 4 Satz 1 AktG n.F.; für in einer anderen Rechtsform verfasste PIEs aus § 324 Abs. 1 Satz 1 i.V.m. § 316 Abs. 1 Satz 2 HGB. Art. 15 Nr. 4b) FISG; näher dazu Beschlussempfehlung, BT-Drucks. 19/29879, S. 177 f.

29 Art. 15 Nr. 4b) FISG; näher dazu Beschlussempfehlung, BT-Drucks. 19/29879, S. 177 f.

20 Gemäß § 107 Abs. 4 Satz 4 AktG n.F. ist jedes Mitglied des Prüfungsausschusses befugt, von den Leitern der Zentralbereiche, die für die Aufgaben zuständig sind, die den Prüfungsausschuss betreffen, Auskünfte
anzufordern. Die sonstigen Aufsichtsratsmitglieder haben diese Befugnis nicht. Damit wird im Kern ein u.a. vom Arbeitskreis Aufsichtsratsrecht im Rahmen der „Eckpunkten für eine Reform des Aufsichtsratsrechts" erarbeiteter Vorschlag aufgegriffen, der allerdings im Gegensatz
zur FISG-Regelung diese Befugnis für den Aufsichtsrat insgesamt vorsieht.[30] Die Auskunft ist über den Vorsitzenden des Ausschusses einzu-
holen.[31]

21 Nach bisherigem Verständnis, das auch so im DCGK (insbesondere im
Grundsatz 16) abgebildet ist,[32] erfolgen die Informationsflüsse zwischen
Aufsichtsrat und der operativen Ebene primär über den Aufsichtsratsvorsitzenden. Das FISG weist für den Bereich der für Rechnungslegung
und Abschlussprüfung relevanten Sachverhalte nun auch dem Vorsitzenden des Prüfungsausschusses eine Schlüsselrolle bei der Informati-
onsvermittlung zwischen dem Vorstand und dem Aufsichtsrat zu. Insoweit könnte der Grundsatz 16 des DCGK anzupassen sein.

22 Die Aufgaben des Prüfungsausschusses betrifft eine Klarstellung in § 107
Abs. 3 Satz 2 AktG, wonach auch die Qualität der Abschlussprüfung zu
evaluieren ist; und zwar nicht nur sporadisch, sondern kontinuierlich in
regelmäßigen, angemessen engen Abständen.[33]

23 Die Konzentration auf den Prüfungsausschuss kann man als eine ver-
mittelnde Lösung ansehen. Auf diese Weise soll den Forderungen nach
einer weiteren Professionalisierung des Aufsichtsrats[34] Rechnung getragen werden, ohne das herkömmlichen Leitbild der Wahrnehmung eines einfachen Aufsichtsratsmandats als Nebentätigkeit vollständig auf-
zugeben. Abzuwarten bleibt, wie sich die Änderungen auf die Teilhabe

---

30 *Hommelhoff/Kley/Verse* (Hrsg.), Reform des Aufsichtsratsrechts, ZGR 2021
(Sonderheft 25), S. 3 (Rz. 15); Kritik an Beschränkung auf Prüfungsausschuss
u.a. *AKBR* (Fn. 16), BB 2020, 2731, 2733.

31 § 107 Abs. 4 Satz 4 AktG n.F., näher dazu dazu Beschlussempfehlung, BT-
Drucks. 19/29879, S. 177 f.

32 Vgl. Grundsatz 16 DCGK.

33 Vgl. Art. 39 Abs. 6 Buchst. d) der Abschlussprüfer-Richtlinie sowie Empfehlung D.11 des DCGK.

34 *AKBR* (Fn. 16), BB 2020, 2731, 2735; *Hommelhoff/Kley/Verse* (Hrsg.), Reform
des Aufsichtsratsrechts, ZGR 2021 (Sonderheft 25), S. 3 (Rz. 19).

der Arbeitnehmervertreter in mitbestimmten Aufsichtsräten auswirken werden.

4. Unabhängigkeit des Aufsichtsrats

Die Unabhängigkeit des Aufsichtsrats soll dadurch gestärkt werden, dass 24 gemäß § 109 Abs. 1 Satz 2 AktG n.F. an Gesprächen des Prüfungsausschusses mit dem Abschlussprüfer der Vorstand nur teilnimmt, wenn der Aufsichtsrat dies für erforderlich hält. Diese über eine Empfehlung des DCGK[35] hinausgehende Regelung macht deutlich, dass entgegen einer weit verbreiteten Praxis die Anwesenheit des Vorstands bei diesen Gesprächen keine Selbstverständlichkeit ist.[36]

Während das FISG die Unabhängigkeit des Aufsichtsrats gegenüber dem 25 Vorstand stärkt, wird die Unabhängigkeit gegenüber der Gesellschaft und den Aktionären nicht unmittelbar adressiert. Allerdings gibt es bereits eine Reihe von Vorgaben zur Besetzung des Aufsichtsrats (Vorgaben zur Sachkunde, angemessenes Verhältnis von Frauen und Männern, Inkompatibilitätsregelungen, Vorgaben zur Arbeitnehmermitbestimmung im Aufsichtsrat). Vor diesem Hintergrund hat der Gesetzgeber daran festgehalten, diesen Aspekt den Empfehlungen des Deutschen Corporate Governance zu überlassen. Hiernach soll mehr als die Hälfte der Anteilseignervertreter von der Gesellschaft und Vorstand unabhängig (Empfehlung C.7 DCGK). Gleiches gilt insbesondere für den Aufsichtsratsvorsitzenden, für den Vorsitzenden des Besetzungsausschusses und vor allem den Vorsitzenden des Prüfungsausschusses der Gesellschaft. Letzterer soll auch vom Mehrheitsaktionär unabhängig sein (Empfehlung C.11 DCGK).

Das Fehlen verbindlicherer Vorgaben zur Unabhängigkeit wird von vie- 26 len Stimmen kritisiert, u.a. auch vom Arbeitskreis Aufsichtsratsrecht.[37] Insbesondere bei internationalen Investoren sei nicht vermittelbar, dass der Vorsitzende des Prüfungsausschusses vom Mehrheitsaktionär abhängig sein kann.[38] Auch auf der Ebene der internationalen Standardsetzung

---

35 Vgl. Empfehlung D.7 DCGK: „Der Aufsichtsrat soll regelmäßig auch ohne den Vorstand tagen."

36 Beschlussempfehlung FA, BT-Drucks. 19/29879, S. 178.

37 *Hommelhoff/Kley/Verse* (Hrsg.), Reform des Aufsichtsratsrechts, ZGR 2021 (Sonderheft 25), S. 3 (Rz. 25).

38 *Langenbucher/Nonnenmacher/Weimer/Thomas/Holle/Naumann*, 10-Punkte Plan zur Stärkung der Unternehmenskontrolle in Deutschland, FAZ vom 26.12.2021, Ziff. 6, Abs. 2.

im Bereich der Finanzmarktregulierung rückt das Unabhängigkeitserfordernis verstärkt in den Fokus.

27 Das Zögern des Gesetzgebers beim FISG ist vor allem dann verständlich, wenn man kleine Unternehmen in den Blick nimmt. Insbesondere bei dreiköpfigen Aufsichtsräten wird das oben skizzierte Personalpuzzle schwierig. Ein Mittelweg könnte darin liegen, gesetzlich zwingende Vorgaben nach Vorbild der Empfehlung C.11 des DCGK auf Gesellschaften zu beschränken die „groß" i.S.v. § 267 Abs. 3 HGB[39] sind.

III. Corporate Governance und Public Enforcement

28 Von der Corporate Governance durch unternehmensinterne Kontrollmechanismen zu unterscheiden ist die externe Unternehmenskontrolle. Besonderes Augenmerk hat der Gesetzgeber auf die Mechanismen des Public-Enforcement gelegt. Hier ist zwischen dem Bilanzkontrollverfahren (dazu III.1., Rz. 29), hoheitliche Sanktionen (dazu III.2., Rz. 31) und der Abschlussprüferaufsicht (dazu IV.1., Rz. 35) zu unterscheiden,

1. Bilanzkontrollverfahren und BaFin-Reform

a) Übergang zum einstufigen Bilanzkontrollverfahren

29 Das bislang zweistufige Verfahren wird – wie von vielen Stimmen[40] gefordert – durch eine einstufige Bilanzkontrolle ersetzt; so wie es auch in den anderen Ländern der EU üblich ist.[41] Die Möglichkeit der Anerken-

---

39 Die dort verankerten Kriterien beruhen unmittelbar auf der Richtlinie (EU) 2014/56 des Europäischen Parlaments und des Rates vom 16.4.2014 zur Änderung der Richtlinie 2006/43/EG über Abschlussprüfungen von Jahresabschlüssen und konsolidierten Abschlüssen, ABl. EU Nr. L 158 v. 27.5.2014, S. 196 (Bilanzrichtlinie). Gemäß § 267 Abs. 3 Satz HGB gilt jedes kapitalmarktorientierte Unternehmen unabhängig von den in § 267 Abs. 1 und § 267 Abs. 2 HGB verankerten Größenkriterien als groß.
40 U.a. *Schüppen*, DStR 2021, 246, 252 f.; *Voß*, RDI 2020, 11, 18; siehe auch Bericht zur Sachverständigenanhörung im Internet unter https://www.bundes tag.de/dokumente/textarchiv/2021/kw11-pa-finanzen-finanzmarktintegritaet-826058; Für Beibehaltung dagegen DAI, Stellungnahme vom 15.2.2021, S. 4 f.; IDW, Stellungnahme zum RegE FISG v. 26.1.2021, S. 22 (Im Internet unter https://www.idw.de/blob/128450/6029dfe719016e6b4125e2151ee79a2c/down-fisg-rege-data.pdf); Fraktion der FDP (vgl. auch abgelehnten Antrag der FDP, Beschlussempfehlung FA, BT-Drucks. 19/29879, S. 160 f.).
41 Innerhalb der EU kennen nur Schweden und Österreich ein zweistufiges System.

nung einer privatrechtlich organisierten Einrichtung zur Prüfung von Bilanzverstößen wird abgeschafft. Bis 31.12.2021 nicht abgeschlossene Prüfungen der DPR werden von der BaFin fortgeführt und die BaFin erhält Zugang zu den Akten bei der DPR (§ 141 WpHG n.F.).[42] Ein einstufiges System reduziert die mit der Anerkennung einer neuen Prüfstelle verbundene Komplexität durch eine Vermeidung von Schnittstellen.[43] Die BaFin kann bei Bedarf bei allen Prüfungen, einschließlich Stichprobenprüfungen, unmittelbar hoheitliche Befugnisse nutzen, ohne zuerst eine Prüfung an sich ziehen zu müssen.

b) Ausbau von Befugnissen der BaFin

Im Ergebnis liegt nun sowohl die Ermittlung bei Verdachtsfällen (§ 107 Abs. 1 Satz 1 WpHG n.F.), als auch die Zuständigkeit für die stichprobenartige Kontrolle von Bilanzen (§ 107 Abs. 1 Satz 3 WpHG n.F.) allein bei der BaFin.[44] Die Befugnisse der BaFin werden ausgebaut. Neben erweiterten Auskunfts- und Vorlagerechten hat die BaFin auch ein Vorlade- und Vernehmungsrecht gegenüber Organmitgliedern, Beschäftigten und den Abschlussprüfern. Diese Rechte stehen der BaFin künftig auch gegenüber jedem Dritten zu (§ 107 Abs. 4 und Abs. 5 WpHG n.F.). Bei konkreten Anhaltspunkten für erhebliche Verstöße gegen Rechnungslegungsvorschriften kann die BaFin Durchsuchungen und Beschlagnahmen durchführen (§ 107 Abs. 7 WpHG n.F.) sowie bereits die Einleitung einer Untersuchung öffentlich machen (§ 107 Abs. 1 Sätze 6 und 7 WpHG n.F.). Daneben enthält das Gesetz weitere Änderungen des Finanzdienstleistungsaufsichtsgesetzes, die nicht das Bilanzkontrollverfahren unmittelbar betreffen, sondern die Basis für die Modernisierung der BaFin bilden.[45]

30

---

42 Die Vorschrift des § 18b FinDAG zum Personalübergang und weitere Übergangsregelungen in § 141 WpHG und in Art. 86 EGHGB sollen die Kontinuität der Bilanzkontrolle sicherstellen; näher dazu *Krolop*, NZG 2021, 853.

43 *Krolop*, NZG 2021, 853; vgl. auch Kritik am zweistufigen Verfahren bei den in Fn. 40, genannten Stimmen.

44 Dabei stellt § 107 Abs. 1 Satz 2 WpHG klar, dass die BaFin eine Bilanzkontrolle auch dann anordnen darf, wenn zeitgleich aufsichtsrechtliche Prüfverfahren (z.B. nach § 44 Abs. 1 Satz 2 KWG oder § 306 Abs. 1 Nr. 6 VAG), die denselben Gegenstand betreffen, durchgeführt werden.

45 Näher dazu *Krolop*, NZG 2021, 853, 854.

2. Sanktionen – Änderungen bei Straftatbeständen und Ordnungswidrigkeiten

31 Mit dem FISG wird die BaFin bei PIEs die für die Festsetzung sämtlicher bilanzbezogener Ordnungswidrigkeiten zuständige Behörde und tritt insoweit teilweise an die Stelle des Bundesamts für Justiz (§ 334 Abs. 4 HGB). Die Tatbestände der Ordnungswidrigkeiten und Straftaten wurden in diesem Bereich erheblich verschärft und erweitert. Hervorzuheben ist die Ausdehnung der Strafbarkeit bei Abgabe einer falschen Versicherung ordnungsgemäßer Bilanzierung auf grobe Fahrlässigkeit (§ 331a Abs. 2 HGB). Dagegen wird teilweise vorgebracht, dass ein fahrlässiger Meineid oder unbewusste Unredlichkeit nicht möglich seien.[46] Das ist aber weniger ein valider Einwand gegen die Verschärfung, als ein Argument dafür, den Terminus des Bilanzeids zu beerdigen. Das war nie ein echter Rechtsbegriff, sondern nur Fachjargon.

32 Daneben ist nunmehr auch die Verletzung der Pflichten der Mitglieder des Prüfungsausschusses, insbesondere bei Verletzung der Vorgaben zur Auswahl und Bestellung des Abschlussprüfers, bußgeldbewehrt, in besonderen Fällen sogar strafbewehrt.[47]

33 In § 332 Abs. 3 HGB wird jetzt auch bei Unternehmen von öffentlichem Interesse auch die leichtfertige Abgabe eines Bestätigungsvermerks bezüglich eines fehlerhaften Jahresabschlusses unter Strafe gestellt.[48] Diese Regelung wendet sich nicht an die Organe des Unternehmens, sondern an den Abschlussprüfer. An dieser Stelle verlassen wir den Bereich der Corporate Governance im klassischen Sinne und müssen nun das Gesamtbild der Governance der Abschlussprüfung in den Blick nehmen.

IV. Governance der Abschlussprüfung

34 Die Geschehnisse um Wirecard haben deutlich gemacht, dass die Abschlussprüfung eine wichtige Kontrollfunktion im Rahmen der Corporate Governance einnimmt. Im Zentrum der Wirecard der Diskussion steht die Frage, wer kontrolliert den Prüfer? Das geht über den Rahmen der klassischen Corporate Governance hinaus. Man könnte hier von einer Governance der Abschlussprüfung sprechen mit den Elementen Auf-

---

46 *Schüppen*, DStR 2021, 246, 247.
47 Siehe insbesondere § 334 Abs. 2 und § 334 Abs. 2a HGB.
48 Einzelheiten dazu bei *Eichholz/Beck*, BB 2021, 1899 (1901 f.).

sicht als externe Corporate Governance (dazu IV.1., Rz. 35), Regelungen zur Haftung (IV.2., Rz. 42 und IV.3., Rz. 55) sowie Vorgaben zur Unabhängigkeit und zur Vermeidung von Interessenkollisionen (dazu IV.4., Rz. 70).

1. Abschlussprüferaufsicht und Berufsrecht der Wirtschaftsprüfung

a) Änderungen in der Wirtschaftsprüferordnung (WPO)

Im Regierungsentwurf noch nicht vorgesehen waren die nunmehr in Art. 21 FISG vorgesehenen Änderungen der Wirtschaftsprüferordnung (WPO). Diese zielen zu einem bedeutenden Teil auf Neujustierungen bei der Aufsicht der Abschlussprüfer, die bei den Wirtschaftsprüferkammern und vor allem bei der Abschlussprüferaufsichtsstelle (APAS) angesiedelt ist. Auf eine umfassende Erläuterung der Änderung der WPO-Änderungen muss hier verzichtet werden.[49] Hervorzuheben sind die Regelungen, die besonders relevant für die Verzahnung mit der Bilanzkontrolle und der Governance der Abschlussprüfung sind.

Zur Gewährleistung eines effizienten Informationsaustauschs ist die Weitergabe von Informationen an andere Behörden gemäß § 66c Abs. 1 Satz 1 WPO n.F. nicht mehr ins Ermessen der APAS gestellt, sondern als Pflicht zur Informationsweitergabe ausgestaltet.[50]

Gewissermaßen als Pendant zur bereits bei § 109 WpHG im RegE vorgesehenen Bekanntmachung der Feststellung von Fehlern in der Rechnungslegung im Rahmen der Bilanzkontrolle ist nun auch eine Regelung zum sog. *Naming and Shaming* bei berufsaufsichtsrechtlichen Maßnahmen vorgesehen. Soweit eine Wirtschaftsprüfungsgesellschaft betroffen ist, ist der Namen dieser Gesellschaft öffentlich bekannt zu machen (Änderung von § 69 Abs. 1 WPO). Bei Sanktionen, die schärfer sind als eine bloße Rüge, ist auch der Name des konkret verantwortlichen Berufsträgers bekannt zu machen.[51] Darüber hinaus wird der Bußgeldrahmen

35

36

37

---

49 Näherer Überblick dazu bei *Krolop*, NZG 2021, 853 (854 ff.) m.w.N.

50 Art. 21 Nr. 14 FISG, näher dazu Beschlussempfehlung FA, BT-Drucks. 19/29879, 180 f.

51 Art. 16 a) FISG näher dazu Beschlussempfehlung FA, BT-Drucks. 19/29879, S. 181 f. Um verfassungsrechtlichen Bedenken im Hinblick auf das Persönlichkeitsrecht Rechnung zu tragen, gilt allerdings die Einschränkung, dass die Bekanntmachung anonymisiert zu erfolgen hat, wenn eine öffentliche Bekanntmachung der personenbezogenen Daten unverhältnismäßig wäre (§ 69

für Verstöße gegen berufsrechtliche Vorgaben von 500.000 Euro auf eine Mio. Euro erhöht.[52]

b) Insbesondere: Stärkere Akzentuierung der kritischen Grundhaltung (§ 43 Abs. 4 WPO)

38 Besondere Aufmerksamkeit verdient die Vorschrift des § 43 Abs. 4 WPO zur kritischen Grundhaltung des Abschlussprüfers, die mit dem FISG Ergänzungen erfahren hat. Hierin wird nun betont, dass es zur vom Abschlussprüfer zu wahrenden Grundhaltung gehört, „Angaben zu hinterfragen, ungeachtet der bisherigen Erfahrung mit der Aufrichtigkeit und Integrität des Führungspersonals des geprüften Unternehmens die Möglichkeit in Betracht zu ziehen, dass es auf Grund von Sachverhalten oder Verhaltensweisen, die auf Unregelmäßigkeiten wie Betrug oder Unrichtigkeiten hindeuten, zu einer wesentlichen falschen Darstellung gekommen sein könnte auf Gegebenheiten zu achten, die auf eine falsche Darstellung hindeuten könnten, und die Prüfungsnachweise kritisch zu beurteilen."[53]

39 Diese haben bei näherer Betrachtung vor allem klarstellende Bedeutung. Letztlich wird hier lediglich mehr oder weniger der Wortlaut der ohnehin zu beachtenden Abschlussprüferrichtlinie[54] wiedergegeben. Diese Regelung ist aber dennoch hervorhebenswert. Zum einen liest sie sich wie ein Katalog dessen, was nach bisherigen Erkenntnissen bei der Abschlussprüfung von Wirecard missachtet wurde. Vor allem zielt die Regelung auf ein zentrales Anreizproblem, das die Diskussion um Abschlussprüferregulierung ganz maßgeblich prägt: Das Unternehmen, das unabhängig und unparteiisch geprüft werden soll, bezahlt die Rechnung und entscheidet über Folgeaufträge. Damit besteht die potentielle Gefahr eines kollusiven Zusammenwirkens oder zumindest einer Nachsicht oder Nachlässigkeit zu Lasten Dritter.[55]

Abs. 2 Satz 2 WPO n.F.). Die Bekanntmachung ist nach fünf Jahren zu löschen (§ 69 Abs. 3 WPO n.F.). Ferner stellt § 69 Abs. 2 Satz 5 WPO n.F. klar, dass die Bekanntmachung keine personenbezogenen Daten Dritter enthalten darf.

52 Art. 15 a) FISG – Änderung von § 68 Abs. 1 Satz 2 WPO.

53 § 43 Abs. 4 Satz 2 Nr. 4 und Nr. 4 WPO n.F.; näher dazu Beschlussempfehlung FA, BT-Drucks. 19/29879, S. 178.

54 Art. 21 Abs. 2 Richtlinie 2006/43/EG (siehe oben Fn. 26).

55 Vgl. stellvertretend *Kerkemeyer*, JZ 2021, 813, 817: „Strukturelle Gefährdung der Unabhängigkeit von Wirtschaftsprüfern".

Vor dem Hintergrund dieser besonderen Interessen und der sich hieraus 40
ergebenden problematischen Anreizsituation sah die Vorschrift zur Haftung des Abschlussprüfers gegenüber der Gesellschaft bereits vor dem
FISG in § 323 Abs. 4 HGB vor, dass die Haftung des Abschlussprüfers
durch Vereinbarung weder ausgeschlossen noch beschränkt werden darf.

2. Haftung des Abschlussprüfers gegenüber der Gesellschaft nach § 323 HGB

Obwohl die aus dem Jahr datierende Empfehlung der Europäischen Kom- 41
misssion von 2008 die Möglichkeit der Vereinbarung einer Haftungsbeschränkung vorsieht,[56] wird mit dem FISG aus gutem Grund an dem
Verbot einer solchen Vereinbarung nicht gerüttelt.

In den Ländern, wo die Vereinbarung von Haftungsbeschränkungen im 42
Verhältnis Gesellschaft – Abschlussprüfer grundsätzlich zugelassen ist
(z.B. Großbritannien), wird davon in der Praxis kaum Gebrauch gemacht.[57] Eine Erklärung könnten Studien bieten, wonach in den USA
Unternehmen, die von Wirtschaftsprüfern geprüft werden, die umfassend haften, leichteren Zugang zum Fremdkapital haben als Unternehmen, bei denen die Haftung des Wirtschaftsprüfers stärker beschränkt
ist.[58] Dass aus korrelierenden Größen (hier Haftungsbeschränkungen/
erschwerter Zugang zu Fremdkapital) nicht immer Kausalitäten abgeleitet werden können, nicht zuletzt die Arbeiten der diesjährigen Träger
des Nobelpreises der Wirtschaftswissenschaften.[59] Jedoch legen die Stu-

---

56 Empfehlung der Kommission 2008/47/EG vom 5.6.2008 (ABl. EU Nr. L 162
vom 21.6.2008, S. 39) zur Beschränkung der zivilrechtlichen Haftung von Abschlussprüfern und Prüfungsgesellschaften.
57 *Doralt,* ZGR 2015, 266, 293. Institutionelle Investoren haben signalisiert, dass
sie die erforderliche Zustimmung des shareholders' meeting nicht mittragen
würden, vgl. Institutional Shareholders' Committee Statement on Auditor
Liability Limitation Agreements vom 30.6.2008 (im Internet unter www.
theaic.co.uk). In Frankreich ist die Vereinbarung von Haftungsbeschränkungen nur bei leichter Fahrlässigkeit zulässig, *Doralt,* ZGR 2015, 266, 297;
Roach, Auditor Liability: Liability Limitation Agreements, https://www.acade
mia.edu/1331841/Auditor_Liability_Liability_Limitation Agreements.
58 *Chy/de Franco/Su,* The Effect of Auditor Litigation Risk on Client Access to
Bank Debt: Evidence from a Quasi-Experiment in: Journal 71 (2021), im Internet unter https://papers.ssrn.com/sol3/papers.cfm?abstractid=3292619.
59 *Piscke,* Natural experiments in labour economics and beyond: The 2021 No-
bel laureates David Card, Joshua Angrist, and Guido Imbens; 16.10.2021, im

dien nahe, dass bezüglich der Studien von 2006, auf die der IDW verweist, wonach es keinen Zusammenhang zwischen Haftung und Qualität der Abschlussprüfung gäbe,[60] Skepsis angebracht sein könnte.

a) Die Debatte um Haftungsverschärfungen, insbesondere bei grober Fahrlässigkeit

43 Zentraler Anknüpfungspunkt für die zivilrechtliche Haftung ist die Regelung des § 323 HGB. Diese überlagert die vertragliche Haftung des Abschlussprüfers gegenüber der Gesellschaft.

44 Bereits der RegE sah eine deutliche Anhebung der Haftungshöchstgrenzen bei einfacher Fahrlässigkeit in einem 3-Stufen-Modell vor: 16 Mio. Euro bei kapitalmarktorientierten Unternehmen im öffentlichen Interesse; 4 Mio. Euro bei sonstige PIEs (insb. Kreditinstitute und Versicherungsunternehmen); 1,5 Mio. Euro bei sonstigen Unternehmen.[61]

45 Im Fokus der Diskussion im parlamentarischen Verfahren stand vor allem, dass nach dem RegE der Abschlussprüfer nicht nur bei Vorsatz, sondern auch bei grober Fahrlässigkeit haften soll. Eine Aufarbeitung dieser komplexen Diskussion kann an dieser Stelle nicht erfolgen. Hier kann nur das Spannungsfeld, dem sich der Gesetzgeber gegenübersah, skizziert werden.

46 Ein zentraler Kritikpunkt an der Haftungsregelung des Regierungsentwurfs lautet, dass er die Marktkonzentration für Abschlussprüfungsleistungen noch weiter erhöhen und kleine und mittlere Wirtschaftsprüfungspraxen aus dem Markt verdrängen würde, wenn sie nicht versicherbaren Risiken ausgesetzt seien.[62] Nimmt man die Kompensationsfunktion der Schadensersatzhaftung ernst, müssten angesichts der

---

Internet unter https://voxeu.org/article/natural-experimenters-nobel-laureates-david-card-joshua-angrist-and-guido-imbens.

60 Vgl. Stellungnahme des IDW zum RegE des FISG vom 26.1.2021, S. 14 (oben Fn. 40) mit Verweis auf *Ewert*, Study on the Economic Impact of Auditors's Liability Regimes, S. 156 ff.; 300 ff.

61 § 323 Abs. 2 HGB in der Fassung des RegE FISG, BT-Drucks. 19/26966. S. 30 f.

62 U.a. Stellungnahme IDW zum RegE FISG v. 26.1.2021, S. 15 f. (oben Fn. 40); in diese Richtung auch *AKBR* (Fn. 16), BB 2020, 2731, 2734 f.; *Homborg/Landahl*, NZG 2021, 859, 864.

drohenden Schäden für eine Haftungsbegrenzung Höchstsummen aufgerufen werden, die ohnehin nur bedingt versicherbar sind. Ferner dient die Haftung Kompensation von Vermögenseinbußen, sondern soll verhaltenssteuernde Wirkung entfalten.[63] Im Hinblick auf diese zweite Funktion wird eine vollständige Versicherbarkeit verbreitet kritisch gesehen.[64] Auch rechtsvergleichend ist eine unbeschränkte Haftung auch bei grober Fahrlässigkeit gerade auch in größeren EU-Staaten durchaus verbreitet.[65] Ferner ist darauf hinzuweisen, dass die bisherigen, seit 1998 unveränderten Haftungshöchstgrenzen im internationalen Vergleich deutlich unter dem Durchschnitt liegen.[66]

b) Differenzierende Regelung in der finalen Fassung des FISG

Vor diesem Hintergrund kam man im parlamentarischen Verfahren zu folgender differenzierenden Lösung: Die Haftung von nicht kapitalmarktorientierten Unternehmen wird auch bei grober Fahrlässigkeit begrenzt: Bei nicht kapitalmarktorientierten Unternehmen im öffentlichen Interesse (Banken und Versicherungen) beträgt die Höchstgrenze 32 Mio. Euro; bei sonstigen Unternehmen beläuft sich die Höchstgrenze auf 12 Mio. Euro.[67]   47

Wegen ihrer besonderen Bedeutung für den Finanzmarkt und den Anlegerschutz haften Abschlussprüfer bei Prüfung kapitalmarktorientierter Unternehmen von öffentlichem Interesse i.S.v. § 316a Abs. 1 Satz 2 Nr. 1 HGB auch bei grober Fahrlässigkeit unbegrenzt. In diesem Bereich drohen besonders große Schäden, die eine Vielzahl von Anlegern und Gläu-   48

---

63 Vgl. Begr. RegE FISG, BT-Drucks. 19/26966, S. 103: „Anreiz zur gewissenhaften und sorgfältigen Prüfung"; so auch *Bormann/Böttger*, NZG 2021, 330, 333 f.; *Eichholz/Beck*, BB 2021, 1899, 1901: „Qualität der Abschlussprüfung fördern".

64 Nicht ohne Grund verlangt § 93 Abs. 2 Satz 3 AktG für D&O-Versicherungen zugunsten des Vorstands einen Selbstbehalt.

65 Vgl. Überblick bei *Doralt,* ZGR, 266, 292 ff. Allerdings hat sich die EU-Kommission in einer Empfehlung zur Beschränkung der zivilrechtlichen Haftung von Abschlussprüfern und Prüfgesellschaften für eine Haftungsobergrenze ausgesprochen 2008/473/EG, ABl. EU Nr. L 162 vom 21.6.2008, S. 39.

66 Zu den Haftungshöchstgrenzen im EU-Vergleich im Einzelnen *Doralt,* ZGR 2015, 266, 293 ff.; vgl. auch *Eichholz/Beck*, BB 2021, 1899, 1902.

67 Das entspricht jeweils dem Achtfachen der Haftungsobergrenze für leichte Fahrlässigkeit.

bigern betreffen. Dort wird der Disziplinierungsfunktion eine besondere Bedeutung beigemessen. Dabei wurde die Marktkonzentration in diesem Segment als derart verfestigt eingeschätzt, dass etwaige negative Effekte bezüglich der Marktkonzentration eher als hinnehmbar erschienen als bei nicht kapitalmarktorientierten Unternehmen.[68]

49 Um die Regelung schlank zu halten, ist rechtstechnisch die Begrenzung der Haftung bei leichter Fahrlässigkeit nicht mehr als Abweichung vom Grundsatz der unbegrenzten Haftung geregelt, sondern die in § 323 Abs. 2 Satz 1 HGB an den Anfang gestellte genannte Basiskonstellation. Diese gilt, soweit sich aus den Sätzen 2 bis 4 bei § 323 Abs. 2 HGB, in denen die vorstehend geschilderten Differenzierungen vorgesehen sind, keine weitergehende Haftung ergibt.[69]

c) Gehilfenhaftung

50 Da die Gehilfen[70] bei den Haftungserweiterungen in § 323 Abs. 2 Satz 2–4 HGB im Fall grober Fahrlässigkeit nicht genannt sind, sind die für einfache Fahrlässigkeit geltenden Höchstgrenzen nach § 323 Abs. 2 Satz 1 HGB bei Gehilfen auch für grobe Fahrlässigkeit maßgeblich. Den Gehilfen soll nicht das gleiche Haftungsrisiko aufgebürdet werden, wie der Wirtschaftsprüfungsgesellschaft selbst.[71] Hierdurch sollen Bedenken bezüglich etwaiger negativer Auswirkungen der Haftung auf die Wettbewerbsfähigkeit kleinerer und mittlerer Wirtschaftsprüfungsgesellschaften und die Attraktivität des Wirtschaftsprüferberufes aufgegriffen werden.

51 Diese Privilegierung sollte auch im Rahmen des Gesamtschuldnerausgleichs im Rahmen der gesamtschuldnerischen Außenhaftung der Wirtschaftsprüfungsgesellschaft und ihrer Gehilfen beachtet werden. Wenn die in Anspruch genommene Wirtschaftsprüfungsgesellschaft gegen die verantwortliche Person Rückgriff nimmt, sollte die in § 323 HGB vorgesehene Begrenzung der Haftung bei Gehilfen auch im Rahmen von § 426 Abs. 1 Satz 1 BGB zumindest bei grober Fahrlässigkeit berücksich-

---

68 Beschlussempfehlung FA, BT-Drucks. 19/29879, S. 174 f.
69 Art. 11 Nr. 10 FISG; näher dazu Beschlussempfehlung FA, BT-Drucks. 19/29879, S. 174, *Eichholz/Beck*, BB 2021, 1899, 1901 f.
70 Bei der Wirtschaftsprüfungsgesellschaft tätige Organe und Berufsträger.
71 Beschlussempfehlung FA, BT-Drucks. 19/29879, S. 175.

tigt werden, da die Gehilfen hiernach ein geringeres Risiko tragen sollen und § 323 Abs. 2 HGB insoweit „ein anderes bestimmt".[72]

d) Mitverschulden und Innenausgleich

In Fällen, wo Bilanzmanipulation im Raum steht, wie bei Wirecard, stellt sich die Frage der Minderung des Anspruchs der Gesellschaft aus § 323 HGB wegen Mitverschuldens (§ 254 Abs. 1 BGB). Im Hinblick darauf, dass durch den Anspruch letztlich auch Aktionäre und Gläubiger geschützt werden, wird im Schrifttum teilweise eine weitgehende Zurückdrängung des Mitverschuldenseinwands gefordert.[73] Insbesondere ein vollständiger oder weitgehender Ausschluss des Anspruchs wäre mit der Pflicht zur Wahrung einer kritischen Grundhaltung nicht zu vereinbaren.[74] Da durch das FISG die Pflicht zur kritischen Grundhaltung unterstrichen wurde,[75] gilt auch bzw. erst recht, dass im Einklang mit dem BGH nach § 323 Abs. 2 HGB bei der Annahme eines Mitverschuldens besondere Zurückhaltung geboten ist.[76]   52

Ein vollständiger, pauschaler Ausschluss des Mitverschuldenseinwands folgt hieraus allerdings nicht.[77] Dabei ist zu berücksichtigen, dass die durch § 254 Abs. 1 BGB verursachte Kürzung des Anspruchs ein Schaden der Gesellschaft ist, der häufig einen Rückgriffsanspruch der Gesellschaft gegen die verantwortlichen Mitglieder des Vorstands und ggf. des Aufsichtsrats nach Maßgabe von § 93 Abs. 2 AktG (i.V.m. § 116 AktG) begründen dürfte.   53

---

72 Vgl. § 426 Abs. 1 BGB. Die Grundsätze zum innerbetrieblichen Schadensausgleich helfen hier kaum weiter. Zum einen sind Gehilfen i.S.v. § 323 HGB nicht selten Leitende Angestellte. Vor allem geht es hier in erster Linie um die Haftung wegen grober Fahrlässigkeit. Bei grober Fahrlässigkeit muss der Arbeitnehmer den Schaden häufig vollständig oder ganz vorwiegend tragen.
73 *Merkt* in Baumbach/Hopt, 40. Aufl. 2021, § 323 HGB Rz. 7; *Bärenz*, BB 2003, 1784; *W. Doralt,* ZGR 2015, 266, 280 ff. In Österreich hat sich der Oberste Gerichtshof für den Ausschluss des Mitverschuldenseinwands ausgesprochen; OGH v. 23.10.2000 – 8 Ob 141/99i, ÖBA 2001, 560.
74 *Ebke* in MünchKomm. HGB, 4. Aufl. 2020, § 323 HGB Rz. 75.
75 Siehe IV.1.b), Rz. 38.
76 BGH v. 16.4.2010 – V ZR 171/09, NJW 2010, 1808 Rz. 56.
77 In Österreich hat sich der Oberste Gerichtshof für den Ausschluss des Mitverschuldenseinwands ausgesprochen (OGH v. 23.10.2000 – 8 Ob 141/99i, ÖBA 2001, 560; näher dazu *Doralt*, ZGR 2015, 260, 280 f.).

3. Mögliche Auswirkungen auf die Dritthaftung des Abschlussprüfers

a) Ausgangslage

54   Die Vorschrift des § 323 HGB regelt nicht die Dritthaftung. Insbesondere ergibt sich – anders als in Österreich[78] – aus ihr nicht, dass der Prüfauftrag ein Vertrag mit Schutzwirkung zugunsten Dritter ist.[79] Auch nach dem FISG bleibt es dabei, dass die Dritthaftung grundsätzlich nur aus deliktischen Ansprüchen abgeleitet werden kann. Bisher beschränkte sich die Dritthaftung in der Praxis weitestgehend auf eine Haftung nach § 826 BGB.[80] Wie gesehen macht sich der Abschlussprüfer auch dann strafbar, wenn dieser leichtfertig einen falschen Bestätigungsvermerk erteilt.[81] Die §§ 331 ff. HGB werden von der h.M. als drittschützend angesehen,[82] so dass sich hieraus eine Erweiterung der Dritthaftung ergeben könnte.

55   Aber es ist zu berücksichtigen, dass der Gesetzgeber durch die Erweiterung auf die Leichtfertigkeit bei § 332 HGB vor allem Beweisprobleme bezüglich des Vorsatzes beseitigen wollte. Es geht also weniger um den Grenzbereich zur leichten Fahrlässigkeit als um Leichtfertigkeit an der Grenze zum bedingten Vorsatz. Bei näherer Betrachtung verhält es sich bei der Rechtsprechung des BGH zur Abschlussprüferhaftung nach § 826 BGB ähnlich.

---

78 Dort hat die Rspr. eine Schutzwirkung zugunsten Dritter angenommen siehe OGH Urt v 27.11.2001 – 5 Ob 262/01t, ÖZW 2002/3; näher dazu *Doralt*, ZGR 2015, 266, 288 f.

79 Ständige Rspr. des BGH, BGH v. 14.6.2012 – IX ZR 145/11, BGHZ 193, 297 = ZIP 2012, 1352 = GmbHR 2012, 1009; BGH v. 21.11.2018 – VII ZR 3/18, NJW-Spezial 2018, 176; zur h.L. *Ebke* in MünchKomm. HGB, 4. Aufl. 2020, § 323 HGB Rz. 136, 152 m.w.N.; zur Gegenansicht vgl. *Grunewald*, ZGR 1999, 583, 587 f.; *Otto/Mittag*, WM 1996, 325, 331; allerdings ist nach Ansicht des BGH die Annahme eines Vertrages mit Schutzwirkung zugunsten Dritter im konkreten Einzelfall auch nicht ausgeschlossen.

80 So im Ergebnis auch die umfangreiche Bestandsaufnahme zur deliktischen Dritthaftung bei *Ebke* in MünchKomm. HGB, 4. Aufl. 2020, § 323 HGB Rz. 92 ff.; *Homorg/Landahl*, NZG 2021, 859, 860 f.; siehe auch *Nietsch*, WM 2021, 159, 164 ff. im Hinblick auf die Causa Wirecard.

81 Gleichlaufend mit der Erweiterung der Strafbarkeit auf leichtfertiges Verhalten der verantwortlichen Mitglieder der Gesellschaftsorgane bei § 331 und § 332 HGB.

82 *Klinger* in MünchKomm. HGB, 4. Aufl. 2020, Vor §§ 311 ff. HGB Rz. 57; § 331 HGB Rz. 2.

Hiernach haftet ein Prüfer mit Rücksicht auf seine berufliche Sachkunde und seine berufliche Stellung dann wegen vorsätzlicher sittenwidriger Schädigung gemäß § 826 BGB, wenn er bei der Erteilung des Bestätigungsvermerks „in einem Maße Leichtfertigkeit an denTag gelegt hat, dass sie als Gewissenlosigkeit zu werten ist".[83] Damit besteht de facto bereits nach derzeitiger Rechtsprechung eine Dritthaftung für eine besondere „gewissenlose" Leichtfertigkeit.[84]   56

Damit bleibt abzuwarten, ob die Ausdehnung der Verantwortlichkeit auf leichtfertiges Verhalten allein wirklich eine substantielle Erweiterung der Dritthaftung mit sich bringen wird.[85] Da eine Schutznormeigenschaft der WPO allgemein abgelehnt wird, sind die Änderungen der WPO grundsätzlich ohne Relevanz bezüglich der Dritthaftung im Rahmen von § 823 Abs. 2 BGB.   57

b) Durchschlagen der Haftungshöchstgrenzen nach § 323 Abs. 2 Sätze 2–4 HGB auf die Dritthaftung?

Aus dem Vorstehenden ergibt sich, dass man über die Unterscheidung zwischen Vorsatz, leichter und grober Fahrlässigkeit hinaus vielleicht streng genommen noch weiter unterscheiden muss zwischen besonderer Leichtfertigkeit, bei der neben der Haftung nach § 323 HGB eine deliktische Dritthaftung treten kann und „gewöhnlicher" grober Fahrlässigkeit, bei der eine Dritthaftung nicht in Betracht kommt.   58

---

83 BGH v. 12.3.2020 – VII ZR 236/19, AG 2020, 549 Rz. 24; vgl. auch BGH v. 28.6.2016 – VI ZR 536/15, NJW 2019, 2164; zur Anwendung dieser Kriterien auf die Causa Wirecard *Nietsch,* WM 2021, 158, 164 ff.

84 *Merkt* in Baumbach/Hopt, 40. Aufl. 2021, § 323 HGB Rz. 8; *Nietsch,* WM 2021, 158, 164 ff.; *Schüppen,* DStR 2021, 246, 251: „Deckmantel der Haftung nach § 826 BGB"; vgl. auch *Ebke* in MünchKomm. HGB, 4. Aufl. 2020, § 323 HGB Rz. 7 („leichtfüßiges Überspringen der Vorsatzhürde"); aus rechtsvergleichender Perspektive bezüglich der Abschlussprüferhaftung *Doralt,* ZGR 2015, 266, 286 f.; zum Zusammenwachsen der Haftung von § 826 BGB und nach § 823 Abs. 2 BGB im Bereich des Kapitalmarktrechts bereits *Bachmann* in Bachmann/Casper/Schäfer/Veil (Hrsg.) Steuerungsfunktionen des Haftungsrechts im Gesellschafts- und Kapitalmarktrecht, 2008, S. 118, 133.

85 Bisher wurde diese Frage wenig diskutiert. Die wenigen Stimmen sind skeptisch bis abwartend, ob sich am bisherigen Fokus auf § 826 BGB etwas ändert, vgl. *Homborg/Landahl,* NZG 2021, 859, 865; *Eichholz/Beck,* 2021, 1899, 1902 f.; *Hennrichs,* DB 2021, 268, 273 f.

59   Im Bereich Leichtfertigkeit stellt sich die Frage, ob die Haftungshöchst-
      grenzen bei § 323 HGB für grobe Fahrlässigkeit eventuell auf die delikti-
      sche Haftung durchschlagen. So ist auf den ersten Blick denkbar zu argu-
      mentieren, dass anderenfalls die Haftungsbegrenzung leerzulaufen drohe,
      und daher hier § 323 HGB das Deliktsrecht insoweit überlagern müsse,
      wie etwa § 548 BGB die Verjährung deliktischer Ansprüche[86] oder § 521
      BGB den Verschuldensmaßstab bei § 823 Abs. 1 BGB bei der Schenker-
      haftung.[87]

60   Dagegen spricht aus dogmatischer Sicht, dass im Gegensatz zu den ge-
      nannten Konstellationen die potentiellen Gläubiger nicht deckungs-
      gleich sind und man zwischen der Gesellschaft und den Aktionären bzw.
      den Gläubigern der Gesellschaft differenzieren muss. Diese Wertung ent-
      hält – zumindest für Schäden, die über den Reflex der Anteilsentwertung
      hinausgehen – auch § 117 Abs. 1 AktG, der von der h.M. als Sonderde-
      liktsrecht angesehen wird.[88]

61   Soweit die Haftung auf § 826 BGB gestützt wird ist aber zu beachten,
      dass diese Norm nach ganz h.M. den Verstoß gegen das „rechtsethische
      Minimum" sanktioniert, daher allenfalls in engen Ausnahmen von an-
      deren Normen überlagert oder gar verdrängt wird, wenn dies im Hin-
      blick auf den Zweck dieser Normen zwingend ist.[89] Das ist aber hier ge-
      rade nicht der Fall. Ein Durchschlagen der Höchstgrenzen Begrenzung
      der Haftung würde dazu führen, dass die Dritthaftung durch das FISG
      gegenüber der bisherigen Rechtslage reduziert würde. Das würde aber
      dem Willen des Gesetzgebers nicht gerecht, der mit dem FISG eine deut-
      liche Verschärfung der Haftung anstrebt.[90] Dies sollte nicht nur bei § 826
      BGB, sondern auch bei der Bewertung des Schutzzweckzusammenhangs

---

86 *Bieber* in MünchKomm. BGB, 8. Aufl. 2020, § 548 BGB Rz. 8.
87 St. Rspr.; etwa BGH v. 20.11.1984 – IVa ZR 104/83, BGHZ 93, 23 = NJW 1985,
    794; *Koch* in MünchKomm. BGB, 8. Aufl. 2019, § 521 BGB Rz. 6.
88 *Hüffer/Koch*, 14. Aufl. 2020, § 117 AktG Rz. 2; *Spindler* in MünchKomm.
    AktG, 5. Aufl. 2015, § 117 AktG Rz. 4; ebenso BGH v. 22.6.1992 – II ZR
    178/90, NJW 1992, 3167 = AG 1993, 28; a.A. *Voigt*, Haftung aus Einfluss auf
    die Aktiengesellschaft, 2004, S. 58 ff., 72 ff.
89 *Wagner* in MünchKomm. BGB, 8. Aufl. 2020, § 826 BGB Rz. 65; anknüpfend
    an das Beispiel zu § 548 BGB: Keine Überlagerung der allgemeinen Verjäh-
    rungsvorschriften in Fällen des § 826 BGB, siehe *Bieber* in MünchKomm.
    BGB, 8. Aufl. 2020, § 548 BGB Rz. 8. Die Bezugnahme auf das „rechtsethische
    Minimum" geht wohl zurück auf *Larenz/Canaris*, Schuldrecht II/2, 13. Aufl.
    1994, § 78 II 1b.
90 Siehe IV.2.a), Rz. 44.

bei § 823 Abs. 2 BGB nicht unberücksichtigt bleiben. Abgesehen davon würde rechtstechnisch die Problematik aufgeworfen, dass es nicht einfach wäre, nur mit den Bordmitteln des allgemeinen Schuldrechts, ohne Sonderregelungen, eine angemessene Verteilung der gedeckelten Haftungssumme unter einer potentiell großen Anzahl von Gläubigern sicherzustellen.

c) Zwischenfazit und Folgerungen *de lege lata*

Es ist folgendes Zwischenfazit zu ziehen: Im Bereich besonderer Leicht- 62
fertigkeit tritt neben die Haftung nach § 323 Abs. 1 HGB eine deliktische Haftung gegenüber Dritten. Diese ist unbegrenzt, ein Durchschlagen der Höchstbeträge wäre nicht im Sinne des Gesetzgebers und ist daher abzulehnen. Dies scheint auf den ersten Blick eine Vierteilung (statt der in § 323 HGB eigentlich angelegten Dreiteilung) erforderlich zu machen:

– Vorsatz: Unbegrenzte Haftung einschließlich Dritthaftung;

– Besondere Leichtfertigkeit: Gedeckelte Haftung gegenüber der Gesellschaft (mit Ausnahme von kapitalmarktorientierten PIEs), unbegrenzte Dritthaftung;

– Sonstige Fälle grober Fahrlässigkeit: Haftung gegenüber der Gesellschaft wie bei Leichtfertigkeit, aber keine Dritthaftung;

– Leichte Fahrlässigkeit: gedeckelte Haftung gegenüber der Gesellschaft, keine Dritthaftung.

Im Hinblick auf die erhebliche Höhe der Haftung sollte die Schwelle für 63
grobe Fahrlässigkeit nicht zu niedrig angesetzt werden.[91] Es erscheint sachgerecht und im Sinne des Gesetzgebers, den im RegE für das Vorliegen grober Fahrlässigkeit zitierten Obersatz aus der Rechtsprechung des BGH als leitbildprägend anzusehen und im Zweifel restriktiv zu interpretieren.[92]

---

91 Vgl. auch Mahnung des Arbeitskreises für Bilanzrecht im Hinblick auf eine zu extensive Annahme von grober Fahrlässigkeit, insbesondere aufgrund des Hindsight-Bias-Phänomens; *AKBR* (Fn. 16), BB 2020, 2731, 2734.
92 Begr. RegE FISG, BT-Drucks. 19/26966, S. 103: „... also die verkehrsübliche Sorgfalt in besonders schwerem Maße außer Acht lassen und das nicht beachten, was sich im gegebenen Fall jedem aufgedrängt hatte" mit Verweis auf BGH v. 29.9.1992 – XI ZR 265/91, NJW 1992, 3235, 3236 = ZIP 1992, 1534.

64 Wenn man innerhalb der groben Fahrlässigkeit im Hinblick auf die Dritthaftung eine Kategorie unterhalb der Leichtfertigkeit ausdifferenziert, könnte dies faktisch die Gefahr bergen, dass bei der Würdigung in der Praxis der Bereich der groben Fahrlässigkeit zu stark in den Grenzbereich zur leichten Fahrlässigkeit ausgedehnt wird. Bei der Justierung der Haftung für grobe Fahrlässigkeit hatte man im Gesetzgebungsverfahren eher grobe Schnitzer vor Augen als das, was man im Arbeitsrecht als mittlere Fahrlässigkeit bezeichnen würde.

65 Vor diesem Hintergrund könnte sich folgende Einteilung empfehlen, mit der *de lege lata* die Komplexität reduziert und die in § 323 HGB angelegte Dreiteilung bewahrt werden könnte:

– Bei direktem und bedingtem Vorsatz in der Lesart der Rechtsprechung des BGH zu § 826 BGB (und damit im Ergebnis auch bei besonders gewissenloser Leichtfertigkeit) gilt wie bisher unbegrenzte Dritthaftung und auch im Rahmen von § 323 Abs. 2 HGB eine unbegrenzte Haftung.

– Bei grober Fahrlässigkeit unterhalb der vorgenannte Schwelle gilt: grundsätzlich keine Dritthaftung, bei § 323 Abs. 2 HGB unbegrenzte Haftung gegenüber kapitalmarktorientierten PIEs; bei sonstigen Unternehmen abgestufte Deckelung der Haftung.

– Einfache Fahrlässigkeit: Auch bei kapitalmarktorientierten Unternehmen Haftungshöchstbetrag; grundsätzlich keine Dritthaftung.

66 Auf diese Weise hätte man weitgehend den Gleichlauf von unbegrenzter Haftung und Dritthaftung bewahrt und vermiede die vorstehend skizzierte Diskussion um das Durchschlagen der Haftungshöchstbeträge auf die deliktische Haftung.

d) Offene Fragen bezüglich einer Regelung *de lege ferenda*

67 Damit soll nicht bestritten werden, dass perspektivisch eine Regelung zur Dritthaftung im Hinblick auf Rechtssicherheit und Vorhersehbarkeit wünschenswert wäre.[93] Aber die vorstehenden Erwägungen haben deutlich gemacht, dass diesbezüglich viele Aspekte klärungsbedürftig sind:[94]

---

93 So auch *Poelzig*, ZBB 2021, 73, 83 ff.; Verzicht auf Regelung zur Dritthaftung dagegen ausdrücklich begrüßend *Homborg/Landahl*, BB 2021, 859, 864 f.
94 Zu den folgenden Aspekten vgl. *Poelzig*, ZBB 2021, 73, 75 ff.; *Homborg/Landahl*, BB 2021, 859, 864 f.

- Will man die Problematik auf der Ebene des § 323 HGB regeln, etwa als gesetzlich geregelten Fall des Vertrags mit Schutzwirkung zugunsten Dritter oder soll bei es bei einer ggf. zu modifizierenden deliktischen Haftung bleiben?

- Soll die Dritthaftung auf einen Höchstbetrag gedeckelt werden? Wenn ja, wie wird die gedeckelte Haftung unter mehreren Gläubigern verteilt?

- Ab welchem Verschuldensgrad soll eine Dritthaftung in Betracht kommen?

- Soll nach Vorbild von § 117 Abs. 1 Satz 2 AktG zwischen reinen Reflexschäden und darüberhinausgehenden Individualschäden differenziert werden?

- Wie kann die Geltendmachung einer Vielzahl von Anlegerklagen effizient ausgestaltet werden? Soll vielleicht der Anwendungsbereich des Kapitalanleger-Musterverfahrensgesetzes für Klagen von Anlegern wegen unter Verstoß gegen § 332 HGB attestierte Abschlüsse u.Ä. eröffnet werden?

4. Vorgaben zur Governance der Abschlussprüfung im HGB

Die vorstehenden Ausführungen haben deutlich gemacht, dass das FISG   68
in der Haftung nur ein Instrument sieht und der Gesetzgeber annimmt, die Haftung gewährleiste eine gute Prüfung. Die Haftung ist natürlich nur ein Baustein in der Governance der Abschlussprüfung. Es fehlt noch ein wichtiger Bereich, der auch ein klassisches Governance Thema betrifft, nämlich Regelungen zur Sicherstellung der Unabhängigkeit des Abschlussprüfers und Reduzierung von Interessenskonflikten, die hier nur im groben Überblick dargestellt werden können.[95]

a) Vorgaben zur Abschlussprüferrotation

Ein wichtiger Mechanismus in diesem Zusammenhang ist die Pflicht-   69
rotation. Die bisher bestehende Möglichkeit, die Mandatsdauer bei Unternehmen im öffentlichen Interesse über zehn Jahre hinaus bis zu 20 Jahren zu verlängern, wurde mit dem FISG aufgehoben.[96] Auch Fi-

---

95 Nähere Einzelheiten bei *Eichholz/Beck*, BB 2021, 1899, 1900 ff.
96 § 318 Abs. 1a HGB wird aufgehoben. Mittels dieser Vorschrift wurde von einem in Art. 17 EU-Abschlussprüferverordnung vorgesehenen Wahlrecht Gebrauch gemacht. Möglich bleibt allerdings eine Verlängerung auf Antrag bei der Ab-

nanzdienstleistungsunternehmen, die keine Banken und Versicherungen i.S.v. § 316a Abs. 1 HGB n.F. sind,[97] haben für den Finanzmarkt eine besondere Bedeutung. Ferner ist die Rechnungslegung hier von besonderer Wichtigkeit.[98] Daher ist auch in diesem Bereich die konsequente Begrenzung der Mandatsdauer auf zehn Jahre wichtig. Das Gesetz sieht vor, dass die BaFin „in der Regel" die Bestellung eines anderen Prüfers anordnet, wenn ihr zum elften Mal in Folge derselbe Prüfer angezeigt wird (aufsichtsrechtliche Lösung).[99]

70   Daneben werden die Vorgaben zum Wechsel der verantwortlichen Abschlussprüfer für Unternehmen im öffentlichen Interesse innerhalb einer beauftragten Wirtschaftsprüfungsgesellschaft (interne Rotation) verschärft. Die Frist wird bei Unternehmen im öffentlichen Interesse von sieben auf fünf Jahre verkürzt. Dies ergibt sich aus § 43 Abs. 6 WPO n.F., der hinsichtlich der betroffenen Unternehmen auf die im FISG eingeführte Definition der Unternehmen von öffentlichem Interesse in § 316a Abs. 1 Satz 2 HGB verweist.[100] Bezüglich der erstmaligen Geltung der Rotationsregeln gelten spezielle Übergangsfristen.[101]

b) Vorgaben zur Trennung von Prüfung und Beratung

71   Ferner wurden die Vorgaben zur Trennung von Prüfung und Beratung verschärft, insbesondere wurde die Privilegierung der Steuerberatung abgeschafft.[102] Die Entscheidung des Gesetzgebers bei den Haftungshöchst-

---

schlussprüferaufsichtsstelle nach Maßgabe von Art. 6 EU-Abschlussprüferverordnung um maximal zwei weitere Jahre (Öffentliches Ausschreibungsverfahren in Einklang mit Art. 16 Abs. 2 EU-Abschlussprüferverordnung oder Beauftragung einer Gemeinschaftsprüfung; vgl. Beschlussempfehlung FA, BT-Drucks. 19/29879, S. 101 (Begr. zu Art. 11 Nr. 2).

97   D.h. vereinfacht gesagt, keine CRR-Kreditinstitute i.S.v. § 1 Abs. 3d KWG (vgl. § 316a Abs. 1 Nr. 2 HGB n.F.) sowie keine Versicherungsunternehmen i.S.v. Art. 2 Abs. 1 RL 91/674/EWG (vgl. § 316a Abs. 1 Nr. 3 HGB n.F.); vgl. auch oben II.2., Rz. 13.

98   Aufsichtsrechtliche Anforderungen knüpfen häufig an Bilanzgrößen an.

99   § 28 Abs. 1 Satz 2 KWG n.F. (vgl. Art. 5 Nr. 6a) FISG)/§ 23 Abs. 1 Satz 3 ZAAG n.F. (vgl. Art. 6 Nr. 4a) FISG)/§ 36 Abs. 1 Satz 3 VAG n.F. (Art. 7 Nr. 4a) bb) FISG).

100 Beschlussempfehlung FA, BT-Drucks. 19/29879, S. 179 f.

101 Näher dazu *Krolop*, NZG 2021, 853, 855; *Eichholz/Beck*, BB 2021, 1899, 1900 ff.

102 Mit der Aufhebung von § 319a HGB wird von Wahlrechten bezüglich der Privilegierung bestimmter Beratungsleistungen und von Honorargrenzen (free

grenzen an das Beratungshonorar anzuknüpfen erfolgte auch im Hinblick darauf, Fehlanreize bezüglich der Verlagerung des Schwerpunkts auf Beratungsdienstleistungen zu vermeiden.[103] Ferner wurden die Sanktionen für den Verstoß gegen Inkompatibilitätsregelungen nachjustiert.[104]

V. Fazit und Ausblick: Governance der Bilanzierung und Abschlussprüfung im Lichte aktueller Entwicklungen auf der europäischen Ebene

Eine große Reform der Corporate Governance der Aktiengesellschaft hat   72 das FISG nicht gebracht. Beim Aktienrecht bleibt es bei der schon fast sprichwörtlich gewordenen „Aktienreform in Permanenz"[105] mit evolutionären Anpassungsschritten statt großer Umbrüche. Insbesondere bezüglich der Regelungen zum Aufsichtsrat dürfte das FISG perspektivisch nur ein Zwischenschritt dieser Evolution sein.

Das FISG nimmt Justierungen an vielen Stellschrauben in verschiede-   73 nen Gesetzen vor, wobei der Schwerpunkt gerade nicht im Aktienrecht liegt. Das FISG sieht den Abschlussprüfer nicht nur als Element der Corporate Governance der Gesellschaft, sondern stellt Bilanzkontrolle und Abschlussprüfung in den Mittelpunkt einer Governance-Diskussion und begreift das Gesetz als eine Neujustierung der Governance der Abschlussprüfung. Das lässt sich anhand der im Schrifttum erhobenen Forderung veranschaulichen, die Pflicht zur kritischen Grundhaltung im HGB zu verankern, um ihr mehr Gewicht zu verleihen.[106] Im FISG wurde stattdessen die Regelung in § 43 Abs. 4 WPO nachjustiert[107] und so die Bedeutung der WPO unterstrichen: Im Zusammenspiel mit den anderen Änderungen der WPO wird so deutlich, dass die WPO gegenüber dem HGB kein Gesetz zweiter Klasse, sondern ein wichtiger Baustein der Governance der Abschlussprüfer ist.

---

cap) nicht mehr Gebrauch gemacht; zu weiteren Einzelheiten *Eichholz/ Beck*, BB 2021, 1899, 1901.

103 Näher dazu *Eichholz/Beck*, BB 2021, 1899, 1902.

104 Insbesondere die Vorgaben zur gerichtlichen Ersetzung bei Verstoß gegen das Verbot der Erbringung bestimmter verbotener Nichtprüfungsleistungen, § 318 Abs. 3 HGB n.F., näher dazu *Eichholz/Beck*, BB 2021, 1899, 1900).

105 Wohl zurückgehend auf *Zöllner*, AG 1994, 336.

106 *AKBR* (Fn. 16), NZG 2020, 938, 942.

107 Siehe IV.1.b), Rz. 38.

74 Die Europäische Kommission hat sich diesen umfassenden Ansatz zu eigen gemacht. Sie hat eine umfassende Bewertung des „ecosystem around corporate reporting" angekündigt[108] und bereits eine Konsultation zu „Strengthening of the quality of corporate reporting and its enforcement"[109] eingeleitet, die sich – wie das FISG – auf Unternehmen von öffentlichem Interesse (PIEs) fokussiert. Die Kommission will sich dabei nicht auf eine Überprüfung der Abschlussprüferrichtlinie und der EU-Abschlussprüferverordnung beschränken, sondern nimmt – ähnlich wie das FISG – den gesamten Bereich der Governance der Rechnungslegung und Abschlussprüfung in den Blick. Sie unterscheidet dabei vier Bereiche:

– Corporate Governance

– Pflichtprüfungen („Statutory Audit")

– Aufsicht der Pflichtprüfer bei PIEs

– Enforcement der Rechnungslegung bei PIEs.

1. Enforcement

75 Die beiden zuletzt genannten Punkte möchte ich hier zusammen unter dem Stichwort Enforcement erörtern. Teilweise wird eine Zusammenlegung von Abschlussprüferaufsicht und Bilanzkontrolle gefordert.[110] Das Konsultationspapier[111] thematisiert beide Bereiche getrennt, was darauf hindeutet, dass eine derartige Zusammenlegung nicht angestrebt wird. Das wäre auch nicht der richtige Weg. Man würde die kapitalmarktorientierte Marktaufsicht (Bilanzkontrolle) mit der alle Pflichtprüfungen erfassenden Berufsaufsicht vermengen. Vielmehr erscheint es zielführender, die Lösung in einer klaren Zuständigkeitsabgrenzung und Zuordnung sowie der Verbesserung des Informationsaustauschs zu su-

---

108 Rede der für die Regulierung der Kapital- und Finanzmärkte zuständigen Kommissarin *Mairead McGuiness* vom 27.5.2021 beim European Policy Centre, im Internet unter: https://ec.europa.eu/commission/commissioners/2019-2024/mcguinness/announcements/speech-european-policy-centre-corporate-reporting-capital-markets-union-after-wirecarden.
109 Im Internet unter https://ec.europa.eu/info/law/better-regulation/have-your-say/initiatives/13128-Corporate-reporting-improving-its-quality-and-enforcementen.
110 *Schüppen*, DStR 2021, 246, 252 ff.
111 Papier der Kommission „Strengthening of the quality of corporate Reporting and its enforcement (siehe oben Fn. 109; nachfolgend Konsultationspapier).

chen. Hier hat auch das FISG angesetzt.[112] Ferner wird eine stärkere Rolle der europäischen Behörden und Gremien erwogen sowie eine Stärkung der Unabhängigkeit der europäischen und nationalen Aufsichtsbehörden.[113] Aus deutscher Sicht ist zu berücksichtigen, dass nach der Rechtsprechung des BVerfG die ministeriale Aufsicht ein wichtiges Element der demokratischen Legitimation ist.[114] Daher sind unabhängige Behörden, die weder der Fach-, noch der Rechtsaufsicht unterliegen, aus verfassungsrechtlicher Sicht eine „demokratisch prekäre" rechtfertigungsbedürftige Ausnahme.

2. Corporate Governance

Ähnlich wie das FISG wird in der Anhörung die Verbesserung der Rahmenbedingungen für eine effektive Überwachung durch den Prüfungsausschuss und den Aufsichtsrat bzw. die nicht geschäftsführenden Direktoren (beim One-Board System) thematisiert.[115] Eine Reihe der dort genannten Punkte, wie etwa die Erweiterung der Anforderungen an die Sachkunde für Aufsichtsratsmitglieder bzw. Mitglieder des Prüfungsausschusses, wurden bereits im FISG adressiert.[116]   76

Es erscheint gut vorstellbar, dass die Kommission diese Konsultation zum Anlass nimmt, das Thema Unabhängigkeit, zu dem es auf EU-Ebene bisher nur unverbindliche Empfehlungen gibt, noch einmal aufzugreifen. Ein weiterer gegenüber der FISG-Diskussion neuer Punkt ist die Erweiterung der Informationsrechte für Aktionäre bezüglich von Fragen der Abschlussprüfung.[117] Das jedem Aktionär individuelle zustehende Auskunftsrecht nach § 131 AktG ist im internationalen Vergleich bereits recht weitgehend. Ob die KOM eventuell auch die Möglichkeit eines Einsichtsrechts in den Abschlussprüferbericht oder Auszüge von diesem im Auge hat, wie es etwa das AktG für Unternehmensverträge vorsieht (vgl. § 124 Abs. 2 Satz 3 AktG), bleibt abzuwarten.   77

---

112 Siehe insbesondere die Regelungen zum Informationsaustausch in § 109a Abs. 1 WpHG n.F. (eingefügt durch Art. 1 Nr. 10 FISG) und § 66a WPO n.F. (geändert durch Art. 21 Nr. 13 FISG).
113 Konsultationspapier, Fragen 17a) und 19c).
114 BVerfG v. 30.7.2019 – 2 BvR 1685/14, 2 BvR 2631/14, NJW 2019, 3204 Rz. 129 ff.; siehe dazu auch *Fischer/Krolop* in Fischer/Schulte-Mattler, 6. Aufl. 2022, KWG, Einf. Rz. 160 ff.
115 Vgl. insbesondere Konsultationspapier Frage 9b), f)–h).
116 Siehe II.3., Rz. 16.
117 Konsultationspapier Frage 9k).

78 Allgemein ist die Verbesserung der Informationsflüsse im Unternehmen der Kommission offenbar ein wichtiges übergreifendes Anliegen. In diesem Zusammenhang wird auch thematisiert, inwieweit europarechtliche Vorgaben zum Hinweisgeberschutz in Unternehmen geschaffen werden sollten. Diesbezüglich ist zunächst festzuhalten, dass mit der Hinweisgeberschutz-Richtlinie bereits ein großer Schritt getan wurde.[118] Daher sollte der Fokus zunächst auf der effektiven Umsetzung der Richtlinie in Gesetz und Praxis liegen, und die hierbei gewonnenen Erfahrungen evaluiert werden. Allerdings ist es merkwürdig, dass die Hinweisgeberschutzrichtlinie zwar Hinweise auf Verstöße gegen die Abschlussprüferrichtlinie und der EU-Abschlussprüfer-Verordnung sowie sektorspezifische Vorgaben zur Rechnungslegung erfasst, nicht aber Verstöße gegen die Bilanzrichtlinie.[119] Diese Inkonsistenz, die behoben werden sollte, zeigt, wie wichtig eine umfassende verzahnte Betrachtung der Governance der Rechnungslegung und Abschlussprüfung ist.

3. Regelungen zur Pflichtprüfung

79 Die Wahlrechte bezüglich Rotationsfristen und der Reichweite von Nebentätigkeitsverboten und -grenzen von denen Deutschland mit dem FISG keinen Gebrauch mehr macht, dürften auch auf europäischer Ebene auf den Prüfstand gestellt werden.[120]

80 Verbreitet ist eine stärkere Unterstützung von Joint Audits gefordert worden.[121] Die auch in der Anhörung der Kommission thematisierten Frage,[122] ob über die bestehenden Regelungen hinaus[123] durch weitere Anreize für Joint Audits die bestehende Konzentration auf dem Markt für Abschlussprüfungsleistungen bei Unternehmen von öffentlichem Interesse abgemildert werden kann und ggf. welche Anreize für Joint Audits geschaffen werden könnten, hat sich als sehr komplex und vielschichtig

---

118 Siehe dazu II.1., Rz. 10.
119 Vgl. Art. 2 Abs. 1a) ii) i.V.m. Anhang Teil 1, B der Hinweisgeberschutzrichtlinie (oben Fn. 7).
120 Vgl. Konsultationspapier Frage 14h).
121 *Schüppen*, DStR 2021, 246, 249 f.; zum Vorbild Frankreich s. *Regierer*, BOARD 2019, 112, 114; in diese Richtung auch Erwägungsgrund 20 EU-Abschlussprüferverordnung.
122 Konsultationspapier Frage 12 V.
123 Zu nennen ist insbesondere die fortbestehende Möglichkeit der Verlängerung des Prüfungsmandats über zehn Jahre hinaus bei Vereinbarung einer gemeinsamen Prüfung, siehe oben Fn. 96.

erwiesen.[124] Daher haben Regelungen hierzu auch im parlamentarischen Verfahren keinen Eingang ins FISG gefunden. Diese Option wird aber weiter geprüft.[125] Ein sinnvoller Anwendungsbereich könnte eine begleitende Maßnahme im Rahmen der Bilanzkontrolle sein. So könnte man daran denken, der zuständigen Aufsichtsbehörde die Befugnis einzuräumen, Joint Audits für eine gewisse Zeit als Maßnahme zur Sicherstellung der Behebung der Unregelmäßigkeiten und der Vermeidung von Unregelmäßigkeiten in der Zukunft anzuordnen.

Bisher gibt es auf europäischer Ebene nur die allgemeine Vorgabe, für eine effektive Sanktionierung Sorge zu tragen, ohne explizit Regelungen zur Schadensersatzhaftung zu treffen. Diesbezüglich gibt es nur eine unverbindliche Empfehlung der Kommission mit dem bezeichnenden Titel „Empfehlung zur *Begrenzung* der Haftung der Abschlussprüfer."[126] Regelungen zur Schadensersatzhaftung dürften ein Thema werden.[127] Ob hier die FISG-Vorgaben Vorbildcharakter entfalten werden, bleibt abzuwarten. 81

Die Kommission thematisiert auch Vorgaben zum Risikomanagement, bekannt aus dem Aktien- und Aufsichtsrecht.[128] Denkbar wären etwa Vorgaben/Standards für interne Qualitätskontrollsysteme der Wirtschaftsprüfungsgesellschaften, Dokumentation der Prüfung sowie Monitoring von Hochrisikoprüfungen, KI gestützte Techniken. Das ist an sich ein vernünftiger Ansatz, da man hier nicht Aufgaben erweitert und Haftung bzw. Aufsicht verschärft, sondern sich auch damit beschäftigt, wie die vielfältigen und hohen Anforderungen an die Abschlussprüfung erfüllt werden können. Allerdings ist zu prüfen, inwieweit die genannten Aspekte bereits durch die bestehenden Vorgaben, insbesondere zur Qualitätssicherung nach Art. 29 Abschlussprüferrichtlinie bereits abgedeckt sind, und man insoweit vielleicht eher bei der wirksamen Umsetzung und Implementierung ansetzen muss. 82

---

124 In den Jahren 2009 und 2010 wurde ausgerechnet auch bei Wirecard ein Joint Audit praktiziert.
125 Vgl. Prüfauftrag der Koalitionsfraktionen an die Bundesregierung im Bericht des Finanzausschusses Beschlussempfehlung FA, BT-Drucks. 19/29879, S. 151.
126 Dazu näher IV.1.b), Rz. 38, IV.2.a), Rz. 44.
127 Konsultationspapier Frage 14g): „Increase or eliminate caps on auditor liability.
128 Konsultationspapier Frage 13c); siehe oben II.1., Rz. 10.

4. Schlussbetrachtung zur Governance der Abschlussprüfung als Regelungsaufgabe

83   Im diesem Zusammenhang möchte ich noch einmal auf § 43 Abs. 3 WPO bzw. Art. 22 Abs. 2 Abschlussprüferrichtlinie zur kritischen Grundhaltung des Abschlussprüfers und einem gängigen Topos bei der Diskussion um die Aufgaben des Abschlussprüfers zurückkommen. Oft heißt es, dass dieser kein Detektiv sei. Wenn man von ihm erwarte, falsche Angaben aufzudecken, dann sei dies kein Fehler eines Abschlussprüfers, sondern eine als Erwartungslücke[129] beschriebene Fehlwahrnehmung.

84   Bei unbefangener Lektüre des Textes der Abschlussprüferrichtlinie in Art. 22 Abs. 2, wo u.a. ausdrücklich gefordert wird, die Möglichkeit krimineller Betrugshandlungen einzukalkulieren, könnte sich folgende Frage stellen: Sollte man vielleicht weniger von einer Fehlwahrnehmung der Pflichten durch das Publikum sprechen, sondern auch bzw. vor allem von einer möglichen fehlerhaften Erwartung des (europäischen) Gesetzgebers bezüglich des Leistbaren, wenn man eine „Erwartungslücke" konstatieren will? Diese Problematik gewinnt insoweit kontinuierlich an Relevanz als die Bereiche, auf die sich die Abschlussprüfung bezieht, immer weiter ausgedehnt werden. Zu nennen sind insbesondere die Erklärung zur sog. nicht-finanziellen Berichterstattung nach §§ 289b ff.; § 315b f. HGB) sowie die Erklärung zur Unternehmensführung nach §§ 289f, 315d HGB).[130]

85   Die an sich begrüßenswerte deutliche Erweiterung der CSR-Berichterstattung im Rahmen der Überarbeitung der CSR-Richtlinie[131] wird diese Entwicklung weiter vorantreiben. Will man dem Phänomen der Erwartungslücke begegnen, sollte man, wenn man die Aufgaben der Wirtschaftsprüfung in der Breite erweitert, auch sicherstellen, dass alle As-

---

129   Näher zu diesem Begriff *Orth*, Abschlussprüfung und Corporate Governance, Vom Financial Audit zum Business Audit vor dem Hintergrund der Erwartungslücke, 2000.

130   Zur Umsetzung in der Praxis unter besonderer Berücksichtigung der Unterschiede und möglichen Überschneidungsbereichen *Baumüller/Scheid/Needham*, IRZ 2021, 401.

131   Vorschlag für eine Richtlinie des Europäischen Parlaments und des Rates zur Änderung der Richtlinien 2013/34/EU, 2004/109/EG, 2006/43/EG und der Verordnung (EU) Nr. 537/2014, hinsichtlich der Nachhaltigkeitsberichterstattung von Unternehmen, COM (2021) 189 final; Zu dieser Richtlinie im Kontext zur Sustainable Finance Strategie der EU *Baumüller/Scheid/Needham*, IRZ 2021, 337.

pekte, die in die Abschlussprüfung einbezogen werden, ordentlich geprüft werden. Das ist die Kernaufgabe der Governance der Abschlussprüfung, die eine die Bereiche Gesellschaftsrecht, Kapitalmarkrecht und Aufsichtsrecht übergreifende Regelungsaufgabe ist, welche eine intradisziplinäre und interdisziplinäre Betrachtung (wissenschaftliche Perspektive) bzw. ressortübergreifende Zusammenarbeit (gesetzgebungstechnische Perspektive) erfordert.

Bericht über die Diskussion des Referats Krolop

Magnus Habighorst
Wissenschaftlicher Mitarbeiter,
Humboldt-Universität zu Berlin

I.

1 Eine spannende und durchaus kritische Diskussion war nach dem bisherigen Echo in der Fachliteratur zum FISG zu erwarten. Diese Erwartung wurde nicht enttäuscht, wie schon die Zahl der Beiträge und die Dauer der Diskussion zeigen. Hierbei konnten die Beiträge in solche differenziert werden, die grundsätzliche Kritik am Governance-Konzept des FISG übten und in Fragen zu Details. Die Moderation führte *Gregor Bachmann* (Humboldt-Universität zu Berlin). Er eröffnete die Diskussion mit Dank an den Referenten für die Darstellung des komplexen Ökosystems des FISG und nutzte die Gelegenheit, den Begriff des PIE (Public Interest Entity, § 316a Abs. 2 HGB) klarzustellen.

II.

2 Zunächst erhielt *Peter Hommelhoff* (Universität Heidelberg) das Wort. Er dankte dem Referenten für seine klare Darstellung der Schwerpunkte des FISG und leitete seine inhaltlichen Einlassungen damit ein, dass er seine tiefe Erschütterung kundtat. Bisher habe man im Unternehmensrecht mit dem Begriff der Corporate Governance das System gemeint, in dem sich Leitung und Überwachung eines Unternehmens in einem ausgewogenen Verhältnis ausglichen und damit in den Bahnen des Rechts hielten. Durch das FISG verschiebe sich der Schwerpunkt der Governance in die Bereiche der öffentlich-rechtlichen Aufsicht und der Strafbarkeit. Diese Verschiebung sei, so *Hommelhoff*, sehr beunruhigend.

3 Zur Konkretisierung führte er zwei Punkte an: Der Gedanke der Eigenverantwortlichkeit der Unternehmen für die ordnungsgemäße Rechnungslegung sei ein wichtiger Grundsatz, welcher dem Recht der Abschlussprüfung, insbesondere Art. 7 und Art. 12 der AbschlussprüferVO,[1]

---

1 VO (EU) Nr. 537/2014, ABl. EU Nr. L 158 v. 27.5.2014, S. 77.

zugrunde liege. Das FISG und der allgemeine Trend der Regulierung verlören diesen Gedanken der Eigenverantwortlichkeit aus den Augen.

Zudem werde durch § 324 Abs. 3 HGB i.V.m. § 316a Abs. 1 Satz 2 HGB mit dem Informationsanspruch der Abschlussprüferaufsichtsstelle (APAS) bezüglich des Prüfungsausschusses eine Figur aus dem Bereich der regulierten Industrie verallgemeinert. Der Gedanke, dass der Aufsichtsrat und der Prüfungsausschuss im öffentlichen Interesse tätig werden, bekomme hier eine dramatische Zuspitzung. Diese Fragen müsse man nachdrücklich überdenken. 4

Generell überdenken müsse man zudem das zentrale Problem der kritischen Grundhaltung des Abschlussprüfers, also die Frage, weshalb es Abschlussprüfern teilweise an der kritischen Grundhaltung fehle. Allein in etwaigen Zusatzaufträgen – die durch Beseitigung des Steuerberatungsprivilegs bei geprüften Unternehmen[2] nun reduziert seien – liege wohl nicht das Problem. Grundgedanke des europäisch geprägten Rechts sei das Zusammenwirken von Vorstand, Prüfungsausschuss und Abschlussprüfer im kritischen Dialog. Hier müsse der Grund, weshalb es die Abschlussprüfer in diesem Dialog an der kritischen Grundhaltung fehlen ließen, noch einmal nachdrücklich geprüft und dann Grundlage weiterer Regulierung werden. 5

III.

Die zweite Wortmeldung kam von *Claudia Junker* (Generalbevollmächtigte und Leiterin Law & Integrity, Deutsche Telekom AG, Bonn). Sie betonte zunächst, dass ihr Unternehmen praktisch kein Problem habe: Man werde die neuen Regelungen selbstverständlich umsetzen, bzw. habe dies schon getan. Sodann äußerte sie Verständnis, dass das Bundesfinanzministerium (BMF) nach dem Wirecard-Skandal einen politischen Befreiungsschlag gebraucht habe. Sie stellte dann die rechtspolitische Frage, ob es richtig sei, wegen eines Einzelfalles wie dem Wirecard-Skandal ein so umfassendes und komplexes Gesetz wie das FISG zu schaffen. Erfasst davon seien immerhin 570 kapitalmarktorientierte Unternehmen (sowie viele weitere Unternehmen). Es schwinge der Unterton mit, dass schärfere Sanktionen notwendig seien. Bei einem ganz überwiegenden Teil der erfassten Unternehmen gäbe es aber keinerlei Anlass zu Beanstandungen – gleichwohl würden diese unter einen Generalverdacht 6

2 § 319a HGB aufgehoben m.W.v. 1.7.2021.

gestellt und mit Verschärfungen von Regelungen und Sanktionen überfrachtet. Hierbei zog *Junker* Parallelen zum Entwurf des der Diskontinuität anheimgefallenen Verbandssanktionengesetzes.[3]

IV.

7 *Jens Koch* (Universität Bonn) stellte zwei Fragen. Er fragte zunächst, welchen Nutzen § 100 Abs. 5 Halbsatz 1 AktG noch habe, der das Erfordernis der besonderen Sachkunde im Bereich der Rechnungslegung und der Abschlussprüfung für den Aufsichtsrat regelt. Die Regelung sei für Unternehmen von öffentlichem Interesse in Umsetzung der Abschlussprüfer-Richtlinie 2006 in das Gesetz aufgenommen worden. Nach der Richtlinie soll diese Vorgabe grundsätzlich für den Prüfungsausschuss gelten, doch gestattet es die Richtlinie den Mitgliedstaaten, diese Aufgabe dem Gesamtaufsichtsrat zu übertragen. Weil es in Deutschland zu diesem Zeitpunkt keinen obligatorischen Prüfungsausschuss gegeben habe, habe man von dieser Option Gebrauch gemacht. Nun gebe es seit dem Erlass des FISG für die betroffenen Gesellschaften gem. § 107 Abs. 4 AktG aber einen verpflichtenden Prüfungsausschuss, der Teil des Aufsichtsrates sei und an den in § 107 Abs. 4 Satz 3 AktG dieselben Voraussetzungen gestellt würden. Vor diesem Hintergrund sei es nicht ersichtlich, welche zusätzliche Funktion § 100 Abs. 5 Halbsatz 1 AktG im Hinblick auf die Sachkunde noch haben solle.

8 Mit seiner zweiten Frage lenkte *Koch* die Aufmerksamkeit auf das umstrittene Problem des Mitverschuldens der Gesellschaft im Rahmen der Abschlussprüferhaftung. Er fragte, ob die Neuregelung der Sorgfaltspflichten des Abschlussprüfers in § 43 Abs. 4 WPO Auswirkungen auf dieses Problem habe.

V.

9 *Krolop* ging in seiner Replik zunächst auf die geäußerte Generalkritik und anschließend auf Einzelfragen ein.

10 Er stellte zunächst klar, dass der Anwendungsbereich sich nicht auf 560 PIEs beschränke, sondern auch ca. 2.400 nicht kapitalmarktorientierte Unternehmen (Banken und Versicherungen) erfasst seien – der An-

---

3 Vgl. hierzu Referat *Knauer* in VGR, Gesellschaftsrecht in der Diskussion 2020, 2021, S. 123 ff.

wendungsbereich der Regulierung sei nicht zu unterschätzen. Zudem sei der Gedanke, dass man mit dem FISG die Aktiengesellschaft als Privatverein, dessen Rechtsfähigkeit nur von der Erfüllung von Normativbedingungen, nicht von Lizenzierungen abhänge, nun erheblich öffentlich-rechtlich reguliere, nicht ganz treffend. Denn man könne die meisten erfassten Unternehmen durch das Bank-, Versicherungs- und Kapitalmarktrecht ohnehin schon als teilreguliert ansehen.

In Bezug auf den Vorwurf des Generalverdachts wies *Krolop* darauf hin, 11 dass nur wenige Regelungen des FISG unmittelbar die Unternehmen beträfen. Primäres Anliegen des FISG sei keine intensive Regulierung der Aktiengesellschaft, sondern eine Regulierung der Abschlussprüfung. Wirecard habe man als Anlass genommen, einzelne Bestimmungen für den Abschlussprüfer zu treffen, die auch schon zuvor in bedeutenden Teilen Gegenstand von Reformüberlegungen waren. Wirecard habe aber insbesondere Anlass gegeben, die von *Hommelhoff* angesprochene vertrauensvolle Zusammenarbeit von Abschlussprüfer und Unternehmen zu hinterfragen. Die erforderliche Balance zwischen Vertraulichkeit zwischen Unternehmen und Abschlussprüfer sowie öffentlicher Kontrolle sei sehr diffizil. Ein Ansatz zur grundsätzlichen Bewältigung der Problematik, dass der Geprüfte den Prüfer bezahlt, die im politischen Raum diskutiert wurde, sei eine Umlagefinanzierung der Abschlussprüfer. Ob dies Teil der Reformdiskussion auf europäischer Ebene werde, bleibe abzuwarten. Hierzu äußerte sich *Krolop* skeptisch.

Seine Stellungnahme zur Generalkritik schloss *Krolop* mit der Anmer- 12 kung ab, dass der Jahresabschluss und der Bericht im Jahresabschluss die Stellen seien, in die wichtige rechtspolitische Kompromisse eingefügt würden, wie sich auch am Lieferkettensorgfaltspflichtengesetz und dem CSR-Reporting zeige. Dadurch komme der Abschlussprüfung eine immer größere Bedeutung zu. Umso wichtiger sei es, durch Regulierung die Qualität der Abschlussprüfung zu sichern, statt nur die zu prüfenden Bereiche stetig auszuweiten.

In Bezug auf den Einwand des Mitverschuldens der Gesellschaft stellte 13 *Krolop* klar, dass auf einen gesetzlichen Ausschluss des Mitverschuldenseinwands des Abschlussprüfers gegenüber dem Unternehmen bewusst verzichtet wurde, um Extremfällen Rechnung zu tragen, insbesondere dem Zusammentreffen von Vorsatz seitens der Organe und Beschäftigten des Unternehmens und bloß leichter Fahrlässigkeit seitens des Abschlussprüfers. Auch treffe man mit dem Zulassen des Mitverschuldenseinwandes die tatsächlichen Verantwortlichen – die erfolgreiche Geltend-machung eines erheblichen Mitverschuldens gegenüber dem Unterneh-men münde regelmäßig in einen Regress gegen den Vorstand. Es gehe al-so um die gerechte Haftungsverteilung. Abschließend stellte *Krolop* zur ersten Frage von *Koch* klar, dass die „doppelte" Regelung der Anforde-rungen in § 100 Abs. 5 AktG und § 107 Abs. 4 AktG Klarstellungszwe-cke verfolge. Auch im Hinblick auf ihre Appellfunktion sollten die An-forderungen in der Norm zu den „persönlichen Voraussetzungen" nicht fehlen. Ferner sei zu berücksichtigen, dass § 324 HGB § 100 Abs. 5 AktG (und nicht § 107 Abs. 4 AktG) in Bezug nehme.

VI.

14   *Eberhard Vetter* (Rechtsanwalt, Köln) bedankte sich bei dem Referenten und stellte zwei Fragen „in den Maschinenraum des Gesetzgebers". Be-züglich der nunmehr zwingenden Einrichtung des Prüfungsausschusses in börsennotierten Unternehmen sehe er keine große Wirkung des FISG, da bereits alle börsennotierten Unternehmen außer Wirecard über einen solchen Ausschuss verfügt hätten. Er fragte, weshalb die Verpflichtung zur Einrichtung eines Prüfungsausschusses nicht generell auf Unter-nehmen einer bestimmten Größe ausgeweitet wurde, da in diesen Fällen auch ohne Kapitalmarktorientierung ein allgemeines Interesse an guter Corporate Governance gegeben sei.

15   Zudem stellte *Eberhard Vetter* in Bezug auf § 100 Abs. 5 AktG fest, dass die gesetzlich geforderten Kenntnisse auf dem Gebiet der Rechnungs-legung und auf dem Gebiet der Abschlussprüfung zwei Seiten derselben Medaille seien. Daher fragte er, ob es hier nicht gereicht hätte, in § 100 Abs. 5 AktG künftig zwei Mitglieder mit Expertise in mindestens einem der beiden Gebiete zu fordern.

VII.

16   Die nächste Wortmeldung kam von *Michael Nietsch* (EBS Law School, Wiesbaden). Er dankte dem Referenten neben seinem Vortrag auch für die ausführlichen Unterlagen. Auf diese ging er in seiner Anmerkung ein, insbesondere auf den abgedruckten Auszug aus dem Urteil des BGH auf Seite 8[4] und den Vorschlag des Referenten, auf den Vorsatz im Rah-men der Abschlussprüferhaftung die Rechtsprechung des BGH zu § 826

---

4   BGH v. 12.3.2020 – VII ZR 236/19, NZG 2020, 1030 Rz. 35 = AG 2020, 549.

BGB anzuwenden. Hier mahnte *Nietsch* zur Zurückhaltung. Als Argumente führte er einerseits den Gedanken des rechtsethischen Minimums an, andererseits entferne sich die Rechtsprechung hier erheblich von dem Grundgedanken des § 276 BGB, wie Vorsatz zu definieren sei. Gegebenenfalls sei die Vorsatzfrage aber gar nicht wesentlich, da mit der Anerkennung der Schutzgesetzeigenschaft von Normen des Abschlussprüferrechts § 823 Abs. 2 BGB stärker in den Mittelpunkt rücken dürfte. Durch das FISG sei mit § 332 Abs. 3 HGB ein Fahrlässigkeitstatbestand mit Schutzgesetzeigenschaft geschaffen worden.

VIII.

Martin Frenzel (Rechtsanwalt, Wien) merkte im Chat an, dass die BaFin auch über die Landesgrenze hinweg im Bereich der Wertpapieraufsicht, insbesondere aus dem Blickwinkel des Anleger- und Konsumentenschutzes, einen wenig durchschlagskräftigen Eindruck mache. Hieran schloss er die Frage an, ob durch Kanalisation der Aufsicht über die Rechnungslegung bei der BaFin eine Besserung in Aussicht stehe. 17

IX.

Es wurde dann *Karl Peter Puszkajler* (VRiOLG a.D., München) das Wort erteilt. Er sprach vier Punkte an. Zunächst fragte er, ob nicht neben den personellen Vorgaben für die Unternehmen auch Vorgaben für die BaFin und die APAS in Bezug auf die nötigen Qualifikationen und Erfahrungen des Personals erforderlich gewesen wären. Sodann merkte er an, dass die zehn-Jahres-Rotation des Art. 17 Abs. 1 Unterabs. 2 AbschlussprüferVO deutlich zu lang sei. Er könne aus eigener Erfahrung berichten, dass innerhalb von zehn Jahren ein gewisses Zusammenwachsen bzw. die Übernahme bestimmter Grundhaltungen zu erwarten sei. Dies müsse dringend geändert werden. 18

Anschließend kritisierte er, dass das FISG keine Bestimmungen enthalte, die sicherstellten, dass kritische Berichte wie der sog. Zatarra-Bericht im Fall Wirecard ernstgenommen würden. Zuletzt fragte er, weshalb man denn nicht einfach eine Dritthaftung des Abschlussprüfers einführen sollte. 19

X.

20 Der nächste Beitrag kam von *Maximilian Findeisen* (Rechtsanwalt, Düsseldorf). Er stellte zum Anwendungsbereich des FISG auf PIEs fest, dass dieses in der Regel nicht auf die wachsende Zahl von Unternehmen anwendbar sei, die sich für ein Listing im außereuropäischen Ausland entschieden. Er fragte dann, ob über diese Sachverhalte im Gesetzgebungsverfahren zumindest nachgedacht worden war.

XI.

21 *Nikolai Unmuth* (Rechtsanwalt, Stuttgart) lenkte die Aufmerksamkeit auf die Ergänzung des § 107 Abs. 3 Satz 2 AktG und deren Verhältnis zur Empfehlung in D.11 DCGK. Das Schrifttum sei zwar uneinheitlich, aber jedenfalls teilweise werde vertreten, dass sich für börsennotierte Unternehmen keine Änderungen gegenüber den bisherigen Regelungen aus dem DCGK ergäben. Dem stellte sich *Unmuth* kritisch gegenüber. Der Wortlaut der Empfehlung in D.11 DCGK, „soll regelmäßig [...] eine Beurteilung vornehmen", werde im Schrifttum zu Recht so verstanden, dass eine punktuelle Überprüfung alle zwei bis fünf Jahre ausreiche. Weder „regelmäßig" noch „beurteilen" habe der Gesetzgeber aber in § 107 Abs. 3 Satz 2 AktG übernommen. Das spreche dafür, dass § 107 Abs. 3 Satz 2 AktG die Pflicht normiert, sich kontinuierlich mit der Qualität der Abschlussprüfung zu befassen. Ein Gleichlauf zwischen D.11 DCGK und § 107 Abs. 3 Satz 2 AktG bestünde dann nicht. Er fragte den Referenten, ob er dem zustimmen würde.

XII.

22 In Bezug auf den Beitrag von *Unmuth* stellte *Krolop* klar, dass § 107 Abs. 3 AktG durchaus im Lichte von D.11 DCKG ausgelegt werden sollte.[5]

23 Bezüglich der angesprochenen, ggf. zu langen, externen Rotationsfristen zeigte *Krolop* auf, dass gerade bei den betroffenen PIEs eine einfache Verkürzung keine Patentlösung sei, da diese in einem Spannungsverhältnis zur erheblichen Komplexität der Prüfung von derart großen Unternehmen stehe. Auch die Kosten eines Prüferwechsels seien zu berücksichtigen. Der Gesetzgeber versuche dieses Spannungsverhältnis durch die

---

5   Siehe hierzu in der Schriftfassung des Vortrags, S. 28, Rz. 22.

Regelungen zur internen Rotation nach fünf Jahren (§ 43 Abs. 6 Satz 2 WPO) zu entschärfen.

Zur Frage der personellen Ausstattung der BaFin verwies *Krolop* auf die   24
BaFin-Reform und die Übernahme der Mitarbeiter der Deutschen Prüfstelle für Rechnungslegung (DPR) durch die BaFin sowie die Schaffung
neuer Stellen.

Auf die Fragen zum Prüfungsausschuss stellte *Krolop* fest, dass die Be-   25
nennung beider Gebiete der Sachkunde in § 100 Abs. 5 AktG das Ziel
verfolge, die Besetzung zu erleichtern, indem nicht – wie bisher die Anforderung im DCGK für den Vorsitzenden des Prüfungsausschusses –
Sachkunde auf dem Gebiet der Rechnungslegung *und* Abschlussprüfung
verlangt werde.

In Bezug auf die Frage nach Unternehmen mit Listing im Ausland ant-   26
wortete *Krolop*, dass im Einzelfall der Anwendungsbereich nach § 324
Abs. 1 HGB eröffnet sein könne. Einer umfassenden Regelung müsste
aber eine Diskussion von kollisionsrechtlichen Fragen und Fragen der
Aufsichtszusammenarbeit vorangestellt werden.

Zum zentralen Problem der Abschlussprüferhaftung stellte *Krolop* fest,   27
dass er auch im Vortrag deutlich gemacht habe, dass § 332 HGB ein
Schutzgesetz i.S.d. § 823 Abs. 2 BGB sei. Die Erweiterung auf Leichtfertigkeit in § 332 Abs. 3 HGB verfolge den Zweck, Beweisprobleme im
Grenzbereich zum bedingten Vorsatz zu lösen. Dies sei auch das Anliegen des BGH im genannten Urteil bezüglich § 826 BGB. Der BGH setze
daher eine besondere Leichtfertigkeit und bedingten Vorsatz gleich – daher lägen Leichtfertigkeit i.S.d. § 332 Abs. 3 HGB und Vorsatz i.S.d.
§ 826 BGB sehr eng beieinander. Hier komme es, so *Krolop*, maßgeblich
auf die Handhabung durch die Rechtsprechung in der Praxis an.

Lehnte man seine Hypothese aber ab und folgerte man aus § 332 Abs. 3   28
HGB gerade eine restriktivere Auslegung des § 826 BGB, so sei es richtig, dass § 823 Abs. 2 BGB bei der der Dritthaftung eine zentrale Rolle
spielen werde. In diesem Fall ergäben sich dann aber Folgeprobleme. Insbesondere wäre die Frage der Übertragbarkeit der Höchstgrenzen des
§ 323 HGB auf die Dritthaftung zu diskutieren sowie die Frage, ob man
die Wertung des § 117 AktG, wonach Aktionäre nur den Schaden ersetzt
verlangen können, der über den Reflexschaden hinausgeht, in den Schutz-
zweckzusammenhang des § 823 Abs. 2 BGB hineinlesen müsse. Beides,

so schloss *Krolop*, sei aus Sicht des Gesetzgebers, der eine Haftungsverschärfung erreichen wollte, abzulehnen.

XIII.

29 *Bachmann* dankte dem Referenten für seine Antworten in der Diskussion und den Diskutanten für ihre Beiträge. Er schloss die Diskussion mit der Erwartung, dass Themen des FISG auch in der Zukunft noch einmal auf der Tagesordnung stehen könnten.

Die *actio pro socio* – zur Institutionenbildung im Verbandsrecht

Prof. Dr. Christine Osterloh-Konrad

Eberhard Karls Universität Tübingen

I. Einleitung

Das Gesetz zur Modernisierung des Personengesellschaftsrechts vom 1
10.8.2021 (MoPeG) bewirkt mit seinem Inkrafttreten am 1.1.2024 eine
grundlegende Neuordnung des Personengesellschaftsrechts. Neben ech-
te Rechtsänderungen – etwa die Einführung eines Gesellschaftsregisters
für die GbR – und die Fixierung von Errungenschaften der Rechtsfortbil-
dung vergangener Jahrzehnte – insbesondere das gesetzliche Bekenntnis
zur Rechtsfähigkeit der Außengesellschaft bürgerlichen Rechts – tritt
dabei auch die Klärung altbekannter gesellschaftsrechtlicher Streitfragen. Dem letztgenannten Bereich ist § 715b BGB n.F. zuzuordnen, der
unter der Überschrift „Gesellschafterklage" erstmals die *actio pro socio*
im Personengesellschaftsrecht kodifiziert.

2 Die Möglichkeit eines Gesellschafters, mit der *actio pro socio* Ansprüche auf Leistung in das Gesellschaftsvermögen geltend zu machen, ist zwar seit langem als „Magna Charta des Minderheitsschutzes"[1] anerkannt; doch steht diese Einigkeit in einem bemerkenswerten Kontrast dazu, dass bisher weder Einvernehmen über das dogmatische Fundament noch Klarheit über die Zulässigkeitsvoraussetzungen der Klage erzielt wurde. Diese Unsicherheiten hängen, wie im Schrifttum erst kürzlich wieder nachgezeichnet wurde,[2] u.a. damit zusammen, dass sich die Funktion der *actio pro socio* über die Jahrhunderte hinweg deutlich gewandelt hat: von einer umfassenden Abrechnungs- und Liquidationsklage im klassischen römischen Recht, die unter *Justinian* zu einem Rechtsdurchsetzungsinstrument *manente societate* wurde, über eine Klage zur Geltendmachung eigener Ansprüche gegen Mitgesellschafter hin zu einem Rechtsinstitut, das die Anspruchsverfolgung bei Versagen der gesellschaftsinternen Zuständigkeitsordnung sicherstellen soll.[3]

3 Die Neuregelung durch das MoPeG gibt Anlass dazu, sich die klassischen Streitfragen rund um die *actio pro socio* nochmals vor Augen zu führen (II., Rz. 4 ff.) und festzuhalten, welche davon der Gesetzgeber nunmehr beantwortet hat (III., Rz. 15 ff.). Wie nach einem Blick auf die Gesellschafterklage im Recht der GmbH und der AG (IV., Rz. 21 ff.) zu zeigen sein wird, bewirken die Antworten des MoPeG eine deutliche Konvergenz zwischen dem Personen- und dem Kapitalgesellschaftsrecht (V., Rz. 26 ff.). Hieran anknüpfend bietet sich eine Betrachtung der *actio pro socio* als Institut des allgemeinen Verbandsrechts an, die rechtsformspezifische Unterschiede auf diejenigen Punkte beschränkt, in denen Abweichungen wegen der spezifischen Verbandsstruktur angemessen sind (VI., Rz. 29 ff.).

II. Zur bisherigen Diskussion im Personengesellschaftsrecht

4 Der Meinungsstand, in dem sich nun der Gesetzgeber mit § 715b BGB n.F. positioniert, ist im Schrifttum schon verschiedentlich ausführlich dargestellt worden,[4] so dass es an dieser Stelle mit einer Zusammenfassung sein Bewenden haben kann. Neben einer kurzen Darstellung der

---

1 *Flume*, BGB AT I/1, Die Personengesellschaft, 1977, S. 144.
2 *Fleischer/Harzmeier*, ZGR 2017, 239 ff.; *Kumkar*, ZGR 2021, 123 ff.
3 Weiterführend siehe *Fleischer/Harzmeier*, ZGR 2017, 239, 242 ff.
4 Siehe zuletzt *Fleischer/Harzmeier*, ZGR 2017, 239 ff.

maßgeblichen Streitfragen[5] soll es vor allem darum gehen, die Verbindungen zwischen ihnen offenzulegen.

1. Klassische Streitfragen rund um die *actio pro socio*

Die Uneinigkeit beginnt bei der **dogmatischen Einordnung**. Traditionell 5 wird die *actio pro socio* auf Leistung in das Gesellschaftsvermögen insbesondere in der Rechtsprechung als eine Klage verstanden, mittels derer der Gesellschafter eigene Rechte geltend macht.[6] Demgegenüber deutet die inzwischen im Schrifttum überwiegende Auffassung das Institut als einen Fall der Prozessstandschaft für die Gesellschaft, wobei unterschiedlich beurteilt wird, ob von einer (auf eine ergänzende Vertragsauslegung des Gesellschaftsvertrags gestützten) gewillkürten[7] oder von einer (quasi-)gesetzlichen[8] Prozessstandschaft auszugehen ist. Der BGH lässt die Frage seit einiger Zeit offen[9] und beschränkt sich auf die Feststellung, dass die Grundlage der *actio pro socio* im Gesellschaftsverhältnis liege und sie Ausfluss des Mitgliedschaftsrechts sei.[10]

---

5 Ausgeklammert bleibt hier die Frage, ob in der Liquidation Sonderregeln für die *actio pro socio* gelten (s. nur einerseits RGZ 100, 165, andererseits OLG Düsseldorf v. 11.6.1999 – 17 U 194/99, NZG 1999, 989). Denn die Uneinigkeit in dieser Frage findet ihren Grund nicht in unterschiedlichen Verständnissen der *actio pro socio*, sondern in unterschiedlichen Auffassungen über das Liquidationsverfahren. Siehe hierzu *Osterloh-Konrad*, ZGR 2021, 476, 485.

6 RG v. 8.6.1917 – II 618/16, RGZ 90, 300, 302; BGH v. 27.6.1957 – II ZR 15/56, BGHZ 25, 47, 49; *Huber*, Vermögensanteil, Kapitalanteil und Gesellschaftsanteil an Personalgesellschaften des Handelsrechts, 1970, S. 25; *Flume*, BGB AT I/1, Die Personengesellschaft, 1977, S. 142; *Höfler*, JuS 1992, 388, 391; *Altmeppen* in FS Musielak, 2004, S. 1, 14.

7 *Hadding*, actio pro socio, 1966, S. 101; *ders.*, JZ 1975, 159, 164; *Grunewald*, Die Gesellschafterklage in der Personengesellschaft und in der GmbH, 1990, S. 14; *Schütz*, Sachlegitimation und richtige Prozeßpartei bei innergesellschaftlichen Streitigkeiten in der Personengesellschaft, 1994, S. 42; *Bork/Oepen*, ZGR 2001, 515, 529.

8 *Kort*, DStR 2001, 2162, 2163; *K. Schmidt*, Gesellschaftsrecht, 4. Aufl. 2002, S. 636; *Schwab*, Das Prozeßrecht gesellschaftsinterner Streitigkeiten, 2005, S. 118; *Verse* in FS Uwe H. Schneider, 2011, S. 1325, 1333; *Staudinger/Habermeier*, BGB, Neubearb. 2003, § 705 BGB Rz. 46; *K. Schmidt* in MünchKomm. HGB, 4. Aufl. 2016, § 105 HGB Rz. 198; *Schäfer* in MünchKomm. BGB, 8. Aufl. 2020, § 705 BGB Rz. 215.

9 Siehe BGH v. 23.3.1992 – II ZR 128/91, GmbHR 1992, 365 = ZIP 1992, 758, 760; BGH v. 26.4.2010 – II ZR 69/09, NJW-RR 2010, 1123.

10 BGH v. 26.4.2010 – II ZR 69/09, NJW-RR 2010, 1123; BGH v. 22.1.2019 – II ZR 143/17, GmbHR 2019, 658 = ZIP 2019, 1008 = DStR 2019, 1271.

6 Als gesicherter Kern des **Anwendungsbereichs** der *actio pro socio* sind Sozialansprüche der Gesellschaft gegen Gesellschafter anerkannt,[11] insbesondere Ansprüche auf Leistung von Einlagen oder Schadensersatz wegen der Verletzung von Pflichten aus dem Gesellschaftsverhältnis. Im Hinblick auf Ansprüche aus Drittverhältnissen differenziert die Judikatur zwischen den Rechtsformen. Für die Gesellschaft bürgerlichen Rechts leitete das Reichsgericht anfangs eine uneingeschränkte Klagebefugnis aus den §§ 432, 2039 BGB her.[12] Diesen Ansatz hat der BGH aber zunächst eingeschränkt[13] und später zu Recht ganz aufgegeben.[14] Inzwischen lassen die Gerichte bei der GbR eine *actio pro socio* (insbesondere bei Drittansprüchen auch geläufig: *pro societate*[15]) gegen Dritte nur dann zu, wenn an der Rechtsdurchsetzung ein berechtigtes Interesse besteht, die Mitgesellschafter des Klägers die Rechtsverfolgung aus gesellschaftswidrigen Gründen verweigern und der Dritte an diesem gesellschaftswidrigen Verhalten beteiligt ist.[16] Demgegenüber soll die *actio pro socio* aus Drittverhältnissen bei den Personenhandelsgesellschaften generell

---

11 RG v. 8.6.1917 – II 618/16, RGZ 90, 300; BGH v. 27.6.1957 – II ZR 15/56, BGHZ 25, 47, 49; BGH v. 2.7.1973 – II ZR 94/71, NJW 1973, 2198; BGH v. 8.11.1999 – II ZR 197/98, ZIP 2000, 136 = NZG 2000, 199; *Hadding*, actio pro socio, 1966, S. 7; *ders.*, JZ 1975, 159, 162; *Flume*, BGB AT I/1, Die Personengesellschaft, 1977, S. 140; *Wiedemann*, Gesellschaftsrecht, Bd. I, 1980, S. 459; *K. Schmidt* in MünchKomm. HGB, 4. Aufl. 2016, § 105 HGB Rz. 200; *Schäfer* in MünchKomm. BGB, 8. Aufl. 2020, § 705 BGB Rz. 210.
12 RG v. 9.11.1908 – VI 661/07, RGZ 70, 32, 34.
13 BGH v. 24.2.1954 – II ZR 3/53, BGHZ 12, 308, 312 f.
14 BGH v. 10.1.1963 – II ZR 95/61, BGHZ 39, 14, 15.
15 Siehe *Hippeli*, GWR 2018, 61 ff. Dieser begrifflichen Neuschöpfung des jüngeren Schrifttums, welche die Anspruchsinhaberschaft der Gesellschaft deutlich machen möchte, liegt aber ein Fehlverständnis des Begriffes *pro socio* zugrunde. Übersetzt man korrekt mit „als Gesellschafter", so passt *actio pro socio* für alle Varianten der Gesellschafterklage. Zur Übersetzung siehe *Heumann/Seckel*, Handlexikon zu den Quellen des römischen Rechts, 11. Aufl. 1971, s.v. pro, 3).
16 BGH v. 6.6.1955 – II ZR 233/53, BGHZ 17, 340, 347 f.; BGH v. 10.1.1963 – II ZR 95/61, BGHZ 39, 14, 19; BGH v. 30.10.1987 – V ZR 174/85, BGHZ 102, 152, 155 = ZIP 1988, 12; BGH v. 18.11.1999 – IX ZR 153/98, NJW 2000, 734; BGH v. 19.6.2008 – III ZR 46/06, ZIP 2008, 1582 = NZG 2008, 588; BGH v. 7.7.2021 – VIII ZR 52/20, ZIP 2021, 1913 = WM 2021, 1541; OLG Düsseldorf v. 3.12.1999 – 17 U173/97, NZG 2000, 475; OLG Dresden v. 15.7.1999 – 19 U 1480/98, NZG 2000, 248; OLG Düsseldorf v. 15.5.2012 – 24 U 250/11, NZG 2012, 1148; allgemein auf etwaige schutzwürdige Interessen einerseits des klagenden Gesellschafters, andererseits des beklagten Dritten abstellend OLG Koblenz v. 20.11.1998 – 10 U 936/97, NZG 1999, 250.

ausgeschlossen sein,[17] wenn sich nicht ausnahmsweise eine Notkompetenz in Analogie zu § 744 Abs. 2 BGB begründen lässt.[18] Das Schrifttum hält diese Differenzierung nach Rechtsformen teilweise nicht für überzeugend. Manche möchten die Durchsetzung von Drittansprüchen mittels der *actio pro socio* generell bei allen Personengesellschaften zulassen, sei es nur bei Kollusion zwischen dem Dritten und dem für die Anspruchsdurchsetzung zuständigen Gesellschafter,[19] sei es auch in weiteren Fällen, in denen der Dritte nicht schutzwürdig erscheint.[20] Anderenorts wird die *actio pro socio* aus Drittverhältnissen bei Personengesellschaften mit Gesamtvertretungsbefugnis uneingeschränkt für zulässig befunden, während sie bei abweichender Vertretungsordnung wegen des Vorrangs der gesellschaftsinternen Zuständigkeitsverteilung ausgeschlossen sei.[21]

Ob die *actio pro socio* gleichberechtigt neben der Anspruchsverfolgung durch die Gesellschaft steht oder nur ausnahmsweise in Betracht kommt, hängt davon ab, inwieweit man ihr **Subsidiarität** zuschreibt. Der traditionellen Auffassung, insbesondere der höchstrichterlichen Rechtsprechung, entspricht es, in der Gesellschafterklage schlicht die Ausübung eines gesellschaftsvertraglichen Rechts zu sehen und ihr nur durch die Treupflicht Grenzen zu ziehen.[22] Demgegenüber wird die *actio pro socio* im Schrifttum überwiegend als Notkompetenz begriffen,[23] zumindest 7

---

17 RG v. 27.11.1914 – II 305/14, RGZ 86, 69; RG v. 28.2.1916 – VI 416/15, JW 1916, 837; BGH v. 23.4.1964 – II ZR 221/61, WM 1964, 651; BGH v. 2.7.1973 – II ZR 94/71, NJW 1973, 2198.

18 Siehe hierzu BGH v. 19.6.2008 – III ZR 46/06, ZIP 2008, 1582 = NZG 2008, 588, 590; BGH v. 7.7.2021 – VIII ZR 52/20, ZIP 2021, 1913 = WM 2021, 1541, 1543; OLG Dresden v. 15.7.1999 – 19 U 1480/98, NZG 2000, 248, 250; OLG Düsseldorf v. 15.5.2012 – 24 U 250/11, NZG 2012, 1148; *Hadding*, JZ 1975, 159, 161.

19 *Fleischer/Harzmeier*, ZGR 2017, 239, 269.

20 *Grunewald/Otte*, ZIP 2017, 1737, 1742; *Bork/Oepen*, ZGR 2001, 515, 550; *Kort*, DStR 2001, 2162, 2166.

21 *K. Schmidt*, Gesellschaftsrecht, 4. Aufl. 2002, S. 643 f.

22 RG v. 1.4.1943 – II 138/42, RGZ 171, 51, 54; BGH v. 27.6.1957 – II ZR 15/56, BGHZ 25, 47, 50; BGH v. 26.10.2010 – II ZR 69/09, NJW-RR 2010, 1123; BGH v. 22.1.2019 – II ZR 143/17, GmbHR 2019, 658 = ZIP 2019, 1008 = DStR 2019, 1271; *Wiedemann*, Gesellschaftsrecht, Bd. I, 1980, S. 460; *Höfler*, JuS 1992, 388, 390; *Altmeppen* in FS Musielak, 2004, S. 1, 15.

23 *Hadding*, JZ 1975, 159, 164; *Lutter*, AcP 180 (1980), 84, 134; *K. Schmidt* in MünchKomm. HGB, 4. Aufl. 2016, § 105 HGB Rz. 201; aus der Judikatur auch OLG Naumburg v. 8.1.2013 – 1 U 52/12.Hs, GmbHR 2013, 932.

bei Gesellschaften ohne Gesamtvertretung durch alle Gesellschafter.[24] Nach verbreiteter Auffassung kann der Gesellschafter von ihr erst dann Gebrauch machen, wenn die für die Beitreibung zuständigen Organe die Anspruchsdurchsetzung pflichtwidrig blockieren;[25] andere lassen es genügen, wenn er die Geschäftsführung vorher erfolglos zur Anspruchsdurchsetzung aufgefordert hat.[26]

8 Praktisch wirkt sich die Entscheidung in der Subsidiaritätsfrage vor allem in einer unterschiedlichen Beweislastverteilung im Prozess aus.[27] Auch wer die Subsidiarität im Ausgangspunkt ablehnt, gelangt nämlich bei feststehendem Sachverhalt oft zum gleichen Ergebnis. Denn eine Klage, der gewichtige Gründe des Gesellschaftsinteresses entgegenstehen oder die parallel zu einer Klage der Gesellschaft erhoben wird und damit nur überflüssige Kosten produziert,[28] lässt sich als Verstoß gegen die Treupflicht werten. Die Treuwidrigkeit als Einwendung aber muss der Beklagte beweisen. Hingegen ist es bei Annahme einer Subsidiarität der *actio pro socio* Sache des Klägers, zu beweisen, dass die zuständigen Gesellschaftsorgane den Anspruch pflichtwidrig nicht verfolgen.

9 Unterschiedlich beurteilt wird ferner die **Abdingbarkeit** des Klagerechts. Während einige dazu neigen, die *actio pro socio* als Element des Innenrechts der Gesellschaft der Privatautonomie der Gesellschafter zu überantworten,[29] steht nach herrschender Auffassung ihre minderheitsschützende Funktion einer schrankenlosen Abänderbarkeit entgegen.[30]

---

24 So differenzieren *K. Schmidt*, Gesellschaftsrecht, 4. Aufl. 2002, S. 634 u. S. 636; *Kort*, DStR 2001, 2162, 2163.

25 *Hadding*, JZ 1975, 159, 164; *Bork/Oepen*, ZGR 2001, 515, 533; *Schwab*, Das Prozeßrecht gesellschaftsinterner Streitigkeiten, 2005, S. 109.

26 *Grunewald*, Die Gesellschafterklage in der Personengesellschaft und in der GmbH, 1990, S. 24; *Schäfer* in MünchKomm. BGB, 8. Aufl. 2020, § 705 BGB Rz. 218.

27 *Kumkar*, ZGR 2021, 123, 138; skeptisch hierzu *Flume*, BGB AT I/1, Die Personengesellschaft, 1977, S. 144 f., da sich die Umkehrung des Regel-Ausnahme-Verhältnisses nicht in Folgen für die Beweislast erschöpfe.

28 Siehe beispielhaft BGH v. 22.1.2019 – II ZR 143/17, GmbHR 2019, 658 = ZIP 2019, 1008 = DStR 2019, 1271.

29 *Hadding*, actio pro socio, 1966, S. 65 Fn. 16; *Hueck*, Das Recht der offenen Handelsgesellschaft, 1971, S. 267; einschränkend mit Blick auf § 138 BGB *Grunewald*, Die Gesellschafterklage in der Personengesellschaft und in der GmbH, 1990, S. 36; *Bork/Oepen*, ZGR 2001, 515, 527.

30 *Flume*, BGB AT I/1, Die Personengesellschaft, 1977, S. 144; *Lutter*, AcP 180 (1980), 84, 132 [unentziehbares Mitgliedschaftsrecht]; *Wiedemann*, Gesell-

Prozessual schließlich wirft die *actio pro socio* die Frage auf, ob ihre **Rechtshängigkeit** einer späteren Klage der Gesellschaft nach § 261 Abs. 3 Nr. 1 ZPO entgegensteht[31] und ob ein etwaiges Urteil **Rechtskraft** zugunsten und zulasten der Gesellschaft entfaltet.[32]

2. Verbindungslinien zwischen den Einzelfragen

Dass über derart viele Einzelfragen rund um die *actio pro socio* bislang keine Einigkeit erzielt wurde, verwundert nicht, wenn man sich vergegenwärtigt, dass die Antworten auf die verschiedenen Fragen voneinander abhängig sind. Insbesondere stellt die dogmatische Einordnung der Gesellschafterklage Weichen für weitere Fragestellungen,[33] und sie ist ihrerseits abhängig vom Grundverständnis der Personengesellschaften.   10

So kann die Frage, ob der Gesellschafter mit der *actio pro socio* ein eigenes oder ein fremdes Recht verfolgt, von vornherein nur dann auftauchen, wenn es ein Rechtssubjekt gibt, dem das betreffende Recht alternativ zugeordnet werden könnte. Die Einordnung der *actio pro socio* als Fall der Prozessstandschaft kommt also erst mit Anerkennung der Rechts- und Parteifähigkeit des jeweiligen Verbands in Frage;[34] und sie wird umso plausibler, je weniger dieser Verband vertragsrechtlich gedeutet und je mehr umgekehrt organisationsrechtliche Elemente in den Vordergrund gerückt werden.[35] Sieht man zwischen der juristischen Person und der Außenpersonengesellschaft im Hinblick auf Rechtsfähig-   11

---

schaftsrecht, Bd. I, 1980, S. 460; *K. Schmidt* in MünchKomm. HGB, 4. Aufl. 2016, § 105 HGB Rz. 199.

31 Siehe hierzu *Hadding*, actio pro socio, 1966, S. 101; *Grunewald*, Die Gesellschafterklage in der Personengesellschaft und in der GmbH, 1990, S. 57; *Bork/Oepen*, ZGR 2001, 515, 542 f.; *Kumkar*, ZGR 2021, 123, 151.

32 Dagegen RG v. 1.4.1943 – II 138/42, RGZ 171, 51, 55; *Flume*, BGB AT I/1, Die Personengesellschaft, 1977, S. 143; *Höfler*, JuS 1992, 388, 392; *Kumkar*, ZGR 2021, 123, 152 f.; *K. Schmidt* in MünchKomm. HGB, 4. Aufl. 2016, § 105 HGB Rz. 203; *Schäfer* in MünchKomm. BGB, 8. Aufl. 2020, § 705 BGB Rz. 221; dafür *Hadding*, actio pro socio, 1966, S. 104; *Grunewald*, Die Gesellschafterklage in der Personengesellschaft und in der GmbH, 1990, S. 57; *Schütz*, Sachlegitimation und richtige Prozeßpartei bei innergesellschaftlichen Streitigkeiten in der Personengesellschaft, 1994, S. 42; *Bork/Oepen*, ZGR 2001, 515, 540; *Schwab*, Das Prozeßrecht gesellschaftsinterner Streitigkeiten, 2005, S. 128; *Verse* in FS Uwe H. Schneider, 2011, S. 1325, 1332.

33 Siehe hierzu auch *Verse* in FS Uwe H. Schneider, 2011, S. 1325, 1329.

34 Siehe auch *Fleischer/Harzmeier*, ZGR 2017, 239, 246.

35 *Wiedemann*, ZGR 1996, 286, 291.

keit und Rechtssubjektivität keinen Unterschied,[36] so liegt eine Prozessstandschaft deutlich näher als die Annahme, mit einer Klage auf Leistung in das Gesellschaftsvermögen mache der Gesellschafter einen eigenen Anspruch geltend, der selbständig neben dem inhaltsgleichen Anspruch der Gesellschaft steht.

12 Erst wenn über diese Grundfragen entschieden ist, lässt sich über eine etwaige Subsidiarität sinnvoll nachdenken. Denn geht man davon aus, dass der Gesellschafter mit der *actio pro socio* eigene Rechte aus dem Gesellschaftsvertrag geltend macht, so erscheint kaum begründbar, warum die Verfolgung dieser Rechte davon abhängig sein sollte, ob die Gesellschaft selbst ihre Ansprüche durchzusetzen versucht oder nicht.[37] Grenzen der *actio pro socio* lassen sich auf dieser Basis vielmehr allenfalls aus der Treupflicht herleiten, etwa indem man es mit dem BGH für treuwidrig erachtet, durch eine überflüssige Einschaltung der Gerichte zusätzliche Kosten zu verursachen.[38] Demgegenüber leuchtet es unmittelbar ein, die ausnahmsweise Durchsetzung fremder Rechte im eigenen Namen mittels einer Prozessstandschaft als subsidiär gegenüber der Anspruchsdurchsetzung durch den Rechtsinhaber einzuordnen.

13 Sowohl die Wahl der dogmatischen Grundlage als auch die Antwort auf die Subsidiaritätsfrage wirken sich bei der Bestimmung des sachlichen Anwendungsbereichs der *actio pro socio* aus. Klagt der Gesellschafter mit der *actio pro socio* eigene Rechte aus dem Gesellschaftsvertrag ein, so muss es sich folgerichtig bei seinem Gegner um ein Rechtssubjekt handeln, das durch den Gesellschaftsvertrag gebunden ist. Die Einbeziehung Dritter fügt sich in dieses Bild schwerlich ein,[39] anders als in ein Szenario, in dem der Gesellschafter fremde Rechte geltend macht. Zudem begegnet die *actio pro socio* gegen Dritte erheblichen Bedenken, wenn man sie nicht als subsidiär ansieht, weil dann dem Dritten die Beweislast für einen etwaigen Treupflichtverstoß und damit für Gesellschaftsinterna auferlegt wird – beispielsweise dafür, dass der Verzicht auf die Anspruchsverfolgung durch die Gesellschaftermehrheit auf nach-

---

36 Siehe hierzu *Osterloh-Konrad*, Gesamthand, Rechtsfähigkeit, Transparenz in Schön/Stark (Hrsg.), Zukunftsfragen des Steuerrechts IV, 2022 (im Erscheinen), unter 1.3.

37 Siehe auch *Fleischer/Harzmeier*, ZGR 2017, 239, 249.

38 BGH v. 22.1.2019 – II ZR 143/17, GmbHR 2019, 658 = ZIP 2019, 1008 = DStR 2019, 1271.

39 So auch *Verse* in FS Uwe H. Schneider, 2011, S. 1325, 1333.

vollziehbaren Gründen beruht und deshalb die Gesellschafterklage ausscheidet. Ist es hingegen Sache des klagenden Gesellschafters, darzulegen und zu beweisen, dass die Gesellschaftermehrheit bzw. das zuständige Organ die Anspruchsdurchsetzung pflichtwidrig verweigert, erscheint es weit weniger problematisch, die *actio pro socio* auch gegen Außenstehende zuzulassen.

Dass die dogmatische Verortung des Rechtsinstituts schließlich auch die Antwort auf die prozessualen Fragen der Rechtshängigkeit und der Rechtskraft in gewissem Umfang präjudiziert, liegt auf der Hand, ebenso wie der Umstand, dass die Abdingbarkeit der *actio pro socio* bei ihrer Verankerung im Gesellschaftsvertrag näher liegt als dann, wenn man sie als einen Fall der quasigesetzlichen Prozessstandschaft einordnet. 14

III. Antworten des MoPeG auf die klassischen Streitfragen zur *actio pro socio*

Mit § 715b BGB n.F. zieht der Gesetzgeber einen Schlussstrich unter viele der angesprochenen Streitfragen. Seine Antworten sind konsistent mit dem Ziel des MoPeG, die Fortentwicklung des Rechts der Außenpersonengesellschaften in den vergangenen Jahrzehnten gesetzlich aufzugreifen und stimmige Folgerungen aus deren zunehmender Verselbständigung von ihren Mitgliedern zu ziehen.[40] 15

§ 715b Abs. 1 Satz 1 BGB n.F. gibt jedem Gesellschafter das Recht, Sozialansprüche „der Gesellschaft gegen einen anderen Gesellschafter" geltend zu machen, wenn das dazu berufene Gesellschaftsorgan dies pflichtwidrig unterlässt. Damit wird die Subsidiarität der *actio pro socio* als Notkompetenz kodifiziert: Der Gesellschafter darf nur dann anstelle der Gesellschaft klagen, wenn die Gesellschafterklage nicht mit der primären Geschäftsführungs- und Vertretungsordnung der Gesellschaft kollidiert, weil diese im konkreten Fall versagt.[41] Zudem legt sich der Gesetzgeber auf die Deutung der *actio pro socio* als Form der gesetzlichen Einziehungsbefugnis und Prozessstandschaft fest,[42] mithin auf diejenige dogmatische Qualifikation, die sich am besten mit der Rechtsfähigkeit 16

---

40 Siehe zur Neuregelung (in der Fassung des Mauracher Entwurfs) auch *Lieder*, ZGR-Sonderheft 23/2021, 169, 200 ff.
41 Siehe Gesetzesbegründung MoPeG, BT-Drucks. 19/27635, S. 155.
42 Siehe auch Gesetzesbegründung MoPeG, BT-Drucks. 19/27635, S. 154.

der Außenpersonengesellschaft[43] und mit der Aufgabe des Gesamthandsprinzips durch das MoPeG[44] verträgt.[45]

17 Satz 2 der Vorschrift lässt – anknüpfend an die bisherige Rechtsprechung zur Gesellschaft bürgerlichen Rechts – in engen Grenzen eine *actio pro socio* gegen Dritte zu: Sie soll möglich sein, wenn der Dritte an dem pflichtwidrigen Unterlassen des geschäftsführungsbefugten Gesellschafters mitwirkte oder es kannte. Die Regelung dient dazu, die Klage gegen Gesellschaftsexterne auf Situationen zu beschränken, in denen diese sich zur Frage des Versagens der gesellschaftsinternen Zuständigkeitsordnung sachgerecht äußern können.[46] Sie ist nicht auf die Gesellschaft bürgerlichen Rechts beschränkt. Darüber hinaus wird in § 715a BGB n.F. das Notgeschäftsführungsrecht gesetzlich verankert, das sich bisher auf eine Analogie zu § 744 Abs. 2 BGB stützen ließ und ebenfalls in Ausnahmefällen eine Gesellschafterklage erlaubt.

18 § 715b Abs. 2 BGB n.F. widmet sich der Frage der Abdingbarkeit und erklärt den vertraglichen Ausschluss und die Beschränkung des Klagerechts für unwirksam.[47] Damit liegt die Vorschrift ebenfalls auf der Linie eines modernen Verständnisses der *actio pro socio*, das diese als subsidiäres Minderheitenschutzrecht deutet. Die Gesetzesbegründung stellt allerdings klar, dass § 715b Abs. 2 BGB n.F. Einschränkungen des Klagerechts nicht entgegensteht, wenn sie durch gleichwertige Schutzmechanismen im Gesellschaftsvertrag aufgewogen werden.[48]

19 Auch in der Frage der Rechtskrafterstreckung bekennt der Gesetzgeber Farbe. Nach § 715b Abs. 4 BGB n.F. wirkt eine rechtskräftige Entschei-

---

43 So auch *Fleischer/Harzmeier*, ZGR 2017, 239, 265.

44 Hierzu siehe weiterführend *Osterloh-Konrad*, Gesamthand, Rechtsfähigkeit, Transparenz in Schön/Stark (Hrsg.), Zukunftsfragen des Steuerrechts IV, 2022 (im Erscheinen), unter 1.3.

45 Anders als teilweise vorgeschlagen wird (siehe *Fleischer/Harzmeier*, ZGR 2017, 239, 265), gibt dies keinen Anlass dazu, den Begriff der *actio pro socio* durch den der abgeleiteten Gesellschafterklage zu ersetzen. Denn das Rechtsinstitut ist und bleibt eine Klage *als* Gesellschafter (zur Übersetzung s.o. Fn. 15).

46 Gesetzesbegründung MoPeG, BT-Drucks. 19/27635, S. 155.

47 Damit weicht das Gesetz von dem Mauracher Entwurf als seinem Vorbild ab; s. zu der dortigen Fassung *Lieder*, ZGR-Sonderheft 23/2021, 169, 203 f.

48 Gesetzesbegründung MoPeG, BT-Drucks. 19/27635, S. 156; in diesem Sinne zum bisherigen Recht auch *K. Schmidt* in MünchKomm. HGB, 4. Aufl. 2016, § 105 HGB Rz. 199.

dung für und gegen die Gesellschaft. Die notwendige Legitimation für eine solche Wirkung schafft § 715b Abs. 3 BGB n.F.,[49] dem zufolge der klagende Gesellschafter die Gesellschaft unverzüglich über die Erhebung der Klage und die Lage des Rechtsstreits zu unterrichten und das Gericht hiervon in Kenntnis zu setzen hat; das Gericht muss seinerseits auf eine unverzügliche Unterrichtung der Gesellschaft hinwirken.

Damit bleibt von den oben genannten Punkten nur eine Frage offen: die   20
Wirkung der Rechtshängigkeit. Deren Klärung soll, so die Gesetzesbegründung, der Rechtsprechung überlassen bleiben, da mit ihr vielfältige Folgefragen insbesondere zur Verteilung der Kostenlast verbunden seien.[50]

IV. Die *actio pro socio* im Kapitalgesellschaftsrecht: ein Überblick

Um der eingangs aufgeworfenen Frage nachzugehen, ob und inwieweit   21
die *actio pro socio* als allgemeines verbandsrechtliches Institut qualifiziert werden kann, ist ein kurzer Blick auf den Diskussionsstand zur Gesellschafterklage im Kapitalgesellschaftsrecht erforderlich. Auch hier genügt es, den Stand der Dinge knapp zusammenzufassen, ohne die ausgreifende Debatte in Einzelheiten nachzuzeichnen.

1. Die *actio pro socio* im Recht der GmbH

Im Recht der GmbH ist die *actio pro socio* seit langem anerkannt.[51] Da-   22
bei existiert eine zum Personengesellschaftsrecht parallele Debatte über die Rechtsnatur der Klage, allerdings schon seit längerer Zeit mit einer deutlichen Tendenz zur Prozessstandschaft.[52] Besonderheiten der Dis-

---

49 Siehe Gesetzesbegründung MoPeG, BT-Drucks. 19/27635, S. 156.
50 Gesetzesbegründung MoPeG, BT-Drucks. 19/27635, S. 157.
51 Siehe hierzu zusammenfassend jüngst *Kumkar*, NZG 2020, 1012 ff.
52 Siehe einerseits BGH v. 5.6.1975 – II ZR 23/74, BGHZ 65, 15, 18 ff. (ITT), wo aus einer Treupflichtverletzung ein eigener Schadensersatzanspruch des Gesellschafters auf Leistung in das Gesellschaftsvermögen abgeleitet wird (der Ansatz wird ausgebaut bei *Banerjea*, Die Gesellschafterklage im GmbH- und Aktienrecht, 2000, S. 178 ff.); *Altmeppen*, 10. Aufl. 2021, § 13 GmbHG Rz. 17; andererseits *Wiedemann*, Gesellschaftsrecht, Bd. I, 1980, S. 462; *Merkt* in MünchKomm. GmbHG, 4. Aufl. 2022, § 13 GmbHG Rz. 331; *Fastrich* in Noack/Servatius/Haas, 23. Aufl. 2022, § 13 GmbHG Rz. 184; OLG Düsseldorf

kussion um die *actio pro socio* in der GmbH lassen sich vor allem in zwei Punkten feststellen.

23 Der erste betrifft die Frage des Vorrangs der Zuständigkeitsordnung in der Gesellschaft. Sie stellt sich hier unter anderen Vorzeichen als im Personengesellschaftsrecht, weil es nicht nur eine etwaige Kollision mit den Entscheidungskompetenzen des geschäftsführenden Organs im Auge zu behalten gilt, sondern auch die Zuständigkeit der Gesellschaftergesamtheit. § 46 GmbHG ordnet nämlich die Entscheidung sowohl über die Einforderung von Einlagen (Nr. 2) als auch über die Verfolgung von Ersatzansprüchen gegen Geschäftsführer oder Gesellschafter (Nr. 8) der Kompetenz der Gesellschafter zu. Mit dieser gesetzlichen Entscheidung droht es zu konfligieren, wenn man einem (Minderheits-)Gesellschafter erlaubt, einen derartigen Anspruch in Eigenregie klageweise zu verfolgen. Dementsprechend wird diskutiert, ob den Gesellschafter die Obliegenheit trifft, vor Klageerhebung auf einen entsprechenden Beschluss hinzuwirken,[53] und ob ein Beschluss, der die Rechtsverfolgung ablehnt, zunächst im Wege der Anfechtungsklage aus dem Weg geräumt werden muss, bevor die *actio pro socio* erhoben werden kann.[54]

24 Der zweite Punkt betrifft den Anwendungsbereich der *actio pro socio*, namentlich die Erweiterung auf Drittansprüche. Auch hier verläuft die Diskussion teilweise in anderen Bahnen als im Personengesellschaftsrecht, weil es bei Haftungsansprüchen gegen Geschäftsführungsorgane einer Personengesellschaft wegen des Prinzips der Selbstorganschaft[55] ausschließlich um Sozialansprüche geht, während bei der GmbH sowohl Gesellschafter-Geschäftsführer als auch Fremdgeschäftsführer als An-

---

v. 28.10.1993 – 6 U 160/92, ZIP 1994, 619 = GmbHR 1994, 172, 174; OLG Koblenz v. 8.4.2010 – 6 U 207/09, NZG 2010, 1023, 1024.

53 Siehe *Lutter*, AcP 180 (1980), 84, 137; *Grunewald*, Die Gesellschafterklage in der Personengesellschaft und in der GmbH, 1990, S. 72; *Schwab*, Das Prozeßrecht gesellschaftsinterner Streitigkeiten, 2005, S. 80.

54 Eine vorherige Anfechtung für erforderlich halten: OLG Köln v. 5.11.1992 – 18 U 50/92, NJW-RR 1994, 616; *Zöllner*, ZGR 1988, 392, 410; *Grunewald*, Die Gesellschafterklage in der Personengesellschaft und in der GmbH, 1990, S. 73; *Goette*, DStR 1993, 1111, 1112; *Altmeppen* in FS Musielak, 2004, S. 1, 24. Nach der Gegenauffassung würde eine vorgeschaltete Anfechtungsklage unnötigen Aufwand verursachen, zumal der Beschluss inzident in der *actio pro socio* überprüft werden könne, siehe *Schwab*, Das Prozeßrecht gesellschaftsinterner Streitigkeiten, 2005, S. 86; *Verse* in FS Uwe H. Schneider 2011, S. 1325, 1339.

55 Hierzu ausführlich und kritisch *Osterloh-Konrad*, ZGR 2019, 271 ff.

spruchsgegner in Betracht kommen. Die Frage, ob auch Dritte im Wege der *actio pro socio* in Anspruch genommen werden können,[56] konzentriert sich infolgedessen bei der GmbH auf die Rechtsverfolgung gegenüber Fremdgeschäftsführern. Ein großer Teil des Schrifttums hält derartige Klagen für zulässig.[57]

2. Die *actio pro socio* im Aktienrecht

Im Aktienrecht schließlich sind nicht nur die gesetzlichen Rahmenbedingungen für die Diskussion um die *actio pro socio* völlig andere, sondern auch die Interessenlage. Dass in der Aktiengesellschaft als „klassischer" Publikumsgesellschaft mit überschaubaren Verwaltungsrechten der Gesellschafter ein allgemeines Klagerecht jedes Aktionärs ausscheidet, ist schon lange konsentiert.[58] *E contrario* ließ sich dieses Ergebnis schon vor dem UMAG von 2005[59] mit dem Hinweis auf die konzernrechtlichen Sondervorschriften in den § 309 Abs. 4, § 310 Abs. 4, § 317 Abs. 4, § 318 Abs. 4 AktG untermauern. Seit 2005 wird es dadurch abgesichert, dass mit § 148 AktG ausweislich der Gesetzesbegründung[60] ein spezieller Fall der *actio pro socio* Gesetz geworden ist. Aktionäre, deren Anteile mindestens 1 % des Grundkapitals oder einen Betrag von 100.000 Euro ausmachen, können seither insbesondere Organhaftungsansprüche der Aktiengesellschaft im eigenen Namen gerichtlich geltend

25

---

56 Bei Gesellschaftern wird in der pflichtwidrigen Geschäftsführung typischerweise gleichzeitig ein Treupflichtverstoß liegen, der zu einem Sozialanspruch führt und damit den Weg in die *actio pro socio* eröffnet, siehe *Verse* in FS Uwe H. Schneider, 2011, S. 1325, 1333; BGH v. 14.9.1998 – II ZR 175/97, ZIP 1999, 240 = GmbHR 1999, 186 = NZG 1999, 209 f.

57 Siehe nur *Grunewald*, Die Gesellschafterklage in der Personengesellschaft und in der GmbH, 1990, S. 90; *Banerjea*, Die Gesellschafterklage im GmbH- und Aktienrecht, 2000, S. 193; *Schwab*, Das Prozeßrecht gesellschaftsinterner Streitigkeiten, 2005, S. 143; *Verse* in FS Uwe H. Schneider, 2011, S. 1325, 1334; *Bochmann*, GmbHR 2018, 289, 294 f.

58 *Lutter*, AcP 180 (1980), 84, 138; *K. Schmidt*, Gesellschaftsrecht, 4. Aufl. 2002, S. 641; *Schwab*, Das Prozeßrecht gesellschaftsinterner Streitigkeiten, 2005, S. 117; *Kumkar*, ZGR 2021, 123, 136; *Grigoleit/Rachlitz*, 2. Aufl. 2020, § 148 Rz. 4; *Mock* in BeckOGK AktG, Stand: 1.9.2021, § 148 AktG Rz. 40; *Hüffer/Koch*, 15. Aufl. 2021, § 148 AktG Rz. 2; einschränkend (*actio pro socio* bei Verletzung des Mitgliedschaftsrechts) *Altmeppen* in FS Musielak, 2004, S. 1, 19 ff.

59 Gesetz zur Unternehmensintegrität und Modernisierung des Anfechtungsrechts v. 22.9.2005, BGBl. I 2005, Nr. 60, S. 2802.

60 Regierungsentwurf UMAG, BT-Drucks. 15/5092, S. 23.

machen, wenn bestimmte einschränkende Voraussetzungen erfüllt sind. Diese überprüft das Gericht vorab im sog. Klagezulassungsverfahren.[61]

V. Konvergenz zwischen Kapital- und Personen-gesellschaftsrecht infolge des MoPeG

26 Indem das MoPeG die *actio pro socio* entgegen dem traditionellen An-satz, der in ihr eine Verfolgung eigener vertraglicher Rechte durch den Gesellschafter erblickte, als Hilfsrecht bei Versagen der internen Kom-petenzordnung der Gesellschaft ausgestaltet, nähert sich das neue Recht in verschiedener Hinsicht dem Recht der Gesellschafterklage bei den Kapitalgesellschaften an.

27 Augenfällig sind zunächst die Parallelen von § 715b BGB n.F. zur ein-zigen bisher im Gesetz ausführlich geregelten Form einer *actio pro socio*, § 148 AktG. Beide Normen ordnen die Gesellschafterklage als Fall der gesetzlichen Prozessstandschaft ein, was auch der weit überwiegenden Auffassung zum Recht der GmbH entspricht. Beide Normen gestalten zudem die *actio pro socio* als subsidiäre Notkompetenz aus: § 715b Abs. 1 Satz 1 BGB n.F. verlangt, dass der zur Anspruchsdurchsetzung berufene geschäftsführungsbefugte Gesellschafter pflichtwidrig untätig bleibt; § 148 Abs. 1 Satz 2 Nr. 2 AktG bindet die Klagezulassung an die Feststellung, dass die Gesellschaft ihre Ansprüche trotz entsprechender Aufforderung nicht selbst verfolgt. Ferner ordnet § 715b Abs. 4 BGB n.F. in Entsprechung zu § 148 Abs. 5 AktG die Rechtskrafterstreckung zu-gunsten und zulasten der Gesellschaft an. In der Gesetzesbegründung schließlich greift der Gesetzgeber die aus dem GmbH-Recht bekannte Frage des Verhältnisses zwischen *actio pro socio* und Anfechtungsklage auf, die sich künftig wegen §§ 110 ff. HGB n.F. auch für die Personen-handelsgesellschaften stellen wird. Er geht dabei von einem Vorrang der Beschlussanfechtung aus, meint aber, die Anfechtungsklage lasse sich aus Gründen der Prozessökonomie mit der Gesellschafterklage verbin-den.[62]

28 Damit lässt sich § 715b BGB n.F. als einer von vielen Bausteinen des MoPeG identifizieren, der traditionelle Unterschiede zwischen Perso-nen- und Kapitalgesellschaften einebnet und zu einer Konvergenz im

---

61 Einzelheiten zu § 148 AktG werden im Folgenden unter VI.2., Rz. 41 ff., be-handelt.

62 Gesetzesbegründung MoPeG, BT-Drucks. 19/27635, S. 155.

Gesellschaftsrecht beiträgt. Angesichts dieser Konvergenz lohnt es sich, erneut[63] die *actio pro socio* als Institut des allgemeinen Verbandsrechts in den Blick zu nehmen.

VI. Die *actio pro socio* als Institut des allgemeinen Verbandsrechts

Spätestens das MoPeG entzieht jener traditionellen kategorialen Unter- 29
scheidung zwischen Personengesellschaften und Kapitalgesellschaften bei der *actio pro socio* den Boden, die man beispielhaft in *Ulrich Hubers* grundlegender Schrift zur Personenhandelsgesellschaft von 1970 nachlesen kann: Bei den Personenhandelsgesellschaften, die wesentlich ein Vertragsverhältnis zwischen den Gesellschaftern darstellten, erscheine die Gesellschafterklage als selbstverständliche Durchsetzung eigener Rechte; hingegen komme sie bei den Kapitalgesellschaften allenfalls als exzeptioneller Rechtsbehelf in Betracht.[64] Mit § 715b BGB n.F. wird demgegenüber endgültig klargestellt, was sich schon zuvor zunehmend durchgesetzt hatte: Die *actio pro socio* ist bei Personen- wie auch Kapitalgesellschaft eine subsidiäre Form der Prozessstandschaft, mittels derer Ansprüche des Verbands durch eines seiner Mitglieder in Fällen durchgesetzt werden können, in denen die reguläre verbandsinterne Zuständigkeitsordnung versagt. Sie ist kein Minderheitsrecht, sondern steht jedem Gesellschafter zu; im Ergebnis fungiert sie aber naturgemäß als Minderheitsschutzinstrument.[65]

Damit ist die *actio pro socio* im Ausgangspunkt als rechtsformunabhän- 30
giges Institut des allgemeinen Verbandsrechts zu behandeln. Die zweifellos disparaten Entwicklungslinien der Gesellschafterklage bei den verschiedenen Rechtsformen stehen ihrer Zusammenführung im aktuellen Recht nicht entgegen. Der Aussage, die *actio pro socio* besitze kein einheitliches dogmatisches Fundament, sondern sei lediglich ein Sammelbegriff für verschiedenartige Situationen,[66] mag man nur zustimmen, wenn man traditionellen vertragsrechtlichen Argumenten im Recht der

---

63 Siehe bereits *Lutter*, AcP 180 (1980), 84, 136 f.
64 *Huber*, Vermögensanteil, Kapitalanteil und Gesellschaftsanteil an Personalgesellschaften des Handelsrechts, 1970, S. 28; siehe auch *Flume*, BGB AT I/1, Die Personengesellschaft, 1977, S. 144, mit dem Hinweis auf den besonderen Charakter der Personengesellschaft.
65 Siehe auch *K. Schmidt*, Gesellschaftsrecht, 4. Aufl. 2002, S. 630.
66 *Kumkar*, ZGR 2021, 123, 125.

Außenpersonengesellschaften weiterhin breiten Raum einräumen möchte. Mit dem MoPeG aber ist endgültig die Zeit für eine primär organisationsrechtliche Sicht auf diese Verbände gekommen.

31 Das heißt nicht, dass man die dogmengeschichtlichen Verbindungslinien zwischen der heutigen Gesellschafterklage und ihren Vorgängern vollkommen kappen sollte.[67] Es heißt aber, dass Argumente, die den vertragsrechtlichen Charakter der Außenpersonengesellschaften im Unterschied zu den Kapitalgesellschaften betonen, heute nicht mehr dieselbe Überzeugungskraft besitzen wie vor fünfzig Jahren. Die Behandlung der *actio pro socio* als allgemeines verbandsrechtliches Institut bedeutet auch keineswegs, dass alle rechtsformspezifischen Unterschiede eingeebnet werden müssten. Denn jeder Verband hat seine eigene Organisationsstruktur, an welche die Voraussetzungen der Gesellschafterklage angepasst sein sollten. Doch Ausgangspunkt der Überlegungen ist die für alle Verbände einheitliche Funktion der *actio pro socio*, bei Versagen der gesellschaftsinternen Zuständigkeitsordnung subsidiär eine alternative Rechtsverfolgungsmöglichkeit zu bieten, sowie ihre inzwischen zweifellose einheitliche Einordnung als Fall der Verfolgung fremder Ansprüche im eigenen Namen.[68]

32 Folgerungen aus diesem Ansatz lassen sich in verschiedenen Zusammenhängen ziehen. Zwei Themen seien hier herausgegriffen: die Frage, in welchem Umfang mit der *actio pro socio* andere Rechte als Sozialverbindlichkeiten durchgesetzt werden können, und die Frage, inwieweit die detaillierten Regeln des § 148 AktG als Vorbild für die *actio pro socio* bei den Personengesellschaften und der GmbH dienen können.

1. Zur Einordnung der Klage aus Drittverhältnissen

33 An das Problem „*actio pro socio* gegen Gesellschaftsexterne?" kann man zunächst einmal schlicht positivistisch herantreten und zweierlei feststellen: Erstens erlaubt § 715b Abs. 1 Satz 2 BGB n.F. ab seinem Inkrafttreten 2024 eine solche Klage für die Personengesellschaften unter den in der Judikatur zur GbR entwickelten Voraussetzungen; und zweitens ist § 148 AktG geradezu auf eine Klage gegen Nichtgesellschafter zugeschnitten, nämlich gegen Geschäftsführungs- und Aufsichtsorgane der

---

67 Hiergegen wenden sich zu Recht *Fleischer/Harzmeier*, ZGR 2017, 239, 252.
68 Für eine primär funktionsorientierte Betrachtung auch *Kumkar*, ZGR 2021, 123, 149 f.

Aktiengesellschaft wegen Schadensersatzes bei qualifizierter Pflichtverletzung (§ 148 Abs. 1 Satz 1, § 147 Abs. 1 Satz 1, § 148 Abs. 1 Satz 2 Nr. 3 AktG). Keine gesetzlichen Regelungen finden sich hingegen für die GmbH und für die Personengesellschaften während der Übergangszeit bis 2024. Bei der Beantwortung der Frage, was für diese Bereiche gilt, ist die Einordnung der gesetzlich normierten Fälle in eine allgemeine Theorie der *actio pro socio* als verbandsrechtliches Institut ebenso hilfreich wie für die Auslegung von § 715b Abs. 1 Satz 2 BGB n.F.

Aus einer traditionellen, vertragsrechtlich geprägten Sicht auf die *actio pro socio* erscheint die Erweiterung auf Drittverhältnisse in § 715b Abs. 1 Satz 2 BGB n.F., § 148 Abs. 1 AktG als Fremdkörper. Sie mag sogar zu der Annahme verleiten, in diesen Fällen sei der Begriff *actio pro socio* überhaupt fehl am Platze, weil es sich kategorial um etwas ganz anderes handle; jedenfalls aber spricht sie für einen restriktiven Umgang mit den in § 715b Abs. 1 Satz 2 BGB n.F. normierten Voraussetzungen. 34

Begreift man demgegenüber die *actio pro socio* aus ihrer Funktion heraus als Notkompetenz für den Fall des Versagens der internen Zuständigkeitsordnung in der Gesellschaft, so erscheinen die Dinge in einem anderen Licht. Umgekehrt ist dann rechtfertigungsbedürftig, warum überhaupt zwischen Sozial- und Drittansprüchen unterschieden werden sollte. Denn das Problem, dass die dazu berufenen Gesellschaftsorgane aus gesellschaftswidrigen Gründen eine Verfolgung von Ansprüchen unterlassen, stellt sich nicht nur bei Sozialansprüchen, auch wenn die Gefahr bei ihnen besonders hoch sein mag, weil sie gesellschaftsinterne Personen betreffen. Zudem spricht auch die Qualifikation als Prozessstandschaft gegen eine kategoriale Unterscheidung zwischen Sozial- und Drittansprüchen.[69] 35

Der wesentliche Unterschied zwischen den beiden Situationen, der es rechtfertigt, sie nach unterschiedlichen Regeln zu behandeln, besteht demnach nicht in der dogmatischen Konstruktion. Er besteht vielmehr in der Interessenlage. Die *actio pro socio* gegen Dritte birgt die Gefahr, dass Außenstehende in gesellschaftsinterne Streitigkeiten hineingezogen werden, mit denen sie nichts zu tun haben und zu denen sie deshalb im Prozess nicht sinnvoll vortragen können. Denn der Konflikt, bei dem die *actio pro socio* ihren Ausgangspunkt nimmt, ist ein gesellschafts- 36

---

69 Vgl. auch *Kumkar*, ZGR 2021, 123, 142, die daraus freilich den verfehlten Schluss zieht, die Prozessstandschaftstheorie sei „nicht leistungsfähig".

interner: Aus irgendwelchen Gründen unterlässt es das primär dazu berufene Gesellschaftsorgan, eine Forderung durchzusetzen, und deshalb nimmt ein Verbandsmitglied die Sache selbst in die Hand. Personen, die mit diesem Konflikt nichts zu tun haben, sind in ihrem Interesse schützenswert, nicht über ihn prozessieren zu müssen. Gesellschaftsinterne Streitigkeiten sollten möglichst gesellschaftsintern geklärt werden.[70]

37 Aus dieser Überlegung folgt umgekehrt, dass eine Inanspruchnahme von Fremdorganen im Wege der *actio pro socio* stets möglich ist. Hierfür spricht auch der Zuschnitt des aktienrechtlichen Klagezulassungsverfahrens in § 148 Abs. 1 AktG. Denn Geschäftsführungs- oder Kontrollorgane sind keine Außenstehenden, die davor geschützt werden müssten, in Konflikte zwischen Gesellschaftermehrheit und -minderheit hineingezogen zu werden.

38 Für die GmbH ergibt sich daraus, dass die überwiegende Auffassung zu Recht eine Durchsetzung von Haftungsansprüchen gegen den Geschäftsführer im Wege der *actio pro socio* unabhängig davon zulassen möchte, ob der Geschäftsführer gleichzeitig Gesellschafter ist oder nicht.[71]

39 Ferner folgt aus diesen Überlegungen, dass der BGH zu Unrecht die *actio pro socio* eines Kommanditisten gegen den Fremdgeschäftsführer der Komplementär-GmbH ablehnt, der selbst nicht an der Kommanditgesellschaft beteiligt ist.[72] Ab 2024 ergibt sich die Zulässigkeit einer solchen Klage daraus, dass § 715b Abs. 1 Satz 2 BGB n.F. die *actio pro socio* gegen einen Dritten auch bei Personenhandelsgesellschaften zulässt, wenn dieser Dritte an dem pflichtwidrigen Unterlassen des für die Anspruchsdurchsetzung zuständigen Organs (hier: der GmbH) mitwirkte oder es kannte. Doch schon nach geltendem Recht lässt sich dasselbe Ergebnis auf Basis einer Theorie der *actio pro socio* als Form der Prozessstandschaft begründen, welche die Rechtsfähigkeit der Außenpersonengesellschaften ernst nimmt. Des vom BGH erwogenen Umwegs über eine *actio pro socio* gegen die Komplementär-GmbH und die anschließende Vollstreckung in deren Anspruch gegen ihren Geschäftsführer aus § 43 Abs. 2 GmbHG bedarf es somit nicht.

---

70 Siehe zu diesem Gedanken OLG Koblenz v. 20.11.1998 – 10 U 936/97, NZG 1999, 250 f.; OLG Dresden v. 15.7.1999 – 19 U 1480/98, NZG 2000, 248.
71 Siehe hierzu bereits unter IV.1., Rz. 24.
72 BGH v. 19.12.2017 – II ZR 255/16, ZIP 2018, 276 = NZG 2018, 220; zur Gegenauffassung siehe *Bochmann*, GmbHR 2018, 289 ff.; LG Berlin v. 10.12.2012 – 99 O 79/11, DStR 2013, 1195, 1196.

Auch für die Interpretation von § 715b Abs. 1 Satz 2 BGB n.F. schließ-   40
lich lassen sich aus diesem Ansatz Folgerungen ziehen. Sie sollte sich
am Zweck der Norm orientieren, mithin daran, ob der in Anspruch genommene Dritte ein schutzwürdiges Interesse daran hat, nicht in den
gesellschaftsinternen Konflikt hineingezogen zu werden. In diesem Lichte sind die Tatbestandsmerkmale des Mitwirkens und der Kenntnis in
§ 715b Abs. 1 Satz 2 BGB n.F. auszulegen.

2. § 148 AktG als Inspirationsquelle des allgemeinen Verbandsrechts?

Eine Deutung der *actio pro socio* als allgemein-verbandsrechtliches In-   41
stitut spricht dafür, rechtsformspezifische Unterschiede dort für angemessen zu erachten, wo diese Unterschiede auf die Charakteristika der
jeweiligen Rechtsform zugeschnitten sind, im Übrigen aber eine Konvergenz zu befürworten. Dieser Ansatz führt zu der Frage, ob und inwieweit sich einzelne Regelungen des § 148 AktG, mit dem der Gesetzgeber
2005 eine detailreiche Regelung der *actio pro socio* für die Aktiengesellschaft geschaffen hat, für eine Übertragung auf andere Rechtsformen
eignen. Die Testfrage lautet insoweit, ob die jeweilige Vorschrift auf Publikumsgesellschaften mit fungiblen Anteilen zugeschnitten ist oder einen Gedanken zum Ausdruck bringt, der mit Blick auf die Funktion der
actio pro socio als Notkompetenz verallgemeinerungsfähig erscheint.
Dirk Verse hat hierzu vor einigen Jahren bereits ausführliche und weitgehend überzeugende Überlegungen angestellt;[73] an dieser Stelle genügen daher einige knappe Hinweise.

Sowohl das Beteiligtenquorum des § 148 Abs. 1 Satz 1 AktG als auch die   42
Anknüpfung an den Zeitpunkt des Erwerbs der Anteile in § 148 Abs. 1
Satz 2 Nr. 1 AktG sind angemessene Missbrauchsvermeidungsvorschrif-
ten für Verbände mit einer Vielzahl von Mitgliedern und fungiblen Anteilen. Sie passen aber nicht für personalistisch geprägte Gesellschaften.
Damit eignen sie sich nicht als Basis einer Analogie für andere Rechtsformen.[74] Dasselbe gilt für die verfahrensrechtliche Zweistufigkeit des
Klagezulassungsverfahrens, die gerade für kleinere Gesellschaften unnötig umständlich erscheint.[75]

---

73 *Verse* in FS Uwe H. Schneider, 2011, S. 1325 ff.
74 So auch *Verse* in FS Uwe H. Schneider, 2011, S. 1325, 1336.
75 *Verse* in FS Uwe H. Schneider, 2011, S. 1325, 1341.

43 Nicht verallgemeinerungsfähig ist auch § 148 Abs. 1 Satz 2 Nr. 3 AktG, der die Zulassung der Klage an den berechtigten Verdacht knüpft, dass der Gesellschaft durch Unredlichkeit oder grobe Verletzung des Gesetzes oder der Satzung ein Schaden entstanden ist.[76] Diese Norm ist Ausdruck des Spannungsverhältnisses, in dem sich die *actio pro socio* speziell bei der Aktiengesellschaft bewegt: Auf der einen Seite spricht die interne Organisationsstruktur der AG mit überschaubaren Mitgliedschaftsrechten und einem dies kompensierenden verpflichtenden Kontrollorgan gegen eine allgemeine Gesellschafterklage; auf der anderen Seite rechtfertigen es die allgemein bekannten Durchsetzungsprobleme bei der Organhaftung, die *actio pro socio* jedenfalls in Fällen klaren Fehlverhaltens zuzulassen. Bei den Personengesellschaften und der GmbH, bei denen das Gesetz den Gesellschaftern das Ruder in die Hand gibt, existiert ein vergleichbares Spannungsverhältnis nicht.

44 Zu befürworten ist hingegen eine Konkretisierung des Begriffs der Pflichtwidrigkeit in § 715b Abs. 1 Satz 1 BGB n.F. unter Zuhilfenahme der § 148 Abs. 1 Satz 2 Nr. 2 und Nr. 4 AktG.[77] Denn wegen des Vorrangs der gesellschaftsinternen Zuständigkeitsordnung kann die *actio pro socio* nur greifen, wenn diejenigen Organe, die intern zur Anspruchsdurchsetzung berufen sind, aus sachwidrigen Gründen untätig bleiben; vom Kläger kann verlangt werden, dass er vor Klageerhebung auf ihr Tätigwerden hinwirkt. Daher ist es unabhängig von der jeweiligen Rechtsform überzeugend, die Prozessführungsbefugnis des Gesellschafters bei der *actio pro socio* daran zu knüpfen, dass er den zuständigen Organen eine Frist zur Klageerhebung gesetzt hat und dass der *actio pro socio* keine überwiegenden Gründe des Gesellschaftswohls entgegenstehen.

45 Die vom Gesetzgeber des MoPeG offengelassene Frage der Wirkung der Rechtshängigkeit lässt sich sinnvollerweise in Entsprechung zu § 148 Abs. 3 AktG beantworten: Da die Rechtsverfolgung durch die Gesellschaft Vorrang vor der Gesellschafterklage hat, wird letztere unzulässig, wenn die Gesellschaft selbst ihren Anspruch einklagt.[78] Angemessen ist diese Rechtsfolge freilich nur dann, wenn die Gesellschaft gleichzeitig in Analogie zu § 148 Abs. 6 Satz 4 AktG die bisherigen Kosten des Ver-

---

76 *Verse* in FS Uwe H. Schneider, 2011, S. 1325, 1336.
77 So bereits für das geltende Recht *Verse* in FS Uwe H. Schneider, 2011, S. 1325, 1337; *Fleischer/Harzmeier*, ZGR 2017, 239, 268 (für Nr. 2).
78 Ebenso zum bisherigen Recht *Fleischer/Harzmeier*, ZGR 2017, 239, 266.

fahrens übernimmt.[79] Auch Satz 2 dieser Vorschrift, dem zufolge die Gesellschaft die Kosten des Klagezulassungsverfahrens trägt, wenn der Antrag des Aktionärs aus Gründen des Gesellschaftswohls abgewiesen wird, von denen die Gesellschaft ihn vorher nicht in Kenntnis gesetzt hat, lässt sich m.E. sinngemäß übertragen.[80] Nicht zur analogen Anwendung eignet sich demgegenüber Satz 5.[81] Denn dass die Gesellschaft die Kosten einer *actio pro socio* in allen sonstigen Fällen tragen sollte, in denen die Klageabweisung nicht auf grob fehlerhafter Prozessführung des Gesellschafters beruht, lässt sich allenfalls mit der Überlegung rechtfertigen, man müsse dem Problem der rationalen Apathie in Publikumsgesellschaften entgegenwirken; als allgemeiner verbandsrechtlicher Grundsatz taugt der Gedanke nicht.

3. Idealtyp oder Realtyp?

Der obige Blick auf die Einzelregelungen des § 148 AktG bestätigt noch-   46
mals, dass sich die Regeln der *actio pro socio* in der Aktiengesellschaft als Publikumsgesellschaft mit fungiblen Anteilen in mehrerlei Hinsicht von denjenigen unterscheiden, die für andere Gesellschaftsformen gelten. Zudem ist bei dieser Rechtsform die Gesellschafterklage nur in dem (restriktiven) Umfang zulässig, in dem sie durch spezielle gesetzliche Regelungen eröffnet wird.[82] Die GmbH, bei welcher der Gesetzgeber vom Idealtyp eines personalistisch geprägten Verbandes ausgeht, steht den Personengesellschaften im Hinblick auf die Gesellschafterrechte deutlich näher als der AG. Gegen einen weitgehenden Gleichlauf der *actio pro socio* bei diesen Rechtsformen lässt sich daher wenig einwenden, zumal das MoPeG einer primär vertragsrechtlichen Argumentation zur Gesellschafterklage im Personengesellschaftsrecht weitgehend den Boden entzieht, die *actio pro socio* für Drittverhältnisse allgemein anerkennt und die Personenhandelsgesellschaften durch das neue Beschlussmängelrecht der GmbH annähert.

Ausgeblendet bleibt bei diesem Ansatz, dass sich die Realtypen einzel-   47
ner Gesellschaften teilweise erheblich von dem vom Gesetzgeber vorausgesetzten Idealtyp unterscheiden. Dieser Befund wirft die Frage auf,

---

79 *Verse* in FS Uwe H. Schneider, 2011, S. 1325, 1338; *Kumkar*, ZGR 2021, 123, 152.
80 Vorsichtiger *Verse* in FS Uwe H. Schneider, 2011, S. 1325, 1342.
81 *Verse* in FS Uwe H. Schneider, 2011, S. 1325, 1342.
82 Siehe bereits unter IV.2., Rz. 25.

ob im Recht der *actio pro socio* eine Differenzierung auch nach dem Realtyp in Frage kommt. Beispielsweise kann sich das Problem der rationalen Apathie der Anteilseigner, dem § 148 Abs. 6 Satz 5 AktG zu begegnen versucht, bei einer Publikumspersonengesellschaft in ähnlicher Weise stellen wie bei der Aktiengesellschaft im Streubesitz. Die Regime der personengesellschaftsrechtlichen *actio pro socio* und des § 148 AktG in einem solchen Fall dem Gesellschafter schlicht wahlweise zur Verfügung zu stellen, wie dies im Schrifttum vorgeschlagen wird,[83] ist sicherlich keine sinnvolle Lösung. Doch empfiehlt sich vielleicht im Einzelfall eine Analogie?

48   An dieser Stelle sieht sich der Rechtsanwender mit einer Fragestellung konfrontiert, der er im Verbandsrecht in vielfältigem Gewand begegnet. Einander gegenüber stehen einerseits eine formale Anknüpfung an die Rechtsform, andererseits eine einzelfallbezogene Orientierung an der konkreten Ausgestaltung des jeweiligen Verbandes. Ersterer hat den Vorteil größerer Rechtssicherheit, besserer Vorhersehbarkeit und einfacherer Subsumtion; letztere kann die Angemessenheit der Ergebnisse im Einzelfall verbessern. Zwischen diesen beiden Polen gibt es keinen Königsweg, der stets vorzugswürdig wäre. Für die *actio pro socio* aber empfiehlt sich gewiss der erste Weg. Denn Zulässigkeitsvoraussetzungen und Kostenverteilung müssen *ex ante* für den potentiellen Kläger erkennbar sein. Das aber verträgt sich nicht mit den notwendigerweise verschwimmenden Grenzen einer am Realtyp orientierten Rechtsanwendung.

VII. Fazit

49   Die Kodifikation der personengesellschaftsrechtlichen *actio pro socio* in § 715b BGB n.F. ist als weiteres Element einer grundlegenden Modernisierung des Personengesellschaftsrechts, die das Gesetz an den aktuellen Stand der akademischen Diskussion und weitgehend auch der Rechtsprechung angleicht, sehr zu begrüßen. Die Norm führt zu einer – weiteren – Konvergenz zwischen Kapital- und Personengesellschaften und bringt damit das Verständnis der *actio pro socio* als Institut des allgemeinen Verbandsrechts einen großen Schritt voran. Sie fügt sich nahtlos ein in die allgemeine Tendenz des MoPeG, konsequente Folgerungen aus der Rechtsträgerschaft der Außenpersonengesellschaften zu ziehen, deren

---

83 *Gaul*, DStR 2009, 804, 808 f.

augenfälligstes Ergebnis die Aufgabe des Gesamthandsprinzips im Personengesellschaftsrecht ist.

Mit dieser Tendenz leitet das Gesetz freilich gleichzeitig den Abschied 50
von einer Reihe traditioneller dogmatischer Begründungsmuster des Personengesellschaftsrechts ein. Insofern mag die Reform in der Tat bedeuten, dass, wie *Alexander Schall* beklagt, „zeitlose Werke von ‚Riesen' unserer Zunft, auf deren Schultern wir alle stehen, [...] künftig kaum noch zugänglich sein" werden.[84] Bedauern mag dies, wer das Recht für unwandelbar hält. Wer aber Recht als ein lebendiges System begreift, das sich mit der Gesellschaft, die es ordnen soll, entwickeln kann und muss, für den wird diese Feststellung kein Grund zur Trauer sein. Auch über große dogmatische Leistungen der Vergangenheit kann die Zeit hinweggehen – und das schmälert ihr Verdienst keineswegs. Vielmehr sind es paradoxerweise oft gerade diese Leistungen selbst, die den Weg für eine Entwicklung bereiten, welche den für sie erforderlichen Begründungsaufwand letztlich obsolet macht.[85] Werke der Rechtswissenschaft können von Riesen stammen, ohne gleichzeitig zeitlos zu sein.

---

84 *Schall*, ZIP 2020, 1443, 1444.
85 Dies gilt im Personengesellschaftsrecht aus Sicht der Verfasserin insbesondere für *Flumes* Gruppenlehre.

Bericht über die Diskussion des Referats Osterloh-Konrad

Daniel Oberascher
Wissenschaftlicher Mitarbeiter,
Eberhard Karls Universität Tübingen

1   Geleitet wurde die Diskussion im Anschluss an das Referat von *Christine Osterloh-Konrad* zur *actio pro socio* und der dahingehenden Institutionenbildung im Verbandsrecht von *Mathias Habersack*.

2   *Dirk Verse* eröffnete die Diskussion. Er stimmte dem Ansatz von *Osterloh-Konrad* uneingeschränkt zu, die neue Regelung des § 715b BGB – ebenso wie vor Jahren schon § 148 AktG – als Beitrag zur Institutionenbildung im Verbandsrecht zu begreifen und die *actio pro socio* von diesem Fundament aus zu einer allgemeinen Institution des Verbandsrechts fortzubilden, ohne rechtsformspezifische Besonderheiten aus dem Blick zu verlieren. *Verse* erklärte, er wolle daher nur eine ergänzende Bemerkung zur analogen Anwendung des § 148 Abs. 3 AktG machen. Wenn ein Gesellschafter im Wege der *actio pro socio* klagt und sich die Gesellschaft nachträglich doch entscheidet, selbst zu prozessieren, entfalle nach dem Aktiengesetz die Prozessführungsbefugnis des Gesellschafters. Im Gegenzug werde der Gesellschafter dadurch geschützt, dass die angefallenen Kosten nach § 148 Abs. 6 Satz 4 AktG durch die Gesellschaft zu tragen sind. Beide Regelungen seien nach seiner Ansicht auch auf die Personengesellschaft übertragbar. Dem stimmte die Referentin zu.

3   Die Diskussion wurde von *Gregor Bachmann* fortgesetzt. Dieser stimmte dem Ansatz von *Osterloh-Konrad* ebenfalls zu, war aber der Ansicht, hinsichtlich der historischen Debatte zur Gesamthand müsse etwas zurückhaltender formuliert werden. Denn das vollständige Abschneiden einer Debatte berge die Gefahr, dass an einem Gesetz positivistisch „herumgedoktert" werde, ohne sich zu vergegenwärtigen, welcher der historische Hintergrund der Reform war.

4   Danach richtete er sich an *Osterloh-Konrad*, welche sich in ihrem Vortrag als Befürworterin der Fremdorganschaft offenbart habe, mit der Frage, ob sie tatsächlich so weit gehen würde, die Zulässigkeit der Fremdorganschaft trotz der Neuregelung des MoPeGs anzunehmen. In diesem

Fall würde er deutlich widersprechen wollen. Der Vorschlag, das MoPeG für die Einführung der Fremdorganschaft zu nutzen, sei gemacht, diskutiert und vom Gesetzgeber abgelehnt worden, u.a. aufgrund von mitbestimmungsrechtlichen Folgewirkungen, die teilweise übersehen worden seien. Die historische Auslegung ergebe aber eindeutig, dass sich der Gesetzgeber gegen die Fremdorganschaft entschieden habe.

Im Anschluss warf *Bachmann* mit Blick auf die Ausführungen zur Rechtsprechung von *Ingo Drescher* zur Ausstrahlungswirkung des MoPeGs die allgemeinere Frage auf, ob die zukünftigen Normen zur *actio pro socio* bereits heute Ausstrahlungswirkung haben sollten. Denn der einzige Grund, warum das neue Gesellschaftsrecht erst ab dem Jahr 2024 gelten werde, sei der, dass die Bundesländer um Vorlaufzeit für die technische Umsetzung des Gesellschaftsregisters gebeten hätten. Deshalb spreche Vieles dafür, eine solche methodische Vorwirkung zu nutzen. Zumindest in der Lehre sei dies schon deshalb ein Thema, weil sich die Frage stelle, ob bis 2024 noch ein BGB gelehrt werden sollte, das im Gesellschaftsrecht bereits jetzt ein „Auslaufmodell" sei. 5

Der nächste Beitrag betraf erneut das Gesamthandsprinzip. So fragte *Daniel Könen*, woraus *Osterloh-Konrad* die Sozietätskonstruktion, also das Erfordernis mindestens zweier Gesellschafter bei der Personengesellschaft ableiten würde, wenn sie das Gesamthandsprinzip für abgeschafft halte. 6

Zudem war er der Meinung, dass die *actio pro socio*, wenn man sie als allgemeines verbandsrechtliches Institut verstehe, bereits § 38 BGB, also der Mitgliedschaft selbst zu entnehmen sei, und zwar als ein Element eines Minderheitenschutzes vor Willkür. Hieraus ergebe sich auch ein Anknüpfungspunkt dafür, dass ein Dritter nur in Anspruch genommen werden könne, wenn er in irgendeiner Form mitgewirkt hat. Dieser Ansatz sei vorzugswürdig im Vergleich zur Annahme einer Ausstrahlungswirkung des § 148 AktG, weil das Aktienrecht und das Personengesellschaftsrecht dann für die jeweiligen rechtsformtypischen Realstrukturen jeweils zwei Normen des in § 38 BGB enthaltenen Gedankens bereithielten. 7

Daraufhin ergriff *Daniel Otte* das Wort und lenkte den Blick auf die sich in der Praxis häufig stellende Situation, dass ein Fremdgeschäftsführer in einer GmbH & Co. KG tätig wird, der weder an der Kommanditgesellschaft noch an der Komplementär-GmbH unmittelbar beteiligt ist, aber 8 mit dem Mehrheitsgesellschafter persönlich verbunden oder über eine Zwischenholding Anteile an den Gesellschaften hält. Nach dem BGH[1] könne dieser Fremdgeschäftsführer von dem Kommanditisten nicht im Wege der *actio pro socio* in Anspruch genommen werden. Dies sei schon bislang falsch gewesen. Spätestens mit dem neuem Recht – und darauf ziele seine Frage ab – müsse die Inanspruchnahme des Fremdgeschäftsführers der GmbH & Co. KG aber gestattet werden, weil dieser jedenfalls Kenntnis von der pflichtwidrigen Unterlassung der Inanspruchnahme gehabt habe.

9 *Osterloh-Konrad* griff die einzelnen Beiträge auf und erklärte zunächst gegenüber der Frage des vollständigen Abschneidens der historischen Debatte von *Bachmann*, dass sie ganz so radikal nicht zu verstehen sei. Sie sei aber der Meinung, dass sich die Situation der *actio pro socio* von jener der Schuldrechtsmodernisierung dadurch unterscheide, dass bei letzterer etwas neu geordnet worden sei. Das MoPeG dagegen gehe in vielen Bereichen nicht über eine Anerkennung dessen hinaus, was sich nach einer langen Entwicklung in Rechtsprechung und Wissenschaft als heutiger Stand der Dinge etabliert habe. Deshalb sei die Gefahr, dass ein wichtiger Punkt verloren gehe, nicht ganz so groß. Trotzdem wolle sie ihre Aussage auf die Themen der Rechtsfähigkeit und Rechtsträgerschaft beschränken bzw. zuspitzen. Dort sei sie eindeutig der Meinung, dass die Vorstellung eines Nebeneinanders der Rechtsinhaberschaft von Gesellschaft und Gesellschaftern lange gequält und nicht funktioniert habe. Deshalb sei sie mit historischen Argumenten hier sehr zurückhaltend, auch wenn die Diskussion um das Gesamthandsprinzip aus rechtshistorischer Perspektive sehr spannend sei.

10 Hinsichtlich *Bachmanns* Frage zur Fremdorganschaft und dem Charakter der Personengesellschaft gab *Osterloh-Konrad* zu, dass die Argumente für die Anerkennung der Fremdorganschaft *de lege lata* durch das MoPeG geschwächt worden seien, weil dieses an dem Prinzip der Selbstorganschaft festhalte. Allerdings äußere sich der Gesetzgeber zu der spezifischen Frage, ob man hiervon auch abweichen könne, nicht ausdrücklich. Denn das Selbstorganschaftsprinzip vereine zwei Aspekte: Erstens stelle es eine „Defaultregel" dar, nach welcher Personengesellschaften mit ihren Gesellschaftern geborene Organe hätten. Dies werde durch das MoPeG klar – und zu Recht – bestätigt. Daneben stelle sich aber die Frage, ob sich die Personengesellschaft eine vom Regelfall abweichende

---

1 BGH v. 19.12.2017 – II ZR 255/16, GmbHR 2018, 308.

Struktur der Fremdorganschaft geben kann. Diese Frage sollte man von der ersten Frage trennen. Zuzugeben sei aber, dass auch hier vorzugsweise *de lege ferenda* anzusetzen sei.

Die Frage von *Bachmann* zur Vor- bzw. Ausstrahlungswirkung beantwortete *Osterloh-Konrad* damit, dass sich diese bezüglich des § 715b BGB in dieser Form nicht stelle, weil sämtliche vom Gesetzgeber geklärten Punkte bereits zum bisherigen Recht als Meinungen im Raum stünden. Deshalb hindere ihrer Ansicht nach nichts daran, den Inhalt des § 715b BGB schon vor 2024 zu vertreten. Methodisch korrekt sei hierbei aber auf die bisherige Argumentation zurückzugreifen.   11

Hinsichtlich der Frage von *Könen* zur Einmann-Personengesellschaft war *Osterloh-Konrad* der Meinung, dass es der Gesetzgeber schlicht in der Hand habe, Rechtsformen zu schaffen, die zwei Mitglieder erfordern. Hierfür habe er sich bei den Personengesellschaften entschieden und mit dem MoPeG ersichtlich daran festgehalten. Einer zusätzlichen Rechtfertigung bedürfe es nicht. Deshalb sei auch die Ableitung aus einem weit verstandenen Gesamthandsprinzip nicht erforderlich. Diesen Gedanken ergänzte *Osterloh-Konrad* um einen allgemeinen Hinweis: Ihrer Meinung nach ist die Frage, ob das Gesamthandsprinzip abgeschafft wurde, allein begrifflicher Natur, hängt also nur davon ab, wie man den Begriff „Gesamthandsprinzip" auffasst. Dabei kämen einerseits ein enges vermögensrechtliches, andererseits ein weiteres Verständnis in Betracht, das alle Aspekte der im Vergleich zur juristischen Person geringeren Verselbständigung der Personengesellschaft von ihren Mitgliedern umfasst. Je nachdem, welchem Verständnis man anhänge, halte man das Gesamthandsprinzip durch das MoPeG für abgeschafft oder nicht. Sie sei Anhängerin des engeren Verständnisses, weil dann der Begriff der „Gesamthand" als konturenscharfer Rechtsbegriff besser funktioniere. Mit dem weiteren Verständnis wäre er allzu unscharf, zumal es mit Erbengemeinschaft und Gütergemeinschaft noch andere Gesamthandsgemeinschaften gebe, die weit von der rechtsfähigen Personengesellschaft entfernt lägen.   12

Auf die Frage von *Könen* zur Ableitung der *actio pro socio* aus § 38 BGB erwiderte *Osterloh-Konrad*, dass einer Argumentation, die das Klagerecht in Mitgliedschaft und Minderheitenrecht verorten möchte, nichts entgegenstehe. Hieraus etwas dafür zu folgern, wann dieses Klagerecht auch gegenüber Dritten ausgeübt werden könne, sei ihrer Ansicht nach aber nicht zwingend. Wenn die *actio pro socio* ein subsidiäres Hilfsrecht   13 für Fälle darstelle, in welchen Gesellschaftsorgane pflichtwidrig die Anspruchsverfolgung unterließen, folge aus der Verortung dieser innerhalb der Mitgliedschaft eben nicht, dass sie sich gegen bestimmte Personen richten müsse.

14 Im Anschluss stimmte *Osterloh-Konrad* der Auffassung von *Otte* hinsichtlich der Möglichkeit der Inanspruchnahme des Fremdgeschäftsführers in der GmbH & Co. KG zu. Dort bestehe nicht einmal das Problem, dass sich der Dritte nicht aussagekräftig äußern oder vortragen könne, weil er sogar selbst an den Interna der Gesellschaft beteiligt sei.

15 Fortgesetzt wurde die Diskussionsrunde von *Johannes Wertenbruch*. Zunächst ergänzte er die Diskussion um das Gesamthandsprinzip dahingehend, dass das MoPeG auch am Anwachsungsprinzip festhalte, nach welchem beim Ausscheiden des vorletzten Gesellschafters der letzte Gesellschafter Rechtsnachfolger werde und eben keine Einmanngesellschaft entstehe. Man erkenne im Gesetz nun also die eindeutige Regelung der vermögensmäßigen Anwachsung, ohne dass man ein solches Gesamthandsprinzip nennen müsse. Bei letzterem gebe es, wie von *Osterloh-Konrad* betont, Schwierigkeiten mit der Erbengemeinschaft und der Gesamthandsgemeinschaft. Die vermögensmäßige Anwachsung sei aber, darauf wies *Wertenbruch* hin, eine Besonderheit des Personengesellschaftsrechts und damit ein Unterschied zur juristischen Person.

16 Hinsichtlich der dogmatischen Einordnung der *actio pro socio* gab er zu bedenken, dass die Ableitung der *actio pro socio* aus dem Gesellschaftsvertrag und dessen Doppelnatur nicht falsch, allerdings mittlerweile überflüssig geworden sei, weil das Gesetz nun die Prozessstandschaft ausdrücklich regele. Betrachte man die historische Entwicklung, so erkläre sich der Wandel im dogmatischen Verständnis hin zur Prozessstandschaft dadurch, dass dieses Verständnis erst mit der Anerkennung der Parteifähigkeit von OHG und KG sowie der Rechtsfähigkeit der GbR möglich geworden sei.

17 Im Anschluss nahm *Wertenbruch* Bezug zur Frage der Subsidiarität der *actio pro socio*. Diese sei letztlich ein Beweislastproblem. Es handele sich also um eine Frage des Regel-Ausnahme-Verhältnisses. Nach der bisherigen Rechtsprechung des BGH könne grundsätzlich jeder Gesellschafter den Rechtsbehelf in den Grenzen von § 242 BGB geltend machen. Wer sich darauf berufe, dass eine Ausnahme von dieser Regel vorliegt, müsse dies beweisen. Das MoPeG kehre das Verhältnis um, indem

es die *actio pro socio* als subsidiäres Klagerecht verstehe, bei welchem der Gesellschafter beweisen muss, dass eine Ausnahme zu seinen Gunsten vorliegt. Diese Umkehrung beeinflusse auch die Problematik einer *actio pro socio* gegenüber einem Dritten, der überhaupt keinen Einblick in die Interna der Gesellschaft habe. Denn die Beweislast für die Unzulässigkeit der *actio pro socio*, die ihn nach den bisherigen Rechtsprechungsgrundsätzen treffen müsste, belaste ihn unangemessen, wenn er nicht selbst in irgendeiner Form am pflichtwidrigen Verhalten der Geschäftsführung beteiligt gewesen sei. In dieser Form stelle sich das Problem unter dem neuen Recht nicht.

Zuletzt wies *Wertenbruch* darauf hin, dass die nun geregelte Rechtskrafterstreckung bereits bisher durch Streitverkündung oder Nebenintervention möglich gewesen sei. Aus der Rechtskrafterstreckung folge aber nicht, dass auch die Einrede der Rechtshängigkeit funktioniere. Dies würde zu einem Wettlauf führen, weil, wenn der Gesellschafter vor der Gesellschaft klage, die Gesellschaft zunächst die Einrede der Rechtshängigkeit aus dem Weg räumen müsse. Auch bei der Personengesellschaft müsse deshalb, wie bei der Aktiengesellschaft, die Möglichkeit bestehen, dass die Gesellschaft den Prozess übernimmt und dem Gesellschafter seine bisher angefallenen Prozesskosten erstattet. Möglich sei dies über die Analogie zu § 148 Abs. 5, Abs. 6 AktG. Ebenfalls denkbar erscheine aber auch der Weg über § 110 HGB, weil es sich um einen Aufwand handele, der erforderlich war, weil die Gesellschaft zunächst nicht geklagt habe. **18**

Anschließend ergriff *Jan Lieder* das Wort, welcher als möglichen Anwendungsbereich der *actio pro socio* auf das Wohnungseigentumsrecht hinwies, das ebenfalls sehr stark verbandsrechtlich geprägt sei. Diese Übertragung sei vom OLG Frankfurt zwar bisher verneint worden, mit Blick auf die Institutionenbildung sei es aber wert, hierauf einen Blick zu werfen. **19**

Zudem sei von *Osterloh-Konrad* zutreffend auf die vielen Gemeinsamkeiten von Aktiengesellschaft, GmbH und Personengesellschaft bei der *actio pro socio* hingewiesen worden. Ein wenig vermisst habe er allerdings Ausführungen zur GmbH, speziell dort, wo es Unterschiede gebe. Er warf deshalb die Frage auf, wie die GmbH in Fällen einzuordnen sei, in denen die einschlägige Regel des Aktienrechts von der des Personengesellschaftsrechts abweiche. Denkbar erscheine einerseits, sich in solchen Fällen dem Personengesellschaftsrecht anzunähern, weil mit dem **20**

Innenverhältnis der Gesellschaft eine Materie betroffen sei, in der die GmbH einer Personengesellschaft näher stehe. Möglich erscheine aber auch, nach der Größe der GmbH zu differenzieren, also eine Publikumsgesellschaft nach Aktienrecht zu behandeln. Hiergegen spreche allerdings, dass ein solches Vorgehen auch bei einer Publikumspersonengesellschaft nicht praktiziert werde.

21   Daraufhin und als letzter Diskussionsbeitrag wurde von *Holger Altmeppen* die Diskussion um das Gesamthandsprinzip aufgegriffen. Dabei sei *Osterloh-Konrad* dahingehend beizupflichten, dass die historische Debatte endlich zu beerdigen sei. *Altmeppens* Ansicht nach hat sich die Diskussion allerdings ohnehin schon längst weiterentwickelt. Betrachte man die Historie zur Gesamthand, so zeige sich, dass die zweite Kommission das Gesamthandsprinzip über das Sozietätsprinzip der ersten Kommission „gestülpt" habe. Man habe ausdrücklich zugegeben, dass nicht ganz klar war, was das Gesamthandsprinzip überhaupt bedeute, und deshalb die Klärung Wissenschaft und Praxis überlassen. Diese Klärung sei in der ersten Hälfte des 20. Jahrhunderts nur unzureichend gelungen, weil auf den Inhalt der Protokolle, nach welchen das Vermögen den Gesellschaftern zustehe, abgestellt worden sei. Diese Irrlehre sei dann aber in der zweiten Hälfte des 20. Jahrhunderts als solche entlarvt und erledigt worden. Der Begriff des Gesamthandsvermögen meine also das Vermögen der rechtsfähigen Gesellschaft, was § 14 Abs. 2 BGB in seltsamer, redundanter Weise zum Ausdruck bringe: Weil die Gesellschaft rechtsfähig sei, könne sie Vermögen haben. *Altmeppen* kritisierte, dass sich die hier geführte Diskussion auf längst veraltetem Stand bewege, wenn man bedenke, dass allen bekannt sei, dass das Gesamthandsvermögen das Vermögen der Gesellschaft ist. Abschließend sprach er sich dafür aus, den Begriff des Gesamthandsvermögens nicht mehr zu verwenden, damit niemand mehr diesen Fehler begehe. Es stelle sich allenfalls die Frage, ob es nach neuerem Recht eine Einmann-Personengesellschaft geben könne, wenn der Begriff der Gesamthand nicht mehr verwendet werden dürfe. Dies sei klar zu verneinen, weil die Personengesellschaft keine juristische Person sei, sondern immer noch einen Vertrag voraussetze.

22   Zum Abschluss der Diskussion nahm *Osterloh-Konrad* erneut zu den Anmerkungen und Fragen der Diskutanten Stellung.

23   Sie begann mit den Diskussionsanstößen von *Wertenbruch*. Sie habe selbstverständlich nicht vertreten, dass die Inanspruchnahme von Drit-

ten nicht die Ausnahme bleiben sollte. Allein sei die Inanspruchnahme von Drittorganen eine Selbstverständlichkeit, da diese nach ihrem Verständnis Gesellschaftsinterne darstellten. In Bezug auf außenstehende Dritte halte sie auch weiterhin einen restriktiven Ansatz für nachvollziehbar und richtig. Auch zur Beweislastverteilung stimmte sie ihm zu.

Richtig seien auch *Wertenbruchs* Ausführungen zur Doppelnatur des 24 Gesellschaftsvertrages. Nach ihrem Verständnis hänge die genaue Einordnung der *actio pro socio* aber nicht davon ab, ob man dem zustimme oder nicht, sondern davon, welche Funktion man der *actio pro socio* zuschreibe. Für sie sei die *actio pro socio* subsidiäres Rechtsverfolgungsinstrument der Gesellschafter in Fällen, in denen die zuständigen Organe ihren Pflichten nicht nachkommen. Die vertragliche Begründung passe nicht so recht zu dieser Funktion, weil man bei einer solchen das spezifische vertragliche Band der Beteiligten bräuchte, obwohl sich das Problem einer dysfunktionalen Zuständigkeitsverteilung unabhängig davon stellen könne, ob es sich um Drittansprüche oder Sozialverbindlichkeiten handelt.

Der Hinweis *Lieders* auf die Möglichkeit einer Übertragung der *actio* 25 *pro socio* auf das Wohnungseigentumsrecht sei, so *Osterloh-Konrad*, eine sehr gute Anregung. Bezüglich der GmbH verwies sie auf die Schriftfassung des Vortrags. Hinter seiner Frage stecke ein Grundproblem, das sich nicht nur im Gesellschaftsrecht, sondern ebenso im Steuerrecht stelle, nämlich, wie damit umzugehen sei, dass das Recht vielfach schon aus Gründen der Rechtssicherheit an die Rechtsform anknüpfen müsse, obwohl die Phänotypen nicht immer zu den Idealtypen passten, die der Gesetzgeber im Kopf hatte, als er einzelne Rechtsinstitute ausgestaltete.

Hinsichtlich der Ausführungen von *Altmeppen* zum Gesamthandsprin- 26 zip gab *Osterloh-Konrad* zu bedenken, dass die Materialien zum BGB durchaus zeigten, dass und wie der Gesetzgeber dieses Prinzip verstanden habe, nämlich vermögensrechtlich. Dieser Befund sei umso eindeutiger, wenn man den Blick in die Materialien nicht nur auf das Gesellschaftsrecht beschränke, sondern die anderen Gesamthandsgemeinschaften einbeziehe. Im Recht der Personengesellschaften habe sich das Prinzip dann aber weiterentwickelt und führend, aber nicht allein, durch *Flume* eine andere Bedeutung erlangt. Dieser habe die Rechtsfähigkeit der Personengesellschaft ernst genommen und insoweit keinen Unterschied zwischen juristischer Person und Personengesellschaft gesehen. Deshalb habe er dem Gesamthandsprinzip einen anderen Inhalt zuschreiben müssen. Die aktuelle Frage sei letztlich allein, mit welchem Begriffsverständnis in Zukunft besser umzugehen sei. Vieles spreche für die vermögensrechtliche Deutung, nicht nur deshalb, weil die andere Deutung vom Gesetzgeber nun verworfen worden sei, sondern auch, weil das weitere Verständnis die anderen Gesamthandsgemeinschaften kaum sinnvoll erfassen könne. Zwar könne man den Begriff im Gesellschaftsrecht allein weiterentwickeln und von seiner vermögensrechtlichen Bedeutung lösen. Dann müsse man sich aber fragen, wie mit der spezifisch vermögensrechtlichen Struktur der anderen Gesamthandsgemeinschaften umgegangen werde, denn diese sei dann kein Merkmal der Gesamthand mehr. Letztlich gehe es allein um den zweckmäßigen Inhalt eines juristischen Begriffs.

27 Ihrer Auffassung nach wäre es im Übrigen sinnvoll gewesen, die rechtsfähigen Personengesellschaften im MoPeG den juristischen Personen zuzuordnen, weil zu wenig Unterschiede übrigblieben, die eine kategoriale Unterscheidung rechtfertigten. Auch dies sei aber eine rein begriffliche Frage.

28 Insgesamt sei *Altmeppens* Kritik zwar im Ansatz zuzustimmen, doch sei eben zu konstatieren, dass die Vorstellung einer Vermögensträgerschaft der Gesellschafter kaum totzukriegen sei. Dies gelte für das Gesellschaftsrecht, mehr aber noch für das Steuerrecht. Insbesondere das BVerfG rechtfertige die steuerliche Ungleichbehandlung zwischen Personen- und Kapitalgesellschaft stets mit dem Hauptargument der unterschiedlichen Vermögensordnung beider Verbandstypen. Insofern stelle das MoPeG für das Steuerrecht eine besondere Herausforderung dar; mit Interesse sei abzuwarten, wie der Dualismus der Unternehmensbesteuerung künftig verfassungsrechtlich legitimiert werde.

Digitalisierung als Vorstandspflicht?

Dr. Thomas Kremer[*]

Rechtsanwalt, Düsseldorf

I. Digitalisierte Unternehmen

Die digitale Revolution ist vorbei – erledigt. Diese Behauptung wurde   1
von dem amerikanischen Informatikprofessor *Nicholas Negroponte* auf-

---

[*] Ehemaliges Mitglied des Vorstands der Deutschen Telekom AG.

gestellt – im Jahre 1998.[1] *Negroponte* ist Professor am MIT und Mitbegründer der Initiative „One Laptop per Child". Ihm ging es nicht darum anzuzweifeln, dass die Digitalisierung auch weiterhin neue Technologien, Produkte und Dienstleistungen hervorbringen werde – er meinte nur, das sei doch nichts Neues und schon heute – also 1998 – Normalität. Heute im Jahre 2021 ist die digitale Welt sicher normal – und nicht nur in den Unternehmen – auch wenn wir mit dem erreichten Stand der Digitalisierung in Deutschland nicht zufrieden sein können.

1. Digitalisierung: Was ist das eigentlich?

2 Die Entwicklung folgt „Moore's Law". *Gordon Moore* einer der Gründer von Intel wagte im Jahre 1965 die Voraussage, dass sich die Chip Performance jedes Jahr – zumindest aber jedes zweite Jahr – verdoppeln würde. Diese Einschätzung erwies sich bisher als recht exakt.[2] Moore's Law beschreibt eine Exponentialkurve. Und auch der Datenverkehr wächst mit exponentieller Geschwindigkeit.

3 Wenn immer Menschen, Maschinen und Geräte miteinander vernetzt sind, entsteht dadurch eine unvorstellbare Menge an Daten. Daten, die wiederum gespeichert, ausgetauscht und weiterverarbeitet werden. Das geschieht auf Basis standardisierter Software in großen Rechenzentren mit hoher Kapazität und Verfügbarkeit. Und eine Vielzahl von Nutzern kann darauf zugreifen. Damit sind wir beim Thema Cloud Computing. Durch Cloud Computing wird immer mehr die herkömmliche IT der Unternehmen mit dem eigenen Serverraum auf dem Betriebsgelände und speziell für das spezifische Unternehmen „gestrickter" Software abgelöst. Die Vorteile für die Unternehmen liegen auf der Hand: Die Kosten für Hardware und Software-Lizenzen, für Wartung und Installation können deutlich gesenkt werden, wobei die Infrastruktur hoch flexibel ist und an veränderte Bedürfnisse des Unternehmens schnell angepasst werden kann.[3]

4 Der Zugriff auf die Cloud erfolgt über das Internet. Der Übertragungsweg führt über glasfaserbasierte Festnetzleitungen oder über die 4G oder 5G Datennetze der Mobilfunkbetreiber. Die mobile Datenübertragung

---

1 Näher: Nicholas Negroponte, Wikipedia.
2 Siehe: Moores Gesetz – seit 50 Jahren ungebrochen; www.Spektrum.de/IT/ Tech.
3 Siehe etwa die Erläuterung der Transferstelle IT-Sicherheit im Mittelstand: www.it-sicherheit-in-der-Wirtschaft.de/Cloud Computing.

ermöglicht z.B. mobiles Arbeiten, was viele Unternehmen gerade in Pandemie-Zeiten intensiv genutzt haben. Die Verfügbarkeit eines leistungsfähigen Internetanschlusses ist elementare Voraussetzung für die Digitalisierung der Geschäftsprozesse.

Die in der Cloud gespeicherten Daten können dann weiterverarbeitet 5 werden. Hierzu werden vielfach Algorithmen eingesetzt. Das sind Softwareprogramme, die festlegen, wie eine Aufgabe gelöst wird. Sie sagen z.B. einer Maschine am Fließband, wie welche Teile zusammengefügt werden sollen.

Die Fähigkeiten eines Algorithmus werden weiter gesteigert, wenn die 6 Software um das Thema maschinelles Lernen erweitert wird („Machine Learning"). Die Software ist dann in der Lage, in großen Datenmengen Muster zu erkennen und auf Basis vorgegebener Analyseregeln daraus konkrete Aussagen abzuleiten. Um bei unserem Beispiel mit der Produktionsstraße zu bleiben: Über maschinelles Lernen kann erkannt werden, wann eine Maschine gewartet werden muss oder wann sie mit welcher Wahrscheinlichkeit ausfallen wird. Auch die Gesichtserkennungssoftware, mit der wir unser Smartphone entsperren können, ist ein Anwendungsbeispiel von maschinellem Lernen. Die Software kann die biometrischen Merkmale eines jeden Gesichtes analysieren, speichern und wiedererkennen. Die Nutzung komplexer PINs – die man sowieso leicht vergisst – wird dadurch überflüssig. Das macht die Handhabung einfacher.

Die nächste Erweiterungsstufe des Algorithmus ist die sogenannte Künst- 7 liche Intelligenz, oder kurz KI, wobei die Grenzen zum maschinellen Lernen durchaus fließend sind. Arbeitet die herkömmliche Programmierung eines Algorithmus nach dem Prinzip: Wenn dies, dann das – ist ein Algorithmus mit Künstlicher Intelligenz selbständig in der Lage, diese Schritte zu erstellen.[4]

Das ist wichtig, weil viele Aufgabenstellungen so komplex sind, dass ei- 8 ne Programmierung nach dem Prinzip „Wenn dies – dann das" nicht möglich ist. Unternehmen setzen diese KI schon heute für die unterschiedlichsten Aufgaben ein. Werder Bremen setzt KI ein, um die Berichte ihrer

---

4 Siehe *Ravelling*, Was ist Künstliche Intelligenz? www.wfb-bremen.de/digitali sierung-industrie40; *Noack* in FS Windbichler, 2020, S. 947, 948; *Noack*, ZHR 183 (2019), 105, 107 nutzt zur Beschreibung der KI einen militärwissenschaftlichen Vergleich: Vom Befehl zum Auftrag.

Talentscouts auszuwerten und Hinweise auf besonders talentierte Spieler zu erhalten. Die Telekom nutzt in ihrem Service den KI-Chatbot „Tinka", der monatlich rund 120.000 Anfragen bearbeitet und 80 % davon eigenständig beantworten kann. Paypal nutzt die KI um Betrugsversuche im Zahlungssystem aufzudecken.[5]

9   Das hört sich vielversprechend an – aber man darf der KI nicht blind gegenübertreten. Ihre Ergebnissse dürfen nicht kritiklos übernommen werden. Die KI ist nur so gut, wie es der Datensatz erlaubt, aus dem sie gelernt hat und weiter lernt.[6] Zumindest eine Plausiblitätskontrolle ihrer Ergebnisse ist daher anzuraten, um z.B. Rechtsverstöße wie Diskriminierung auszuschließen.[7] Weitere Themen können sich ergeben, wenn sich die KI noch weiter entwickelt und sich eigene Ziele setzt und verfolgt.[8] Aber das ist noch Zukunftsmusik.

2. Von der Digitalisierung zur Digitalen Transformation

10   Digitalisierung meint im Kern nichts anderes als die Integration von digitalen Technologien in die Geschäftsabläufe eines Unternehmens. Sie betrifft nicht nur Unternehmen der Digitalwirtschaft, sondern praktisch alle Unternehmen des Industrie- und Dienstleistungssektors. Viele dieser digitalen Technologien sind heute schon selbstverständlich, Vorstands- und Aufsichtsratssitzungen per Videokonferenz genauso wie digitale Teamsitzungen und virtuelle Hauptversammlungen. Auch das Arbeiten mit dem Laptop im Homeoffice und unterwegs ist heute vielen Mitarbeitenden und Führungskräften selbstverständlich geworden.

11   Die Digitalisierung betrifft nicht nur die IT eines Unternehmens, sondern verändert eine Vielzahl von Geschäftsprozessen und Arbeitsweisen. Das führt zu neuen Anforderungen an die Mitarbeiter, die mit digitalen Technologien arbeiten müssen. Und auch der Zugang zu den Kunden ändert sich. Das dürfte jeder von uns schon erlebt haben. Kurz: es ist ein umfassendes Thema, das eine Vielzahl von Strukturen im Unternehmen betrifft. Das Unternehmen wandelt sich. Um diese tiefgreifende Verän-

---

5 *Ravelling*, Was ist Künstliche Intelligenz? www.wfb-bremen.de/digitalisie rung-industrie40. Und weitere Beispiele bei *Noack* in FS Windbichler, 2020, S. 947, 949.
6 Siehe *Noack*, ZHR 183 (2019), 105, 117.
7 Dazu *Freyler*, NZA 2020, 284.
8 Sog. „starke KI" und dazu *Strohn*, ZHR 182 (2018), 371.

derung auch sprachlich zu verdeutlichen, wird der Begriff der Digitalen Transformation der Unternehmen verwandt.[9] Und die COVID-19 Pandemie der letzten zwei Jahre hat die Transformation noch beschleunigt.[10]

3. Chancen und Risiken der digitalen Transformation

Die Motivation der Unternehmen zur digitalen Transformation ist vielschichtig. Drei Ziele stehen meistens im Vordergrund: Die Steigerung der Produktivität, eine deutliche Kostensenkung und eine höhere Effizienz in den Abläufen. Verbesserte Produkte und neuen Dienstleistungen für die Kunden sollen durch die Digitalisierung ermöglicht werden. Hierin liegen die Chancen.   12

Aber es gibt auch Risiken, insbesondere das Transformationsrisiko. Gelingt die Einführung digitaler Technologien? Hat das Unternehmen dazu die richtigen Mitarbeiter und Partner? Ist die Qualifizierung der Mitarbeiter erfolgreich durchgeführt oder sind neue Mitarbeiter mit den erforderlichen Skills eingestellt oder ausgebildet? Werden die neuen Technologien sicher beherrscht. Akzeptieren Kunden und Geschäftspartner eine digital basierte Zusammenarbeit? Sind die neuen Technologien auch sicher und datenschutzkonform einsetzbar? Hier ist Vorsicht geboten. Der im Oktober veröffentlichte aktuelle Lagebericht zur IT-Sicherheit in Deutschland 2021 des Bundesamtes für Sicherheit in der Informationstechnik hält die Sicherheitslage im Internet für „angespannt bis kritisch".[11]   13

Die Digitale Transformation ist keine schwarz/weiß Entscheidung, sondern muss mit ihren Vor- und Nachteilen abgewogen und für das einzelne Unternehmen zugeschnitten werden. Der Maßanzug ist gefragt und nicht die Einheitskleidung.   14

Aktuell sind Unternehmen der Branchen Banken, Versicherungen; Verkehr, Transport und Logistik; Information und Kommunikation sowie   15

---

9 Näher z.B. *Kempf* in Bär/Grädler/Mayr, Digitalisierung im Spannungsfeld von Politik, Wirtschaft, Wissenschaft und Recht, Bd. 1, 2018, S. 177 ff.

10 BMWI, Digitalisierung in Deutschland – Lehren aus der Corona-Krise; Gutachten des Wissenschaftlichen Beirats, 2021, S. 3; www.bmwi.de/Redaktion/ DE/Publikationen.

11 www.bsi.bund/Service/Publikationen/Die Lage der IT-Sicherheit in Deutsch land.

Industrie überdurchschnittlich digitalisiert.[12] Die meisten Unternehmen sehen in der Digitalisierung eher Chancen als Risiken. Bei den großen Unternehmen sind es praktisch alle.[13] Rund 74 % der Unternehmen in Deutschland besitzen hierzu eine Digitalisierungsstrategie.[14]

II. Ermessensentscheidungen und Rechtspflichten bei digitaler Transformation

16 Die Frage, ob ein Vorstand verpflichtet ist, die Digitalisierung oder besser die digitale Transformation in seinem Unternehmen voranzutreiben, wirkt angesichts der praktischen Befunde eher theoretisch. Die Digitalisierungswelle rollt – mit breiter politischer Unterstützung – in praktisch allen Unternehmen, wenn auch nicht mit derselben Geschwindigkeit.

1. Leitungsaufgabe mit unternehmerischem Ermessen

17 Angesichts erheblicher Chancen, aber auch der Risiken einer digitalen Transformation für das Unternehmen und der damit verbundenen Änderung einer Vielzahl von Strukturen im Unternehmen, gehört die digitale Transformation zu den Leitungsaufgaben, die gemäß § 76 AktG dem Vorstand in seiner Gesamtheit zugewiesen sind.[15]

18 Die digitale Transformation ist keine reine Geschäftsführung im Sinne des § 77 AktG, bei der sich der Vorstand seiner Verantwortung durch Delegation entziehen kann. Es geht um mehr als nur – bildlich gesprochen – die hauseigene IT aus dem Keller zu holen.

19 Da sich die digitale Transformation in der Regel über eine Vielzahl von Einzelschritten vollzieht, sich wegen ihrer Komplexität über Jahre hinzieht und erhebliche Kosten verursacht, besteht die Leitungsaufgabe zunächst einmal darin, die Digitalisierung des Unternehmens in die Unternehmensstrategie aufzunehmen.[16] Wesentliche Transformationsschritte sind zu definieren, ihre Umsetzung zu planen und über Budget sowie

---

12 *Telekom/technoconsult*, Digitalisierungsindex Mittelstand 2020/21; www.digitalisierungsindex.de.

13 *A. Berg*, Digitalisierung der Wirtschaft, bitkom Research 2020, www.bitkom.org.

14 *BMWi*, Den digitalen Wandel gestalten, www.bmwi.de/Digitalisierung.

15 *Noack*, ZHR 183 (2019), 105, 114 ff.

16 Beispiele: Deutsche Telekom, Delivery Hero, Siemens u.a.

mittelfristige Finanzplanung die erforderlichen Finanzmittel bereit zu stellen.

2. Corporate Governance der digitalen Transformation

Auch wenn die digitale Transformation eine Vorstandsaufgabe ist, bedeu- 20
tet das nicht, dass Digitalisierungsthemen nicht im Rahmen einer Ge-
schäftsordnungsregelung einem oder allen Vorstandsressorts zugewiesen
werden können. Auch in diesen Fällen einer horizontalen Delegation
bleibt es auf Grund der Leitungsaufgabe bei der Zuständigkeit des Ge-
samt-Vorstands für alle wesentlichen Entscheidungen.[17]

Um die Digitalisierung im Unternehmen umzusetzen, sind auch organi- 21
satorische Maßnahmen erforderlich. Hierbei besteht ein weites Ermessen der Organe Vorstand und Aufsichtsrat.

Eine ausdrückliche Verankerung der Digitalisierung im Geschäftsvertei- 22
lungsplan des Vorstands bietet sich an. Da die Digitalisierungsthemen
in allen Vorstandsressorts vorkommen, kann eine Koordinierungszu-
ständigkeit in Betracht kommen. Diese liegt am besten beim Vorsitzenden und unterstützt dessen allgemeine Koordinationsaufgabe. Alternativ kommt auch die Einrichtung eines besonderen Vorstandsressorts
„Digitales" in Betracht, um auf dieses Thema einen besonderen Fokus
in der Arbeit des Vorstands zu legen. So hat z.B. Infineon Technologies
die Position eines „Chief Digital Transformation Officers" im Vorstand
geschaffen. E.ON hat dem „Chief Operating Officer" das Thema Digitales zugeordnet. Ebenso die Allianz und ganz ähnlich Siemens mit der
Zuständigkeit für „Digital Industries".[18]

Zur Unterstützung des Vorstands sind einige Unternehmen dazu über- 23
gegangen einen sog. Chief Digital Officer oder einen „Leiter Digitales"
zu bestellen, der über eine hohe fachliche Kompetenz im Bereich der Digitalisierung verfügt.[19]

---

17 Zum Stand der Diskussion: *Hüffer/Koch*, 15. Aufl. 2021, § 76 AktG Rz. 8.
18 Übersicht bei *Kerkmann*, Handelsblatt vom 15.9.2021, www.handelsblatt.
   com/technologie/IT+Telekommunikation/Digitalisierung der DAX Konzerne:
   Es fehlen die CDOs.
19 Beispiele: Deutsche Telekom, Daimler, Deutsche Bank; Übersicht bei www.
   chief-digital-officer.com.

24 Organisatorisch ist diese Funktion meist unmittelbar unter dem Vorstand oder in der zweiten Führungsebene darunter angesiedelt. Ein Chief Digital Officer kann sich empfehlen, wenn mehrere Geschäftsbereiche des Unternehmens digitalisiert werden. In der Praxis ist diese Funktion aber noch nicht durchgesetzt.[20]

25 Auch der Aufsichtsrat kann Einfluss auf die digitale Transformation des Unternehmens nehmen, auch wenn er bekanntermaßen kein Weisungsrecht gegenüber dem Vorstand hat. Da die Digitalisierung in der Regel Teil der Unternehmensstrategie des Vorstands ist und der Vorstand die Strategie mit dem Aufsichtsrat abstimmt,[21] hat der Aufsichtsrat ein Mitspracherecht. Im Rahmen seiner Überwachungsaufgabe nach § 111 AktG kann er zudem auf geeignete einzelne Transformationsschritte drängen und sich über die Fortschritte berichten lassen. Damit ist der Instrumentenkasten des Aufsichtsrats noch nicht ausgeschöpft. Er kann gemäß § 111 Abs. 4 AktG z.B. einen Zustimmungsvorbehalt für die kurz- und mittelfristige Finanzplanung festlegen. Bei fehlenden Mitteln für die Digitalisierung kann der Aufsichtsrat dann seine Zustimmung verweigern. Die Fortschritte bei der digitalen Transformation können auch im Rahmen des Vergütungssystems für den Vorstand nach § 87a Abs. 1 Nr. 2 AktG berücksichtigt werden, um die Geschäftsstrategie und die langfristige Entwicklung der Gesellschaft zu fördern. Darüber hinaus hat der Aufsichtsrat auch über die Auswahl der Vorstandsmitglieder Einfluss auf die Digitalisierung des Unternehmens, indem er die Digitalkompetenz in das Kompetenzprofil für den Vorstand aufnimmt und Vorstandspositionen entsprechend besetzt.[22]

26 Diese Maßnahme ist notwendig, aber angesichts der üblichen Bestelldauer von drei bis fünf Jahren nur mittelfristig wirksam. Und eine Abberufung des Vorstands aus wichtigem Grund nach § 84 Abs. 3 AktG wegen mangelnder Digitalisierung dürfte sich auch nur in seltenen Fällen rechtfertigen.

---

20 Siehe Bitkom Umfrage 2020; Der Chief Digital Officer bleibt die Ausnahme, www.bitkom.org/Presse.
21 DCGK, Grds 2 und dazu *Lutter* in Kremer/Bachmann/Lutter/v. Werder, DCGK, 8. Aufl. 2021, Grds 2 Rz. 7 ff.
22 Aktuell haben 18 der 30 Dax-Unternehmen eine konkrete Zuständigkeit für Digitalisierung im Vorstand oder verfügen zumindest über ausgewiesene Expertise im Vorstand; aus Handelsblatt vom 16.9.2021: Vorstände kümmern sich zu selten um Digitalisierung.

Die rechtlichen Einflussmöglichkeiten der Aktionäre über die Hauptver- 27
sammlung sind noch begrenzter. Sind die Aktionäre unzufrieden mit den
Digitalisierungsfortschritten des Unternehmens, können sie dem Vorstand die Entlastung nach § 120 AktG verweigern.[23] Die fehlende Entlastung hat zwar keine unmittelbaren rechtlichen Folgen, der Vertrauens-
und Reputationsverlust für den Vorstand ist aber erheblich. Die verwei-
gerte Entlastung ist kein stumpfes Schwert.

Auch die Gestaltung der Satzung gibt den Aktionären die Möglichkeit 28
zur Einflussnahme. Im Unternehmensgegenstand können digitale Geschäftsmodelle vorgeschrieben werden. Im Unternehmensgegenstand der
Siemens AG erfahren wir, dass die Gesellschaft auf jedem Gebiet der In-
formationstechnologien einschließlich elektronischer Datenverarbeitung, -übertragung, Software, Plattformen und selbstlernender Systeme"
tätig werden kann. Das entspricht einem Digitalisierungsauftrag an den
Vorstand. Soll Gegenstand des Unternehmens „der Onlinehandel mit
Feinkostprodukten und die Erbringung von Dienstleistungen zur Digitalisierung von Unternehmen und die Erstellung sowie der Vertrieb von
Software sein (so die „digital ONE GmbH" in Ansbach), kann sich ein
Vorstand den digitalen Geschäftsmodellen nicht entziehen. Der Vorstand ist dann verpflichtet, diesen auf Digitales ausgerichteten Unternehmensgegenstand auszufüllen. Insgesamt betrachtet sind digitale Geschäftsmodelle im Unternehmensgegenstand eher eine Seltenheit, wenn
man einmal von Unternehmen der Digitalwirtschaft absieht.

Langfristig und indirekt betrachtet kann die Hauptversammlung auch 29
über die Auswahl und Bestellung der Aufsichtsratsmitglieder Einfluss
auf die Digitalisierung nehmen. Werden Fachleute mit Digitalisierungskompetenz in den Aufsichtsrat gewählt, hat der Aufsichtsrat größere
Möglichkeiten, auf den Vorstand im Sinne einer digitalen Transformation des Unternehmens einzuwirken. Schon heute sehen eine ganze
Reihe Unternehmen in ihren Kompetenzprofilen für den Aufsichtsrat
das Thema „Digitalkompetenz" vor.[24]

---

23 Zu den möglichen Gründen einer Verweigerung der Entlastung *Hüffer/Koch*,
   15. Aufl. 2021, § 120 AktG Rz. 11.
24 Beispiele, Deutz AG – „Kenntnisse im Bereich Digitalisierung und Industrie
   4.0", Allianz SE „Mindestens ein Mitglied, das über Sachverstand auf dem Gebiet digitale Transformation verfügt", Commerzbank AG „Allgemeine Kenntnisse in Bezug auf Technologie, Digitalisierung und Datensicherheit".

30 Die genannten Möglichkeiten der Aktionäre durch die Hauptversammlung wirken eher indirekt und langfristig. Satzungsänderungen auf Wunsch von Aktionären sind oft nur schwer umsetzbar. Deutlich effizienter ist unter praktischen Gesichtspunkten der informelle Austausch zwischen institutionellen Investoren börsennotierter Gesellschaften und dem Vorstand außerhalb der Hauptversammlung. Im Rahmen dieser Investorengespräche können Aktionäre ihre Haltung zur Digitalisierung des Unternehmens zum Ausdruck bringen und entsprechende Forderungen stellen. Bei fehlender Reaktion des Vorstands und dem damit verbundenen Vertrauensverlust können ernste Konsequenzen bis hin zur Desinvestition die Folge sein.

3. Kein Digitalisierungsverzicht möglich

31 Es mag einzelne kleinere Unternehmen geben, die bewusst auf eine Digitalisierung verzichten, weil sie digitale Technologien für ihr Geschäftsmodell nicht brauchen und daher als überflüssig ansehen. Als Beispiel könnte man sich einen handwerklichen Schumacher-Betrieb vorstellen, der sich den traditionellen Fertigungsmethoden verschrieben hat und ohne oder nur sehr begrenztem Personal arbeitet. Aber auch ein Handwerksbetrieb muss eine Reihe von digitalen Tools nutzen, die der Gesetzgeber vorschreibt, denn die öffentliche Verwaltung digitalisiert sich auch. So kann z.B. die Steuererklärung heute nur noch digital abgegeben werden, Anmeldungen zum Handelsregister haben elektronisch zu erfolgen. Und noch einschneidender: Das Finanzamt akzeptiert heute nur noch elektronische Umsatz- und Lohnsteueranmeldungen sowie Jahressteuererklärungen, um nur einige wenige Beispiele zu nennen.

32 Für größere Unternehmen, die in der Rechtsform der Aktiengesellschaft betrieben werden, gilt es eher über Art und Umfang der digitalen Transformation zu befinden und nicht über „digital Detox".

III. Rechtliche Anforderungen der digitalen Transformation

33 Entscheidet sich der Vorstand für eine digitale Transformation seines Unternehmens unter Nutzung von Cloud-Plattformen, digitalen Diensten, Daten Analysen und Künstlicher Intelligenz, ergeben sich weitere Rechtsfragen. Welche Daten-Sicherheitsvorschriften sind einzuhalten, was bedeutet Digitalisierung dann für den Datenschutz und müssen da-

rüber hinaus ethische Leitlinien beachtet werden? Diesen Rechtsrahmen gilt es kurz auszuleuchten.

1. Datensicherheit gewährleisten

Die Gewährleistung von Daten- oder Cybersicherheit ist eine Grund- 34
voraussetzung für die erfolgreiche digitale Transformation.[25] Datensicherheit ist im Rahmen der Digitalisierung „Chefsache" und Vorstandsaufgabe.[26] Das soll aber nicht heißen, dass jeder „Chef" auch IT-Spezialist sein muss. Für den Vorstand ist Datensicherheit in erster Linie eine Managementaufgabe, eine unternehmerische Organisationsaufgabe. Das Gremium Vorstand muss ein Grundverständnis zum Thema Digitalisierung haben, wozu auch die IT-Sicherheit oder – moderner ausgedrückt – die Cybersicherheit gehört.

a) Schwachstellen in Software

Software und Softwaresysteme sind generell fehleranfällig, trotz aller Be- 35
mühungen um „Security by Design", also der Berücksichtigung von Sicherheitsaspekten schon bei der Softwarentwicklung. Beispielhaft sei die Schwachstelle beim Microsoft Exchange Server genannt, die in 2021 vielen Unternehmen Probleme bereitet hat.[27]

Fast täglich ist in den Zeitungen von Hackerangriffen, Datenklau[28] und 36
Erpressungsversuchen über Verschlüsselung von Unternehmensdaten[29] zu lesen. Nach Einschätzung des Bundesamtes für Sicherheit in der Informationstechnik – BSI – entwickeln sich aktuell die Cyber-Erpressungen zur größten Bedrohung. Und die Erfahrung zeigt, dass praktisch jedes Unternehmen schon einmal Opfer eines Hackerangriffs wurde. Auch der Telekom ist das mehr als einmal passiert. Ich erinnere etwa an die großflächige Störung von DSL-Internetzugängen im Jahre 2016 durch

---

25 *Kremer* in Bär/Grädler/Mayr, Digitalisierung im Spannungsfeld von Politik, Wirtschaft, Wissenschaft und Recht, 2018, S. 201 ff.

26 So die plakative Formulierung bei *Spindler*, ZGR 2018, 17, 40; *Kort* in Großkomm. AktG, 5. Aufl. 2015, § 76 AktG Rz. 37 und *Noack*, ZHR 183 (2019), 105, 124 f.; ausdrücklich geregelt ist das für Kreditinstitute – § 25a KWG.

27 Dazu *BSI*, Die Lage der IT-Sicherheit in Deutschland 2021, S. 27, www.bsi. bund.de.

28 Beispiel: Hackerangriff auf das Rote Kreuz, Unbekannte haben die Daten von mehr als 500.000 Schutzbedürftigen erbeutet; ZEIT-Online v. 20.1.2022.

29 Z.B. Ransomware Angriffe auf Krankenhäuser.

einen Angriff des Mirai Botnetzes, der zu einem zeitweisen Ausfall von ca 900.000 Internetanschlüssen in Deutschland führte.[30]

37 Diese Beispiele unterstreichen, dass jeder Vorstand im Rahmen der Digitalisierung seines Unternehmens ein besonderes Augenmerk auf das Thema Datensicherheit zu legen hat.

b) Anforderungen an Datensicherheit festlegen

38 Zu den Aufgaben des Vorstands gehört es, die Grundsätze für die Daten Sicherheit im Unternehmen zu formulieren, für eine angemessene Organisation einschließlich der Prozesse zu sorgen und diese zu überwachen. Hierfür bietet z.b. der IT-Grundschutz Standard des BSI eine gute Grundlage.[31]

39 Inhaltlich orientieren sich die Maßnahmen an den wesentlichen Risiken, die sich aus dem IT-Portfolio des Unternehmens ergeben. Die in den eigenen IT-Systemen verbauten Komponenten müssen dem aktuellen Sicherheitsstandard entsprechen und auf diesem Standard gehalten werden. Das heißt: Sicherheitsupdates, die von Herstellern wie Microsoft, Apple oder anderen bereitgestellt werden, müssen auch auf die IT-Systeme aufgespielt werden. Dies erfordert organisatorische Maßnahmen, um Betriebsstörungen zu verhindern. Besonders kritisch sind Komponenten oder Systeme, für die der Hersteller die „Wartung" eingestellt hat, also keine Sicherheitsupdates mehr zur Verfügung stellt. Diese sollten planmäßig ersetzt werden. Und für den Fall, dass es doch einmal zu einem größeren Ausfall kommt, sind Notfallmaßnahmen erforderlich, z.B. ein Business Continuity Management.[32]

40 Trotz aller Technisierung: ein erhebliches Risiko im Bereich der Daten-Sicherheit ist immer noch der Mensch, der vor dem Computer sitzt und ihn bedient. Daher gehören neben dem fachlich qualifizierten Personal insbesondere Schulungsmaßnahmen, die die Sensibilität für die Datensicherheit hochhalten, zu den wesentlichen Sicherheitsmaßnahmen. Sie müssen regelmäßig wiederholt werden.

---

30 Dazu *BSI*, Die Lage der IT-Sicherheit in Deutschland 2017, S. 15, www.bsi. bund.de.

31 *BSI*, Informationssicherheit mit System – Der IT-Grundschutz des BSI, www.bsi.bund.de; dazu *Spindler*, ZGR 2018, 17, 41.

32 Dazu *Noack*, ZHR 183 (2019), 105, 126; praktisches Beispiel BSI Standard 200-4; www.bsi.bund.de.

c) Organisation der Datensicherheit im Unternehmen

Um den Vorstand von den Spezialisten-Aufgaben zu entlasten, ist bei 41
großen Unternehmen die Einrichtung eines „Chief Security Officers"
oder kurz CSO (Beispiele Siemens, Lufthansa, Telekom, Vodafone) oder
jedenfalls eines „Chief Information Security Officer" (CISO) verbreitet,
der fachlich die Durchführung, Einhaltung und Entwicklung von sicher-
heitsrelevanten Themen oder – bei der begrenzteren Rolle des CISO –
die Informations- und Daten Sicherheit verantworten.[33]

Diese Fachleute für IT- und Daten Sicherheit sind dann für die operati- 42
ven Sicherheitsthemen verantwortlich. Sie haben in der Regel eine unmittelbare Berichts Linie zum Vorstand.

Das Sicherheitsthema ist – unbeschadet der Gesamtverantwortung des 43
Vorstands – häufig Gegenstand einer horizontalen Delegation im Vorstand. Dabei wird in der Regel kein besonderes Sicherheits-Ressort ge-
bildet, sondern die Aufgabe mit anderen kombiniert, z.B. das Thema
Sicherheit mit einem Technik Ressort oder einem Compliance-Ressort
verbunden. Neben Aufgaben des Tagesgeschäfts bereitet der Ressortvor-
stand die Entscheidungen des Gesamtvorstands für den Sicherheits-
bereich vor.

2. Wirksamen Datenschutz implementieren

Durch die digitale Transformation gewinnt ebenso der Datenschutz zu- 44
nehmend an Bedeutung. Je mehr personenbezogene Daten über Mitarbeiter, Kunden, Lieferanten und Geschäftspartnern digital erfasst,
gespeichert und verarbeitet werden, desto mehr gewinnt das Thema Datenschutz an Sichtbarkeit und Relevanz. Den Rechtsrahmen für den Datenschutz bildet die europäische Datenschutzgrundverordnung – kurz
DSGVO. Danach dürfen personenbezogene Daten nur eingeschränkt
verarbeitet werden (Verbot mit Erlaubnisvorbehalt). Die wesentlichen
Grundsätze finden sich in Artikel 5 – Stichworte: Rechtmäßigkeit und
Transparenz, Zweckbindung und Speicherbegrenzung. Aus Sicht des
Vorstands ist die Beachtung der Datenschutzvorschriften von hoher Relevanz, um das Kundenvertrauen zu gewinnen oder aufrecht zu erhal-

---

33 Beispiel Volkswagen und im Überblick: Chief Information Security Officer –
www.de.wikipedia.org.

ten, aber auch wegen des bei Verstößen drohenden Bußgeldes von bis zu 20 Mio Euro oder bis zu 4 % des Jahresumsatzes.[34]

45 Um die Einhaltung der Regelungen zu gewährleisten, müssen technische und organisatorische Maßnahmen getroffen werden, wie sich im Einzelnen aus Art. 25 DSGVO ergibt. Das sind Compliance Verpflichtungen, die auf dem Vorstand als dem „Verantwortlichen" lasten und die ernst genommen werden müssen. Das hört sich einfach an, angesichts der Vielzahl von IT-Systemen mit personenbezogenen Daten, über die größere Unternehmen verfügen, ist das oftmals eine Mammutaufgabe. In der digitalen Welt findet Datenschutz ganz überwiegend in den IT-Systemen statt, so dass die Datenschutz-Juristen und die IT-Experten eng zusammenarbeiten müssen, um einen wirksamen Datenschutz zu erreichen.

46 Die Datenschutzanforderungen sollten schon im Entwicklungsprozess digitaler Produkte mitberücksichtigt werden („Privacy by design"). Dadurch wird auch dem Prinzip Datenschutz durch Technikgestaltung aus Artikel 25 DSGVO Rechnung getragen.

47 Und um noch mit einem verbreiteten Missverständnis aufzuräumen: Verantwortlicher für die Datenverarbeitung nach der DSGVO ist der Vorstand und nicht der Datenschutzbeauftragte, den es in vielen Unternehmen gibt. Die Beauftragung für den Datenschutz zieht nicht die Verantwortung nach sich.

3. Sonderfall Kritische Infrastrukturen (KRITIS)

48 Bei der Entscheidung über das „wie" der Daten-Sicherheit hat der Vorstand sicher einen Ermessensspielraum. Diesen Spielraum hat der Gesetzgeber aber für einige Branchen eingeschränkt. Insbesondere im Bereich der Kritischen Infrastrukturen (KRITIS), also beispielsweise bei der Strom- und Wasserversorgung, im Gesundheitswesen, Finanzwesen oder Telekommunikation hätte ein Ausfall oder eine Beeinträchtigung dramatische Folgen für Wirtschaft, Staat und Gesellschaft.[35]

---

34 Zum Bußgeldkatalog und zur Berechnung des Bußgeldes siehe www.Daten schutz.org/DSGVO-Bußgeld.
35 Siehe www.bsi.bund.de/It-Sicherheitsgesetz, S. 5.

a) Zwingende Sicherheitsvorgaben

KRITIS Betreiber sind nach dem It-Sicherheitsgesetz des Bundes[36] verpflichtet, angemessene Vorkehrungen zur Vermeidung von Störungen der informationstechnischen Systeme, Komponenten und Prozessen nach dem neuesten Stand der Technik umzusetzen. Hierzu gehören z.B. Systeme zur Erkennung von Internetangriffen. Die Erfüllung dieser Anforderung muss regelmäßig alle zwei Jahre gegenüber dem Bundesamt für Sicherheit in der Informationstechnik (BSI) nachgewiesen werden. Störungen der Systeme sind gegenüber dem BSI meldepflichtig. Zur Feststellung des „Standes der Technik" können branchenspezifische Sicherheitsstandards erarbeitet werden, deren Eignung vom BSI geprüft und zertifiziert wird.[37] Durch die Neufassung des It-Sicherheitsgesetzes in 2021 werden erhöhte Sicherheitsanforderungen auch Unternehmen von besonderem öffentlichem Interesse auferlegt. Hierzu gehört die Rüstungsindustrie und Unternehmen von „volkswirtschaftlicher Bedeutung".

49

b) Insbesondere Telekommunikationsunternehmen

Das Telekommunikationsgesetz (TKG) verpflichtet den Betreiber ausdrücklich zum Schutz der personenbezogenen Daten und des Fernmeldegeheimnisses. Die Infrastruktur ist vor Störungen und Risiken zu schützen, die Verfügbarkeit der Dienste ist sicherzustellen. Dazu hat das Unternehmen technische Vorkehrungen und sonstige Maßnahmen zu treffen, wie die Erstellung von Sicherheitskonzepten und die Benennung von Sicherheitsbeauftragten. Geeignete, erforderliche und angemessene Vorkehrungen und Maßnahmen sind zu treffen. Um dies zu konkretisieren hat die Bundesnetzagentur – BNetzA – auf Basis des IT-Sicherheitsgesetzes einen umfangreichen Katalog von Sicherheitsanforderungen vorgegeben, der ständig aktualisiert wird.[38]

50

---

36 Zweites Gesetz zur Erhöhung der Sicherheit informationstechnischer Systeme, BGBl. 2021, Teil I Nr. 25 vom 27.5.2021, „It-Sicherheitsgesetz 2.O".
37 Beispiel: Sicherheitsstandard Datacenter & Hosting.
38 Katalog von Sicherheitsanforderungen für das Betreiben von Telekommunikations- und Datenverarbeitungssystemen sowie für die Verarbeitung personenbezogener Daten nach § 109 TKG (Version 2.0 – Stand 29.4.2020) mit Allgemeinverfügung; www.bundesnetzagentur.de.

51 Telekommunikationsunternehmen sind zudem verpflichtet, ihre Kunden zu warnen, wenn deren Geräte durch Cyberangriffe kompromittiert sind und sie über Wege zur Beseitigung der Störung zu unterrichten.

c) Insbesondere Banken und Versicherungen

52 Für Kreditinstitute und Finanzdienstleistungsinstitute hat die BaFin besondere aufsichtsrechtliche Anforderungen an die IT (BAIT) erlassen,[39] die sehr detaillierte Anforderungen an die Handhabung der IT-Sicherheit stellen. Danach hat die Geschäftsleitung eine mit der Geschäftsstrategie konsistente IT-Strategie mit vorgegebenen Mindestinhalten festzulegen. Die Geschäftsleitung ist auch verantwortlich, auf Basis der IT-Strategie eine geeignete IT-Aufbau- und Ablauforganisation festzulegen (IT-Governance) und bei Veränderungen zeitnah anzupassen.

d) Web-Services

53 Auch Anbieter digitaler Dienste wie z.B. Online-Shops müssen besondere Maßnahmen zum Schutz der Kundendaten und der verwendeten IT-Systeme treffen. Sie haben geeignete und verhältnismäßige technische und organisatorische Maßnahmen zu treffen, um Risiken für die Sicherheit zu bewältigen.[40]

4. Corporate Digital Responsibility (CDR)

54 Die zunehmende Digitalisierung der Unternehmenstätigkeit und insbesondere der Einsatz von Künstlicher Intelligenz bringt nicht nur eine höhere Effizienz, sondern kann auch Skepsis und sogar Ängste verursachen. Was machen die Maschinen mit meinen Daten, werde ich zum gläsernen und nicht mehr selbstbestimmten Menschen? Haben wir einen menschlichen Kontrollverlust?

55 Unwissen und Intransparenz führen zu Unsicherheit bei Kunden, weiteren Stakeholdern und in der Gesellschaft. Kommen Datenschutzvorfälle oder Sicherheitsprobleme hinzu, können Kunden ernsthaft verunsichert werden und sich vom Unternehmen abwenden. Und verlorenes Kundenvertrauen zurückzugewinnen ist kein einfacher Prozess.

---

39 Rundschreiben 10/2017 (BA) in der Fassung vom 16.8.2021.
40 Siehe zu den einzelnen Anforderungen die Auflistung in § 8c BSI-Gesetz.

Das stellt den Vorstand vor neue Herausforderungen, die man unter dem   56
Begriff der Corporate Digital Responsibility zusammenfassen kann. Dabei geht es nicht nur um die Einhaltung aktueller rechtlicher Vorschriften. Was kann der Vorstand tun, um sich den Sorgen seiner Kunden und
den übrigen Stakeholdern zu stellen? Bei diesem Thema hat der Vorstand einen weiten Ermessensspielraum, der von einem gänzlichen Verzicht auf weitergehende Maßnahmen bis hin zur Verabschiedung frei-
williger ethischer Regeln, die das Unternehmen über die gesetzlichen
Vorgaben hinaus binden, reicht. Stets geht es darum, den verantwortungsvollen Umgang mit den neuen Technologien und ganz besonders
mit der KI aufzuzeigen.[41] Hierzu einige Beispiele: Die Deutsche Telekom hat im Jahr 2018 Leitlinien für den verantwortungsvollen Umgang
mit Künstlicher Intelligenz veröffentlicht. Es soll transparent werden,
nach welchen Grundsätzen der Einsatz von Künstlicher Intelligenz erfolgt und wie möglichen Fehlentwicklungen vorgebeugt werden soll.
Die Aufgaben des bestehenden Datenschutzbeirats wurden um die ethischen Fragestellungen ergänzt. Auch die SAP hat entsprechende Leitlinien entwickelt und zusätzlich einen externen Ethik-Beirat für Künstliche Intelligenz ins Leben gerufen. Auch die Unternehmensgruppe
OTTO hat sich unter dem Begriff des „Responsible Commerce" Leitlini-
en zum verantwortungsvollen Umgang mit Künstlicher Intelligenz gegeben. Zusätzlich wurde eine Ethikkommission gegründet, die die Einhaltung der ethischen Anforderungen auf den Produktplattformen von
OTTO überprüft.

In einem unternehmens- und branchenübergreifenden Ansatz hat das   57
Bundesministerium der Justiz und für Verbraucherschutz im Jahre 2018
eine Initiative ins Leben gerufen, die dem Erfahrungsaustausch unter
Unternehmen und der Entwicklung von Best Practice Beispielen dient.[42]
Nach Vorlage erster Ergebnisse erscheint die weitere Entwicklung dieser
Initiative nach heutigem Stand ungewiss.

Die Bundesregierung hat eine Datenethikkommission berufen, die im   58
Oktober 2019 ein umfangreiches Gutachten vorgelegt hat. Das Gutachten zeigt einen Entwicklungsrahmen für die Datenpolitik von Regierung
und Parlament auf und plädiert u.a. für eine menschenzentrierte und
werteorientierte Gestaltung digitaler Technologie.[43]

---

41 Siehe dazu *Noack* in FS Windbichler, 2020, S. 947, 960.
42 Siehe www.bmjv.de/CDR-Initiative; www.cdr-initiative.de.
43 Gutachten der Datenethikkommission, www.datenethikkommission.de.

59 Auch die Enquete-Kommission Künstliche Intelligenz des Deutschen
Bundestages (2019/2020) hat Vorschläge für eine politische Gestaltung
der KI unterbreitet und einen werteorientierten Einsatz der KI zum
Wohl von Menschen und Umwelt vorgeschlagen.[44] Auch wenn nach
dem aktuellen Stand dieser Initiative nur Vorschläge und Empfehlungen, aber keine Regulierung Gegenstand der Überlegungen sind, muss
man kein Prophet sein, um weitere Regulierungsmaßnahmen vorherzu-
sagen.[45] Auf europäischer Ebene liegt jedenfalls seit April 2021 ein Ver-
ordnungsvorschlag der Europäischen Kommission zur Regulierung von
Künstlicher Intelligenz auf dem Tisch.[46]

IV. Digitalisierung bei Kontrollaufgaben

60 Neben den unternehmerischen Aufgaben mit weitem oder eingeschränk-
tem Ermessensspielraum treffen den Vorstand auch gebundene Leitungsaufgaben oder Pflichtaufgaben. Hierzu gehören neben der Rechnungslegung insbesondere das Risikomanagement und die weiteren internen
Kontrollen. Hinzu kommt noch das Thema Compliance, falls man es
nicht schon als unter internes Kontrollsystem erfasst ansieht. Es stellt
sich dann die Frage, ob der Vorstand gehalten ist, zur Erfüllung seiner
Pflichtaufgaben digitale Technologien wie Algorithmen mit machine
learning oder Künstlicher Intelligenz einzusetzen. Digitale Technologien und Systeme können zu einer effizienteren Aufgabenerfüllung beitragen und die Kontrollen erheblich wirksamer machen.

1. Risikomanagement, interne Kontrollen, interne Revision, Compliance

61 Was genau Inhalt der genannten Pflichtaufgaben ist, bleibt oft unscharf.
Die Begrifflichkeiten sind nicht selbsterklärend. Üblicherweise unterscheidet man zwischen dem internen Kontrollsystem (IKS), dem Risikomanagementsystem (RMS), dem internen Revisionssystem (IRS) und

---

44 Bericht der Enquete-Kommission Künstliche Intelligenz – Gesellschaftliche
Verantwortung und wirtschaftliche, soziale und ökologische Potenziale, BT-
Drucks. 19/23700, S. 28.
45 Siehe etwa *Seibert* in FS Windbichler, 2020, S. 1081, 1088; *Noack*, ZHR 183
(2019), 105, 112.
46 Vorschlag für eine Verordnung des Europäischen Parlaments und des Rates
zur Festlegung harmonisierter Vorschriften für Künstliche Intelligenz (Gesetz
über Künstliche Intelligenz) und zur Änderung bestimmter Rechtsakte der
Union vom 21.4.2021 – COM (2021) 206 final.

dem Compliance Management System (CMS).[47] Diese betriebswirtschaftliche Kategorisierung hat sich zwischenzeitlich auch im rechtswissenschaftlichen Schrifttum durchgesetzt,[48] auch wenn die rechtlichen Anforderungen von den betriebswirtschaftlichen divergieren können.

Zum erforderlichen Risikomanagement gibt es schon länger einen Streit **62** zwischen der betriebswirtschaftlichen Literatur, die – unterstützt durch die Abschlussprüfer – ein umfassendes Risikomanagement als Pflichtaufgabe für erforderlich halten[49] und der überwiegenden Meinung im juristischen Schrifttum, die gestützt auf § 91 Abs. 2 AktG nur ein Risikomanagementsystem für bestandsgefährdende Risiken als erforderlich ansieht.[50] Dieser Streit dürfte sich nach der Einführung des neuen § 91 Abs. 3 AktG durch das Gesetz zur Stärkung der Finanzmarktintegrität – kurz FISG – wesentlich entschärft haben. Danach ist börsennotierten Gesellschaften die Einrichtung eines im Hinblick auf den Umfang der Geschäftstätigkeit und die Risikolage des Unternehmens angemessenes und wirksames Risikomanagementsystem vorgeschrieben, ohne die Begrenzung auf bestandsgefährdende Risiken. Die Begründung des FISG deutet darauf hin, dass entsprechendes über § 93 Abs. 1 AktG auch für die nicht börsennotierten Gesellschaften gelten soll.[51]

2. Wirksamkeitserfordernis

Die rechtlichen Anforderungen an die Qualität dieser Managementsys- **63** teme sind nicht ausdrücklich geregelt. Daher ist § 93 Abs. 1 AktG, also die Sorgfaltspflicht eines ordentlichen Geschäftsleiters, zu konkretisieren. Aus § 107 Abs. 3 AktG lässt sich jedenfalls entnehmen, dass das interne Kontrollsystem, das Risikomanagementsystem und das interne Revisionssystem wirksam sein müssen. Denn diese Wirksamkeit hat ein

---

47 So etwa *Fischer/Schuck*, NZG 2021, 534; näher zum Risikomanagement *Schuler* in FS Schwintowski, 2017, S. 960 ff.

48 Siehe § 107 Abs. 3 AktG; vgl. *Habersack* in MünchKomm. AktG, 5. Aufl. 2019, § 107 AktG Rz. 115; *Dreher/Hoffmann*, ZGR 2016, 445, 449 f.

49 *Lück*, DB 1998, 8 ff.; *Gleißner*, WPg 2017, 158; ebenso DCGK Grds 4.

50 *Hüffer/Koch*, 15. Aufl. 2021, § 91 AktG Rz. 9; *Ihrig/Schäfer*, Rechte und Pflichten des Vorstands, 2. Aufl. 2020, Rz. 571; *Bachmann* in Kremer/Bachmann/Lutter/v. Werder, DCGK, 8. Aufl. 2021, Grds 4 Rz. 2.

51 Begr. RegE FISG, S. 116: „Für die Vorstandsmitglieder nicht börsennotierter Gesellschaften kann die Pflicht zur Einrichtung entsprechender Systeme weiterhin aus der sie treffenden Sorgfaltspflicht nach § 93 Absatz 1 AktG folgen."

eingerichteter Prüfungsausschuss nach dem Gesetz zu überwachen. In eine ähnliche Richtung weist der Mitte Juni 2021 durch das Finanzmarktintegritätsstärkungsgesetz (FISG) neu eingeführte § 91 Abs. 3 AktG, der ausdrücklich festgelegt, dass der Vorstand einer börsennotierten Gesellschaft ein angemessenes und wirksames internes Kontrollsystem und Risikomanagementsystem einzurichten hat, das dem Umfang der Geschäftstätigkeit und der Risikolage des Unternehmens Rechnung trägt.

64 Unscharf bleiben die inhaltlichen Anforderungen der Kriterien „angemessen" und „wirksam".[52] Aus der Gesetzesbegründung des FISG lässt sich entnehmen, dass ein System dann wirksam ist, wenn es zur Aufdeckung, Steuerung und Bewältigung aller wesentlicher Risiken geeignet ist.[53] Das Kriterium der Angemessenheit verdeutlicht, dass die Systeme zwar nicht allumfassend zu sein haben, aber – gemessen an der Risikolage – verhältnismäßig sein müssen. Die Maßnahmen, die insgesamt das interne Kontrollsystem und des Risikomanagementsystem bilden, müssen demnach den Kriterien der Geeignetheit, Erforderlichkeit und Verhältnismäßigkeit entsprechen. Das bestätigt auch ein Blick auf das Wirksamkeitskriterium in § 107 Abs. 3 AktG. Danach ist Wirksamkeit gegeben, wenn die entsprechenden Systeme eingerichtet sind, ihrer Art und Konzeption nach angemessen sind und auch tatsächlich vollzogen werden. Alle wesentlichen Risiken müssen durch die Systeme sicher erkannt werden.[54] Die gleiche Frage stellt sich hinsichtlich eines Compliance Management Systems. Muss auch ein CMS angemessen und wirksam sein? Betrachtet man das CMS – entgegen der vorherrschenden Auffassung – als ein Teil des IKS, beantwortet sich die Frage von selbst. Sonst muss man für dieses Ergebnis die Auslegung des § 93 Abs. 1 AktG bemühen.

3. Gesteigerte Wirksamkeit durch digitale Technologien

65 Heute verfügen die Unternehmen über eine Vielzahl von Daten, die Informationen zu Marktentwicklungen, Produktentwicklungen, Vertriebszahlen, Planungsannahmen, Produktionsabläufe, technische Risiken und vieles mehr enthalten. Sicher ist, dass die systematische Analyse dieser Daten wesentliche Erkenntnisse zur Risikolage des Unternehmens generieren kann. Über digitale Technologien können diese Daten aufge-

---

52 Siehe zu § 91 Abs. 3 AktG etwa *DAV*, NZG 2020, 1380, 1383.
53 Begr. RegE FISG; S. 133; www.bmjv.de.
54 Vgl. *Habersack* in MünchKomm. AktG, 5. Aufl. 2019, § 107 AktG Rz. 115.

arbeitet und analysiert werden – und das mit hoher Geschwindigkeit und Genauigkeit. Menschliche Informationsverarbeitung ist oftmals unvollkommen, die Verfügbarkeit von Gedächtnisinhalten im Rahmen der menschlichen Analyse ist begrenzt.[55]

In diesem Bereich ist schon heute die Algorithmus-gesteuerte Datenanalyse verbreitete Praxis in den Unternehmen. Durch Einsatz von maschinell lernenden Systemen werden die Analysetools in ihrer Effizienz weiter gesteigert und die Möglichkeiten zur Aufdeckung, Steuerung und Bewältigung von Risiken weiter verbessert.   66

Daher wird ein Vorstand bei der Ausgestaltung seiner Systeme zur internen Kontrolle und zum Risikomanagement an dem Thema Digitalisierung und Data Analytics nicht vorbeikommen.[56] Die technische Entwicklung im Bereich der Datenanalyse, insbesondere in Kombination mit Künstlicher Intelligenz, verläuft rasant. Es kommen in kurzen Abständen immer neue Analyse-Tools, insbesondere von Startups, auf den Markt. Führend sind in der Regel amerikanische und israelische Unternehmen. Unter dem Gesichtspunkt der Verhältnismäßigkeit ist der Vorstand aber keineswegs verpflichtet, jeder Neuentwicklung hinterher zu laufen. Er kann sich auf in der Praxis bewährte Analysetools begrenzen und auch einen – gemessen an der Risikolage – angemessen Kostenrahmen einhalten.   67

V. Fazit/Thesen

1. Digitalisierung ist mehr als nur die Einführung neuer Software. Cloud Computing, Algorithmen, Machine Learning und Künstliche Intelligenz verändern die internen Strukturen und Prozesse eines Unternehmens, stellen neue Anforderungen an die Mitarbeitenden und die Ausgestaltung der Kundenbeziehungen. Es geht um die digitale Transformation in den Unternehmen. Die Pandemie hat diese Transformation beschleunigt.   68

2. Ausmaß und Ausgestaltung der digitalen Transformation sind Leitungsentscheidungen des Vorstands nach § 76 AktG. Im Rahmen seiner Sorgfaltspflichten hat der Vorstand einen weiten Gestaltungsspielraum. Treiber der digitalen Transformation sind die erwartete

---

55 Vgl. *Habersack* in MünchKomm. AktG, 5. Aufl. 2019, § 107 AktG Rz. 115.
56 Vgl. dazu *Spindler*, ZGR 2018, 17, 43: Den Verzicht auf den Einsatz solcher Tools wird eine Geschäftsführung kaum noch rechtfertigen können.

Steigerung der Produktivität, eine deutliche Kostensenkung und eine höhere Effizienz in den Abläufen. Für eine erfolgreiche digitale Transformation ist die Verankerung in der Unternehmensstrategie notwendig.

3. Die digitale Transformation ist Gegenstand insbesondere der Beratung des Vorstands durch den Aufsichtsrat nach § 111 AktG. Als Gegenstand der Strategie stimmt der Vorstand die digitale Transformation mit dem Aufsichtsrat ab. Nur wenige Aufsichtsräte haben sich bisher dafür entschieden, die Digitalisierung als eigenes Vorstandsressort auszugestalten. Vorgaben der Satzung zur Digitalisierung sind – außerhalb der Digitalwirtschaft – nicht verbreitet. Institutionelle Investoren können über den Investor Relations Dialog auf die Digitalisierung einwirken.

4. Beim Einsatz neuer digitaler Technologien hat der Vorstand insbesondere auf eine angemessene Datensicherheit (Cybersicherheit) zu achten. Software-Schwachstellen sind die ständigen Begleiter der Digitalisierung und ermöglichen Dritten den Zugriff auf interne Daten (Hackerangriffe). Daher sind Prozesse zum systematischen Aufspielen von Sicherheitsupdates und zum Ausphasen von IT-Systemen, deren Sicherheit nicht mehr gewährleistet, essenziell. Gleiches gilt für die Mitarbeiterschulung. Beim Thema Datenschutz kommt es insbesondere darauf an, dass die IT-Systeme der europäischen Datenschutzgrundverordnung entsprechen. Die Verantwortung für den Datenschutz liegt beim Vorstand und nicht beim Datenschutzbeauftragten.

5. Die Betreiber Kritischer Infrastrukturen – KRITIS – wie z.B. Wasser- und Energieversorgungswirtschaft, Gesundheitswesen, Finanzwesen und Telekommunikation – haben für ein erhöhtes Maß an Sicherheit zu sorgen, denn ein Ausfall oder eine Beeinträchtigung hätte erhebliche Folgen für Wirtschaft, Staat und Gesellschaft. Das Sicherheitsniveau (Stand der Technik) wird über staatlich geprüfte und zertifizierte Standards definiert, die Einhaltung staatlich geprüft und bei Störungen bestehen Meldepflichten des Betreibers.

6. Unter dem Stichwort Corporate Digital Responsibility werden freiwillige Maßnahmen verstanden, um das Vertrauen von Kunden und Gesellschaft in digitale Technologien wie insbesondere die Künstliche Intelligenz zu steigern. Der Handlungsrahmen umfasst beispielhaft Transparenzmassnahmen, ethische Leitlinien zum Verantwortungsvollen Umgang mit Künstlicher Intelligenz und den Austausch

von Best Practice zwischen Unternehmen. Es besteht derzeit keine Verpflichtung des Vorstands, sich an entsprechenden Maßnahmen zu beteiligen.

7. Der Vorstand ist verpflichtet, wirksame Kontrollsysteme einzurichten (vgl. § 93 Abs. 3, § 107 Abs. 3, § 93 Abs. 1 AktG). Hier geht es um die Themen: Risikomanagementsystem, Internes Kontrollsystem, Interne Revision und das Compliance Management System. Im Rahmen dieser Pflichtaufgaben kann z.b. der Einsatz von digitalen Technologien wie etwa Data Analytics oder Künstliche Intelligenz zu einem deutlich besseren Kenntnisstand und zu höherer Effizienz führen. Bewährte digitale Tools sind deshalb auch von Rechts wegen einzusetzen, sofern sie sich in einem angemessenen, an der Risikolage orientierten Kostenrahmen halten.

117

Bericht über die Diskussion des Referats Kremer

Johannes Ahlswede
Rechtsanwalt, München

1   Nach einer spannenden „Tours d' Horizon" durch die Welt der Digitalisierung in Unternehmen eröffnete S. *Kalss* (Wirtschaftsuniversität Wien) die Diskussion im Anschluss des Referats von *T. Kremer*. S. *Kalss*, die zugleich die Leitung der Diskussion übernahm, betonte gleich zu Beginn, dass sie besonders beeindruckt davon gewesen sei, dass der Referent fünf Mal auf das Thema Vertrauen zu sprechen gekommen sei. Dies sei aus ihrer Sicht der eigentlich entscheidende Aspekt für den Schritt von Unternehmen in die „neue Welt" der Digitalisierung.

2   S. *Kalss* stellte sodann die erste Frage an *T. Kremer*. Sie fragte, wie weit es dem Vorstand einer Aktiengesellschaft möglich und gestattet sei, künstliche Intelligenz insbesondere im Zusammenhang mit Datenauswertungen einzusetzen. Insbesondere interessiere sie der Umfang des Einsatzes von künstlicher Intelligenz im Zusammenhang mit digitalen Datenauswertungen im Unternehmen. *T. Kremer* entgegnete dem, dass der Einsatz von künstlicher Intelligenz im Zusammenhang mit Datenauswertungen durch den Vorstand grundsätzlich zulässig sei. In jedem Fall sei jedoch zu beachten, dass der Vorstand selbst noch eine Kontrolle über die Auswertung der Daten haben müsse. Dieser Kontrollverpflichtung könne sich der Vorstand nicht entledigen. Die Besonderheit an der künstlichen Intelligenz sei, dass man den genauen Weg der Ergebnisfindung nicht immer nachvollziehen könne. Dies sei gerade ein Spezifikum der künstlichen Intelligenz. Insofern liege ein bedeutender Unterschied zum üblichen Prozess-Controlling vor. Daher sei der Vorstand im Zusammenhang mit dem Einsatz von künstlicher Intelligenz insbesondere im Hinblick auf zwei Aspekte gefragt: Zum einen müsse er überprüfen, welche Daten in die künstliche Intelligenz einfließen, und zugleich sei er gefordert zu überprüfen, welche Ergebnisse am Ende die künstliche Intelligenz produziere. Gerade der erste der vorgenannten Aspekte sei besonders wichtig, da künstliche Intelligenz immer nur so gut sein könne, wie die Daten, die in sie eingeflossen seien. Zugleich betonte *T. Kremer*, dass der Einsatz von künstlicher Intelligenz in Unternehmen jedoch ohnehin noch nicht besonders verbreitet sei; maximal 30 % der Unternehmen würden sich nach seiner Sichtweise mit Themen der künstlichen

Intelligenz überhaupt erst befassen. Es handele sich dabei um eine Zukunftstechnologie, die noch nicht in allen Unternehmen angekommen sei.

Als nächster Diskutant übernahm *J. Vetter* (Rechtsanwalt, München) 3 das Wort. Er habe sich im Zusammenhang mit dem Vortrag gefragt, was die Rolle des Aufsichtsrats im Rahmen des Digitalisierungsprozesses von Unternehmen konkret sei. *T. Kremer* hätte betont, dass dem Aufsichtsrat eine besonders wichtige Rolle im Rahmen der Überwachung des Vorstands bezüglich der fortschreitenden Digitalisierung im Unternehmen zukäme. Ihn würde jedoch interessieren, was diesbezüglich die konkreten Maßstäbe im Hinblick auf die Überwachung des Vorstands durch den Aufsichtsrat seien. Typischerweise könne ein Aufsichtsratsmitglied die Tätigkeiten des Vorstandes im Digitalisierungsbereich allenfalls auf Plausibilität überprüfen, jedoch nicht darüber hinaus. *J. Vetter* fragte daher, ob es überhaupt denkbar sei, dass heute in einem größeren Unternehmen kein Digitalisierungsexperte im Aufsichtsrat vertreten sei, der die Digitalisierungsstrategie des Vorstands nicht nur auf Plausibilität überprüfen, sondern die Digitalstrategie mit dem Vorstand beraten und gegebenenfalls sogar eigene Impulse geben könne. Die meisten Aufsichtsräte von Aktiengesellschaften, die er kenne, hätten noch kein Mitglied mit ausreichender Digitalexpertise in ihren Reihen. Nach dem Vortrag von *T. Kremer* hätte er jedoch den Eindruck gewonnen, dass dies so nicht weitergehen könne und erkundigte sich nach den Erfahrungen des Referenten. *T. Kremer* bedankte sich für diesen wichtigen Impuls von *J. Vetter* und entgegnete, dass dieses wichtige Thema im Grunde nur dadurch gelöst werden könne, dass die Digitalkompetenz in das Anforderungsprofil für Aufsichtsratsmitglieder hineingeschrieben werde. Dies machten einige Unternehmen, wie beispielsweise die Deutsche Lufthansa AG oder die thyssenkrupp AG auch bereits, allerdings sei die Verbreitung noch nicht besonders hoch. Im Übrigen sei zu berücksichtigen, dass nicht immer alle Anforderungsprofile für Aufsichtsratsmitglieder veröffentlicht würden. Entsprechend herrsche diesbezüglich nicht volle Transparenz. In jedem Fall betonte *T. Kremer* jedoch, dass aus seiner Sicht die Digitalkompetenz im Aufsichtsrat entscheidend sei, um Themen der Digitalisierung im Unternehmen zu diskutieren. Sollte eine solche Digitalisierungskompetenz im Aufsichtsrat selbst nicht vertreten sein, empfahl *T. Kremer*, dass die Vorstandsmitglieder in jedem Fall dem Aufsichtsrat die Digitalisierungsstrategie des Unternehmens vorstellen sollten und der Aufsichtsrat zugleich einen Digitalisierungsexperten dazuziehen sollte, um die Strategie des Vorstandes zu überprüfen. Auf diesem Wege sei es dem Aufsichtsrat möglich, die Digitalisierungsstrategie des Vorstands zu überprüfen. Langfristig und nachhaltig sei es aus seiner Sicht jedoch nur, wenn der Aufsichtsrat entsprechend mit Digitalisierungskompetenzen besetzt sei. *S. Kalss* hakte daraufhin bei *T. Kremer* nach und erkundigte sich, ob aus seiner Sicht ein Digitalisierungsexperte im Aufsichtsrat genüge, oder ob dafür weitere Aufsichtsratsmitglieder mit Digitalisierungskompetenzen erforderlich seien. Dem entgegnete *T. Kremer*, dass sich diese Frage nicht pauschal beantworten lasse. Die Antwort hänge vielmehr von dem konkreten Unternehmen ab und davon, welchen Stellenwert die Digitalisierung in dem Unternehmen bzw. der entsprechenden Branche zukomme. Auch sei zu beachten, dass man bei der Digitalisierung auch immer die Belegschaft des Unternehmens mitnehmen müsse. Könne die Belegschaft des Unternehmens der Digitalisierungsstrategie der Unternehmensführung nicht folgen, könne dies zu einem Desaster für das entsprechende Unternehmen führen.

4   *G. Bachmann* (Humboldt-Universität zu Berlin) führte sodann aus, dass er sich im Zusammenhang mit dem Vortragsthema an einen Vortrag von *H. Eidenmüller* mit dem Titel „Self-driving Corporations?" erinnert fühle. In diesem Vortrag habe *H. Eidenmüller* die Thematik des autonomen Fahrens auf Kapitalgesellschaften übertragen und die Frage aufgeworfen, ob es in Zukunft überhaupt Menschen – respektive Vorstände und Aufsichtsräte – in Unternehmen bedürfe, um das Unternehmen zu „lenken". Gegebenenfalls könne künstliche Intelligenz das bald deutlich besser, als Menschen selbst. Von dieser „Zukunftsmusik" leitete *G. Bachmann* sodann zu seiner eigentlichen Frage an *T. Kremer* über. Ihn interessiere konkret, ob bereits heute der Vorstand von Aktiengesellschaften verpflichtet sei, künstliche Intelligenz einzusetzen. Man wisse ja bereits heute, dass bei bestimmten ärztlichen Tätigkeiten, wie beispielsweise der Radiologie, das Ergebnis sei, dass der Computer die spezifische Krankheit besser erkenne, als der Mensch. Im Arzthaftungsrecht könne man sich deswegen gegebenenfalls die Frage stellen, ob man sich als Arzt schadensersatzpflichtig machen kann, wenn man keine künstliche Intelligenz einsetze. Diese Frage sei nach seiner Ansicht auch auf die Aktiengesellschaft zu übertragen. Sicherlich gebe es ein Ermessen des Vorstands, inwieweit er künstliche Intelligenz einsetze, doch seien wir nicht eigentlich soweit, dass in bestimmten Bereichen bereits künstliche Intelligenz durch den Vorstand eingesetzt werden müsse? *T. Kremer* entgegnete dieser Frage von *G. Bachmann* damit, dass man

aus seiner Sicht noch nicht an diesem Punkt angekommen sei. Dies könne vielleicht einmal in der Zukunft relevant werden, jedoch sei aus seiner Sicht für die Ergänzung eines solchen Pflichtenprogramms des Vorstands betreffend den Einsatz von künstlicher Intelligenz der Gesetzgeber gefragt, der ein solches Pflichtenprogramm normieren müsse. Unabhängig dessen gehe er jedoch davon aus, dass ein solches gesetzlich normiertes Pflichtenprogramm in der Praxis nur bedingt helfen würde. Es ließe sich nämlich nur praktisch handhaben, wenn entsprechende Kompetenzen für den Umgang mit künstlicher Intelligenz im jeweiligen Unternehmen vorhanden seien. Dies sei heutzutage noch nicht bei allen Unternehmen der Fall.

Daran anschließend leitete die Diskussionsleiterin *S. Kalss* zu einer Frage von *P. Buck-Heeb* (Leibniz Universität Hannover) über, die sich erkundigte, ob die Vorstandspflichten betreffend Digitalisierung, von denen *T. Kremer* gesprochen habe und auf die auch *G. Bachmann* eingegangen sei, ebenfalls eins zu eins auf die GmbH zu übertragen seien. Aus Sicht von *T. Kremer* sei dies vor dem Hintergrund der wenigen strukturellen Unterschiede beider Gesellschaftsformen durchaus zu bejahen. Jedoch sei in jedem Fall zu beachten, dass die GmbH natürlich weniger komplex sei und daher in Nuancen andere Maßstäbe anzulegen sein könnten.

Als nächster Diskutant kam *P. Hommelhoff* (Ruprecht-Karls-Universität Heidelberg) erneut auf den Aufsichtsrat im Zusammenhang mit dem Vortragsthema zu sprechen. Er griff dabei die sog. „Hertie-Entscheidung" des BGH vom 15.11.1982[1] auf, in der der BGH judiziert habe, dass alle Aufsichtsratsmitglieder gewisse Grundkenntnisse der Rechnungslegung haben müssten. Er frage sich vor diesem Hintergrund, ob etwas Ähnliches auch für die Digitalisierung zu fordern sei und wenn ja, wie solche Grundkenntnisse auszusehen hätten. Weiterhin frage er sich, ob es bereits heutzutage möglich sei, einen Aufgabenkatalog für den Aufsichtsrat mit konkreten Digitalisierungsaufgaben zu entwerfen. *T. Kremer* stimmte im Wesentlichen den Ausführungen von *P. Hommelhoff* zu und sagte, dass es aus seiner Sicht Sinn ergebe, sich in die vorgeschlagene Richtung zu bewegen. Dies entspreche jedoch keinesfalls der gelebten Praxis in den meisten Unternehmen. Sobald es um das Thema Digitalisierung gehe, würden Aufsichtsräte in vielen Fällen auf den Chief Security Officer

1 BGH v. 15.11.1982 – II ZR 27/82, BGHZ 85, 292, 295 = AG 1983, 133 = ZIP 1983, 55.

oder den Chief Digital Officer des Unternehmens verweisen, ohne sich tiefgehend selbst mit der Materie zu befassen. Bevor man das Thema im Rahmen von Kompetenzprofilen im Aufsichtsrat aufgreife, sei es jedoch viel wichtiger, das Thema zunächst für Vorstände von Aktiengesellschaften zu adressieren. In vielen Unternehmen sei auch der Vorstand mit viel zu wenig Digitalisierungskompetenz ausgestattet und ein entsprechender Aufgabenkatalog sei daher wünschenswert.

7 Als nächste Diskutantin erkundigte sich *A. Bödeker* (Rechtsanwältin/ Notarin, Frankfurt/M.) nach den Kriterien für die Entscheidung zur Digitalisierung im Unternehmen. Nach ihrem Kenntnisstand sei auf Basis von Studien bekannt, dass Algorithmen bestimmte Denkmuster bereits implizierten. Ebenfalls gebe es Studien, die belegten, dass Algorithmen, die vielfach nur von Männern programmiert seien, auch damit über bestimmte Denkmuster Ergebnisse des Algorithmus beeinflussten und vereinzelt Frauen benachteiligten. Sie frage sich daher, ob dieser kritische Aspekt ebenfalls beim Einsatz von künstlicher Intelligenz bedacht werden müsse. *T. Kremer* beantwortete die Frage mit der klaren Aussage, dass ein Vorstand keinesfalls das Diskriminierungsverbot durch den Einsatz von künstlicher Intelligenz umgehen könne. Dies sei von Gesetzes wegen schon nicht zulässig. Im Falle des Einsatzes von künstlicher Intelligenz im Unternehmen treffe den Vorstand daher eine besondere Pflicht zu überprüfen, welche Daten und welche Programmierung in eine solche künstliche Intelligenz eingeflossen seien. Im Übrigen sei auch immer nach dem Einsatz von künstlicher Intelligenz eine menschliche Überprüfung der Ergebnisse erforderlich. Auch dadurch ließen sich diskriminierende Aspekte im Hinblick auf den Einsatz von künstlicher Intelligenz herausfiltern.

8 Als nächster Diskutant zum Vortragsthema ergriff *J. Koch* (Universität Bonn) das Wort. Er frage sich, in welchem Umfang der Aufsichtsrat mittels Zielvereinbarungen den Vorstand zu einer verstärkten Digitalisierung im Unternehmen anhalten könne. In diesem Zusammenhang nahm *J. Koch* auf die Entscheidung des zweiten Zivilsenats des BGH vom 24.9.2019[2] Bezug, in der der Senat unter Rz. 26 ausgeführt habe, dass „anders als bei Arbeitnehmern [...] Zielvereinbarungen mit Vorständen nicht uneingeschränkt geschlossen werden [könnten], sondern nur, soweit sie nicht in unzulässiger Weise auf die Leitungsautonomie des Vorstands

---

2 BGH v. 24.9.2019 – II ZR 192/18, ECLI:DE:BGH:2019:240919UIIZR192.18.0, AG 2020, 95.

Einfluss nehmen". Insbesondere sei der Aufsichtsrat danach auch „nicht befugt, dem Vorstand vorzugeben, wie er seine Dienstleistung im Einzelnen erbringen soll, auch nicht mittels tätigkeitsbezogener Zielvorgaben." Vor diesem Hintergrund könnte man die Frage aufwerfen, ob Vorgaben an den Vorstand bezüglich der Digitalisierung in einer Aktiengesellschaft nicht eben solche tätigkeitsbezogenen Zielvorgaben darstellen könnten, die der BGH in seiner Entscheidung vom 24.9.2019 explizit untersagt habe. T. *Kremer* entgegnete dem, dass in gewissem Umfang Zielvorgaben an den Vorstand gelebte Praxis im Unternehmen seien. Im Übrigen seien entsprechende Zielvorgaben aus seiner Sicht unproblematisch, sofern man sich im Rahmen der verabschiedeten Unternehmensstrategie des entsprechenden Unternehmens bewege. Ferner müsse man in jedem Fall beachten, dass die entsprechenden Digitalisierungsvorgaben nicht zu detailliert seien.

Bevor *S. Kalss* die Diskussion mit einem kurzen Schlussstatement abrundete, gab es noch eine nicht namentlich gekennzeichnete Anmerkung zu dem angesprochenen Themenkomplex des Einsatzes von künstlicher Intelligenz im Unternehmen. Die Diskutantin führte aus, dass das Problem beim Einsatz von künstlicher Intelligenz häufig nicht einmal die Qualität des Datensatzes, sondern vielfach die nicht diskriminierungsfreie Programmierung des Algorithmus selbst sei. Daher könne sie nur unterstreichen, was T. *Kremer* vorher gesagt habe. In jedem Fall müsse beim Einsatz von künstlicher Intelligenz im Unternehmen das durch die künstliche Intelligenz produzierte Endergebnis überprüft werden. T. *Kremer* entgegnete dem, dass er dieser Aussage keinesfalls widersprechen möchte. Er gab jedoch zu bedenken, dass künstliche Intelligenz niemals selbst entscheide. Es sei stets der Mensch, der Entscheidungen treffe. Er hoffe jedoch auf jeden Fall, dass durch die Weiterentwicklung der künstlichen Intelligenz auch den angesprochenen Problemen zukünftig noch besser entgegengetreten werden könne. **9**

Abschließend bedankte sich *S. Kalss* bei dem Referenten für den spannenden Vortrag und insbesondere auch für die zahlreichen Diskussionsbeiträge. Sie habe gelernt, dass man sehr vorsichtig, sehr aufmerksam, aber auch sehr offen auf das Thema der Digitalisierung zugehen müsse. Zudem sei sie zuversichtlich, dass man auch zukünftig gut mit den zusammenhängenden Rechtspflichten umgehen könne. **10**

Das neue Lieferkettensorgfaltspflichtengesetz – Pflichtenprogramm und praktische Umsetzung

Dr. Sebastian Lochen

Group General Counsel, Chief Compliance Officer
thyssenkrupp AG, Essen*

* Der Autor dankt der Wissenschaftlichen Vereinigung für Unternehmens- und Gesellschaftsrecht und insbesondere Herrn Prof. Dr. *Jochen Vetter* sehr herzlich für die Einladung und die große Ehre, im Rahmen dieser Veranstaltung sprechen zu dürfen. Ein besonderer Dank gilt auch dem Vorredner Dr. *Thomas Kremer*, seinem Vor-Vorgänger in der heutigen Position des Group General Counsel bei thyssenkrupp, unter dessen Leitung sein Werdegang im Unternehmen seinen Anfang nahm. Dank gilt zudem Herrn *Johannes Bäumges*, der als Co-Projektleiter die Umsetzung des Licferkettensorgfaltspflichtengesetzes bei thyssenkrupp mit verantwortet, für den Austausch und die inhaltliche Unterstützung bei der Vorbereitung des Vortrags.

I. Einleitung

1 Das Lieferkettensorgfaltspflichtengesetz[1] erfreut sich derzeit großer Aufmerksamkeit, sowohl in Literatur als auch in der Praxis.[2] Für Unternehmen steht dabei neben der Auslegung der gesetzlichen Vorgaben insbesondere die Frage im Vordergrund, wie diese Vorgaben effektiv und effizient umgesetzt werden können, in einer Weise, die gleichermaßen pragmatisch wie möglichst rechtssicher sein soll. Ausgangspunkt ist dabei im Wesentlichen das Gesetz selbst, das es zu verstehen und auf die Situation im Unternehmen bzw. Konzern anzuwenden gilt. Insofern versteht sich der heutige Vortrag eher als „Blick in die Werkstatt" denn als fertige Blaupause.

---

1 Gesetz über die unternehmerischen Sorgfaltspflichten zur Vermeidung von Menschenrechtsverletzungen in Lieferketten (Lieferkettensorgfaltspflichtengesetz – LkSG).

2 Weitergehende Informationen finden sich u.a. hier: *Beckers*, Globale Wertschöpfungsketten: Theorie und Dogmatik unternehmensbezogener Pflichten, ZfPW 2021, 220 ff.; *Ehmann/Berg*, Das Lieferkettensorgfaltspflichtengesetz (LkSG): ein erster Überblick, GWR 2021, 287 ff.; *Frank/Edel/Heine/Heine*, Pionierarbeiten in der Lieferkette, BB 2021, 2165 ff.; *Gailhofer/Verheyen*, Klimaschutzbezogene Sorgfaltspflichten: Perspektiven der gesetzlichen Regelung in einem Lieferkettengesetz, ZUR 2021, 402 ff.; *Gehling/Ott/Lüneborg*, Das neue Lieferkettensorgfaltspflichtengesetz – Umsetzung in der Unternehmenspraxis, CCZ 2021, 230 ff.; *Groß*, Das „Lieferkettengesetz": umfassende Handlungspflichten und Notwendigkeit zur Anpassung der Compliance-Management-Systeme zeichnen sich ab, SPA 2021, 69 ff.; *Helck*, Gesetz über die unternehmerischen Sorgfaltspflichten in Lieferketten: Worauf sich Unternehmen zukünftig vorbereiten müssen, BB 2021, 1603 ff.; *Kamann/Irmscher*, Das Sorgfaltspflichtengesetz – Ein neues Sanktionsrecht für Menschenrechts- und Umweltverstöße in Lieferketten, NZWiSt 2021, 249 ff.; *Krebs*, Menschenrechtliche und umweltbezogene Sorgfaltspflicht: Der Wettlauf zwischen europäischer und deutscher Rechtssetzung, ZUR 2021, 394 ff.; *Leuering/Rubner*, Lieferkettensorgfaltspflichtengesetz, NJW-Spezial 2021, 399 f.; *Nietsch/Wiedmann*, Der Regierungsentwurf eines Gesetzes über die unternehmerischen Sorgfaltspflichten in der Lieferkette, CCZ 2021, 101 ff.; *Nietsch/Wiedmann*, Adressatenkreis und sachlicher Anwendungsbereich des neuen Lieferkettensorgfaltspflichtengesetz, NJW 2022, 1 ff.; *Ruttloff/Wagner/Hahn/Freihoff*, Der Menschenrechtsbeauftragte, CCZ 2022, 20 ff.; *Stöbener de Mora/Noll*, Grenzenlose Sorgfalt? – Das Lieferkettensorgfaltspflichtengesetz, NZG 2021, 1237 ff. (Teil 1) und NZG 2021, 1285 ff. (Teil 2); *Wagner/Ruttloff*, Das Lieferkettensorgfaltspflichtengesetz – Eine erste Einordnung, NJW 2021, 2145 ff.

II. thyssenkrupp im Profil

Zum besseren Verständnis der praktischen Herausforderungen, die die   2
Umsetzung des Gesetzes in einem Konzern mit sich bringen kann, soll
zunächst kurz auf die heutige Aufstellung von thyssenkrupp eingegangen werden. Der Konzern hat über 100.000 Mitarbeitende und die Um-
sätze verteilen sich über die ganze Welt mit Schwerpunkten im deutsch-
sprachigen Raum, Westeuropa, Nordamerika, aber auch in China und
Asien-Pazifik. Gleiches gilt für ein weltweites Netz an Lieferanten und
damit einhergehende komplexe Lieferketten. Die einzelnen Segmente
des Konzerns, die u.a. die Herstellung von Stahl, den Materialhandel, den
Bereich Automotive, das Marinegeschäft, Großwälzlager, das Schmiede-
geschäft, den Anlagenbau etc. abdecken, haben eine Vielzahl an Lieferanten und auf die jeweiligen Geschäftsmodelle zugeschnittene Lieferketten. Insofern stellt sich beispielsweise die Frage, wie zentral bzw.
dezentral das Gesetz umgesetzt werden kann.

III. Compliance bei thyssenkrupp

Da sich ein Gesetz, das sich mit der Einhaltung von Sorgfaltspflichten   3
in der Lieferkette befasst, ohne weiteres unter den nicht normierten Begriff der Compliance fassen lässt, gleichzeitig aber tiefgreifend in die Ein-
kaufsprozesse eingreift, lohnt sich zunächst ein Blick auf die Ausgangs-
lage der heutigen Verankerung von Compliance im Unternehmen. Diese
Analyse dient auch als Einstieg in die Frage zukünftiger Zuständigkeiten und bereits erfolgter sowie gegebenenfalls zukünftig zu erwartender
Delegation.

In der heutigen funktionalen Aufstellung unterscheidet thyssenkrupp   4
zwischen sog. Compliance Kernthemen und sog. Weiteren Compliance
Themen. Die Compliance Kernthemen Antikorruption, Kartellrecht, Datenschutz, Geldwäscheprävention und Außenwirtschaftsrecht werden
von der Compliance-Abteilung verantwortet. Hierzu gehört die vollständige Behandlung des Themas, inklusive der Governance, der Beratung
im Einzelfall und des Monitorings. Daneben kommt der Compliance-
Abteilung zusätzlich eine beratende Rolle bei der Koordinierung organi-
satorisch-prozessualer Anforderungen aus rechtsgebietsübergreifenden
Compliance-Gesetzen[3] zu. Hinsichtlich der Weiteren Compliance Themen – beispielsweise Arbeitssicherheit, Fremdpersonaleinsatz, Umwelt-

---

3 Beispielsweise das italienische Dekret 231/2001.

schutz oder Gleichbehandlung – liegt die organisatorische und inhaltliche Verantwortung bei dem jeweils für dieses Thema zuständigen Stabsbereich. Der Compliance-Abteilung kommt hier allerdings die Rolle eines „Challengers" und Beraters mit Koordinationsfunktion zu, der auch eine regelmäßige Berichterstattung sicherstellt.

IV. Speziell: Compliance im Einkauf bei thyssenkrupp

5 Auch der Bereich der Lieferanten-Compliance ist den Weiteren Compliance Themen zugeordnet. Dementsprechend ist Compliance in der Lieferkette bereits heute nicht nur organisatorisch verankert, sondern auch inhaltlich sind viele Elemente vorhanden, die sich in den Anforderungen des Lieferkettensorgfaltspflichtengesetzes wiederfinden. Ein zentraler Baustein ist dabei die Verwendung des sog. thyssenkrupp Supplier Code of Conduct,[4] der den Zweck verfolgt, die Nachhaltigkeitsanforderungen von thyssenkrupp an Lieferanten zu kommunizieren und diese auch bestätigen zu lassen. Der Supplier Code of Conduct deckt die Themenfelder Menschen- und Arbeitnehmerrechte, Arbeits- und Gesundheitsschutz, Umweltschutz, Integrität im geschäftlichen Umfeld sowie Vorgaben für Lieferketten und Sorgfaltspflichten ab und ermöglicht die Meldung von möglichem Fehlverhalten. Hinsichtlich der Risikoanalyse und -mitigation sind durch sog. Supplier Self Assessment Questionnaires und Sustainability Audits bei Lieferanten bereits wesentliche Bestandteile eines strategischen Risikoansatzes in der Lieferkette implementiert. Ziel ist dabei die dauerhafte Integration von Nachhaltigkeitsstandards in den Einkaufsprozess, um nachhaltigkeitsbezogene Risiken in der Lieferkette zu minimieren. Insofern besteht nun die Herausforderung, das Vorhandene mit den Forderungen des Lieferkettensorgfaltspflichtengesetzes abzugleichen und erforderliche Anpassungen und Ergänzungen vorzunehmen.

V. Lieferkettensorgfaltspflichtengesetz

1. Key Facts

6 Der Deutsche Bundestag hat am 11.6.2021 das Lieferkettensorgfaltspflichtengesetz (LkSG) verabschiedet. Am 22.7.2021 wurde das Gesetz im

---

4 Vgl. https://ucpcdn.thyssenkrupp.com/_binary/UCPthyssenkruppAG/de/unternehmen/einkauf/fuer-lieferanten/einkauf-downloads.html/link-Supplier-Code-of-Conduct-2021-de.pdf (zuletzt abgerufen am 14.3.2022).

Bundesgesetzblatt verkündet. Formal gelten die Vorgaben des Gesetzes ab dem 1.1.2023 für Unternehmen (auch ausländische Zweigniederlassungen im Inland) mit mind. 3.000 im Inland beschäftigten Arbeitnehmern, ab dem 1.1.2024 dann auch für Unternehmen mit mind. 1.000 Arbeitnehmern.[5] Das Gesetz dient der Verbesserung der internationalen Menschenrechtslage, indem es Anforderungen an ein verantwortliches Management von Lieferketten für bestimmte Unternehmen festlegt. Diese Anforderungen orientieren sich am Sorgfaltsstandard der UN-Leitprinzipien für Wirtschaft und Menschenrechte,[6] auf dem auch der Nationale Aktionsplan Umsetzung der VN-Leitprinzipien für Wirtschaft und Menschenrechte[7] basiert. Das Gesetz soll im Übrigen an die angekündigte künftige europäische Regelung angepasst werden.[8] Auch dies sollte bereits bei der Umsetzung im Blick behalten werden. Über diese angekündigte europäische Regelung hinaus gibt es bereits heute durchaus zu beachtende gesetzgeberische Vorgaben in Bezug auf Sorgfaltspflichten in der Lieferkette, beispielsweise die europäische Konfliktmineralien-Verordnung[9] oder den UK Modern Slavery Act.[10]

Besondere Aufmerksamkeit wird dem Gesetz schon allein deshalb zuteil, weil Verstöße recht drakonisch geahndet werden können. Neben einem möglichen Ausschluss von der Vergabe öffentlicher Aufträge können – je nach Bedeutung der Ordnungswidrigkeit – Bußgelder von bis zu 2 % des durchschnittlichen Konzernjahresumsatzes verhängt werden.[11]   7

Der in § 3 Abs. 1 LkSG definierte Schutzzweck des Gesetzes richtet sich auf die Beachtung der Sorgfaltspflichten mit dem Ziel, bestimmten menschenrechtlichen und umweltbezogenen Risiken vorzubeugen, sie zu minimieren und im Fall der Fälle ihren Eintritt zu beenden. Zu den menschenrechtlichen Risiken sind u.a. Kinderarbeit, Zwangsarbeit, ausbeu-   8

---

5 § 1 Abs. 1 Satz 3 LkSG.
6 https://www.auswaertiges-amt.de/blob/266624/b51c16faf1b3424d7efa060e8 aaa8130/un-leitprinzipien-de-data.pdf (zuletzt abgerufen am 14.3.2022).
7 https://www.auswaertiges-amt.de/blueprint/servlet/blob/297434/8d6ab299 82767d5a31d2e85464461565/nap-wirtschaft-menschenrechte-data.pdf (zuletzt abgerufen am 14.3.2022).
8 BT-Drucks. 19/28649, 2.
9 https://eur-lex.europa.eu/legal-content/DE/TXT/PDF/?uri=CELEX:32017 R0821&from=DE (zuletzt abgerufen am 14.3.2022).
10 https://www.gov.uk/government/collections/modern-slavery-bill (zuletzt abgerufen am 14.3.2022).
11 § 24 Abs. 3 LkSG.

terische Praktiken, Verstöße gegen Pflichten des Arbeitsschutzes, Verstöße gegen die Koalitionsfreiheit und die Gleichbehandlung, die Boden- und Gewässerverunreinigung sowie Zwangsräumung zu zählen.[12] Bei den umweltbezogenen Risiken stehen insbesondere der Umgang mit Chemikalien, dabei speziell hervorgehoben Quecksilber, sowie die Abfallentsorgung im Zentrum der Diskussion.[13]

2. Eigener Geschäftsbereich sowie unmittelbare und mittelbare Zulieferer

9   Das Gesetz unterscheidet hinsichtlich seines Regelungsgegenstandes und auch der Regelungstiefe zwischen dem eigenen Geschäftsbereich eines Unternehmens, unmittelbaren Zulieferern sowie mittelbaren Zulieferern.[14] Der eigene Geschäftsbereich ist sehr weit gefasst und umfasst jede Tätigkeit des Unternehmens zur Herstellung und Verwertung von Produkten und zur Erbringung von Dienstleistungen unabhängig davon, ob dies an einem Standort im In- oder Ausland erfolgt. Insofern trifft das Gesetz, das in seinem Namen die Lieferkette trägt, also auch umfangreiche Regelungen, die nach innen gerichtet jedes erfasste Unternehmen und seine eigenen Tätigkeiten selbst betreffen.[15] Der zweite Regelungskomplex des Gesetzes betrifft entsprechend seinem Namen die Lieferkette im engeren Sinne, und dabei insbesondere unmittelbare Zulieferer eines Unternehmens, auf die sich zahlreiche der Pflichten eines betroffenen Unternehmens richten. Unmittelbare Zulieferer sind dabei Vertragspartner, deren Zulieferungen für die Herstellung des Produkts oder zur Erbringung bzw. Inanspruchnahme der Dienstleistungen des Unternehmens notwendig sind.[16] Daneben trifft das Gesetz auch Regelungen für mittelbare Zulieferer, d.h. Unternehmen, die keine unmittelbaren Zulieferer sind und deren Zulieferungen für die Herstellung des Produkts oder zur Erbringung bzw. Inanspruchnahme der Dienstleistungen des Unternehmens notwendig sind. Pflichten hinsichtlich mittelbarer Zulieferer entstehen allerdings im Wesentlichen erst beim Auftreten tatsächlicher Anhaltspunkte für relevantes Fehlverhalten bei diesem mittelbaren Lieferanten.[17]

---

12 Dazu im Einzelnen § 2 Abs. 2 LkSG.
13 Dazu im Einzelnen § 2 Abs. 3 LkSG.
14 Dazu § 2 Abs. 5–8 LkSG.
15 Dazu § 2 Abs. 6 LkSG.
16 Dazu § 2 Abs. 7 LkSG.
17 Dazu § 2 Abs. 8 LkSG.

3. Risikounabhängige und risikoabhängige Pflichten

Hinsichtlich der Pflichten, die sich aus dem Lieferkettensorgfaltspflich- 10
tengesetz ergeben, wird zwischen den sog. risikounabhängigen Pflichten, die kurz gesagt jedes Unternehmen zu beachten hat, und den sog. risikoabhängigen Pflichten unterschieden, die bei einer entsprechenden Risikoexposition zu beachten sind. Zu den risikounabhängigen Pflichten gehören insbesondere die Einrichtung eines Risikomanagements (§ 4 Abs. 1 LkSG), die organisatorische Zuordnung der Zuständigkeit für die Überwachung des Risikomanagements, bspw. durch die Benennung eines Menschenrechtsbeauftragten (§ 4 Abs. 3 LkSG), die Risikoanalyse (§ 5 LkSG), die Pflicht zur Abgabe einer Grundsatzerklärung über die Menschenrechtsstrategie des Unternehmens (§ 6 Abs. 2 LkSG), die Einrichtung eines Beschwerdeverfahrens (§ 8 LkSG) sowie eine umfangreiche Dokumentations- und Berichtspflicht (§ 10 LkSG). Zu den risikoabhängigen Pflichten zählen insbesondere risikoadäquate Präventionsmaßnahmen (§ 6 LkSG), konkrete Abhilfemaßnahmen im Verstoßfall (§ 7 LkSG) sowie anlassbezogenen Pflichten in Bezug auf mittelbare Zulieferer (§ 9 LkSG). Selbstverständlich hat die tatsächliche Risikolage auch Auswirkungen in Bezug auf an sich risikounabhängige Pflichten, wie z.B. auf die Detailtiefe der Grundsatzerklärung oder der Dokumentation- und Berichtspflicht.

VI. Umsetzung des Gesetzes bei thyssenkrupp

1. Betrachtungsumfang

Den unterschiedlichen Zielrichtungen des Gesetzes folgend, bietet es 11
sich an, die Umsetzung des Gesetzes im Unternehmen gesamthaft zu betrachten, d.h. einerseits mit Blick auf (unmittelbare) Lieferanten und andererseits hinsichtlich des eigenen Geschäftsbereichs. Ebenfalls nicht außer Acht gelassen werden darf, dass das Unternehmen selbst Lieferant ist und insofern wiederum aus Sicht seiner Kunden in den Anwendungsbereich des Gesetzes fällt.

2. Projektorganisation

Eine solche gesamthafte Betrachtung erfordert die Einbeziehung sämtli- 12
cher mit den vom Gesetz erfassten Themenbereichen befassten Bereiche eines Unternehmens, d.h. zunächst naturgemäß der Einkaufsabteilung, da letztlich der gesamte Einkaufsprozess betroffen ist und dieser ent-

sprechend anzupassen ist. Sodann bietet sich eine Einbeziehung der Rechts- bzw. der Complianceabteilung an, die einerseits die rechtlichen Analysen durchführen bzw. begleiten und andererseits Parallelen und Synergien aus dem vorhandenen Compliance Managementsystem ziehen kann. Bei thyssenkrupp gilt dies umso mehr aufgrund der oben beschriebenen Rolle der Complianceabteilung hinsichtlich dem sog. Weiteren Compliance Thema Lieferanten-Compliance. Des Weiteren sind insbesondere einzubeziehen die für menschenrechtliche Themen, Arbeitsschutz und Arbeitssicherheit zuständigen Bereiche, typischerweise u.a. die Personalabteilung, Abteilungen, die sich mit Umweltschutz befassen, aber auch – wo vorhanden – die Nachhaltigkeitsabteilung, das Risikomanagement, die Unternehmenskommunikation und Investor Relations.

13 Um Vorwissen und Zuständigkeiten zu bündeln, bietet sich ein projekthafter Ansatz an, im konkreten Fall von thyssenkrupp unter der Leitung von Einkaufs- und der Complianceabteilung. Einzelne Arbeitsgruppen des Projekts setzen sich mit den unterschiedlichen Fragen der Umsetzung des Gesetzes auseinander, d.h. es gibt Arbeitsgruppen mit den Themenschwerpunkten Risikoanalyse und Risikomanagementsystem, Maßnahmen, Beschwerdeverfahren, Dokumentation und Berichterstattung, Grundsatzerklärung und Menschenrechtsbeauftragter, Organisation sowie Projektkommunikation. Die konkrete Projektorganisation muss natürlich immer zu den konkreten Gegebenheiten im jeweiligen Unternehmen passen und sollte insbesondere vorhandene Strukturen berücksichtigen.

3. Indikativer Ablauf der Umsetzung

14 Hinsichtlich des Ablaufs des Projekts bietet es sich an, in einem ersten Schritt oder in einem Vorprojekt zunächst die für das Unternehmen relevanten Mindestanforderungen des Gesetzes zu analysieren, den Status Quo im Unternehmen hinsichtlich dieser Anforderungen zu ermitteln und dann eine sog. Gap-Analyse (Soll-Ist-Abgleich) durchzuführen, um Handlungsbedarf offenzulegen. Hier können auch bereits abstrakt Maßnahmen definiert werden, die den Mindestanforderungen entsprechen.

15 In einem zweiten Schritt schließt sich die Phase der konkreten Konzeptentwicklung an, in der zu den einzelnen Anforderungen des Gesetzes konkrete Umsetzungsmaßnahmen entwickelt werden. Hierzu zählt auch die Definition eines Rahmens für Aktivitäten der Zentrale und der Ge-

schäfte sowie die Definition von Rollen und Verantwortlichkeiten, wie bspw. des Menschenrechtsbeauftragten. Ebenso erfolgt eine Definition von erforderlichen Prozessen sowie die Erstellung verschiedener Unterlagen wie Dokumentationsrichtlinien und Leitfäden bspw. für die Risikominimierung und konkrete Präventionsmaßnahmen. Ebenfalls zu diskutieren und zu entscheiden ist die Frage nach dem Einsatz von IT-Tools, die gerade bei einer großen Anzahl von Lieferanten für eine effiziente Handhabung der Prozesse vermutlich unentbehrlich sein werden.

Sodann – und gegebenenfalls zeitlich überlappend mit der vorangegangenen Konzeptionierungsphase – erfolgt die Umsetzung der definierten Prozesse durch die einzelnen betroffenen Einheiten, ebenso die Implementierung der entsprechenden IT-Tools und Handlungsanweisungen in die Arbeitsabläufe. Sofern im Einzelnen erforderlich, erfolgt zudem eine Kommunikation mit den Lieferanten, um diesen die angepassten Anforderungen und Prozesse zu erläutern. Gleichzeitig können die erforderlichen Risikoanalysen auf Basis der Konzepte im Einzelnen durchgeführt und im Hinblick auf die erkannten Risiken konkrete Maßnahmen entwickelt und umgesetzt werden.   16

VII. Ausgewählte Schwerpunkte

1. Anwendungsbereich des Gesetzes

Das Gesetz ist gem. § 1 Abs. 1 LkSG ungeachtet ihrer Rechtsform anzuwenden auf Unternehmen mit Hauptverwaltung, Hauptniederlassung, Verwaltungssitz, satzungsmäßigem Sitz oder Zweigniederlassung in Deutschland, zunächst ab dem 1.1.2023 aber nur auf Unternehmen mit mindestens 3.000 Arbeitnehmern. Ab dem 1.1.2024 wird diese Schwelle auf Unternehmen mit mindestens 1.000 Arbeitnehmern abgesenkt. Ins Ausland entsandte Arbeitnehmer sind dabei jeweils erfasst. Leiharbeitnehmer sind gem. § 1 Abs. 2 LkSG bei der Berechnung der Arbeitnehmerzahl des Entleihunternehmens zu berücksichtigen, wenn die Einsatzdauer sechs Monate überschreitet. Ein Abgleich dahingehend, welche Konzernunternehmen vom Gesetz unmittelbar erfasst sind, ist demnach in der Regel leicht rechtssicher möglich.   17

Nach § 1 Abs. 3 LkSG sind innerhalb von verbundenen Unternehmen (§ 15 AktG) die im Inland beschäftigten Arbeitnehmer sämtlicher konzernangehöriger Gesellschaften bei der Berechnung der Arbeitnehmerzahl der Obergesellschaft zu berücksichtigen. Typischerweise werden   18 daher Konzernobergesellschaften in den Anwendungsbereich des Gesetzes fallen, auch wenn sie selbst nicht den nach Abs. 1 von § 1 LkSG erforderlichen Schwellenwert überschreiten. Insofern kann es sein, dass innerhalb des Konzerns die Obergesellschaft allein, oder aber auch die Obergesellschaft und einzelne Tochtergesellschaften separat nach dem Gesetz verpflichtet sind. In der Praxis löst dies Folgefragen aus. Beispielsweise stellt sich die Frage, inwiefern der jährliche Bericht nach § 10 Abs. 2 LkSG ein kombinierter Konzernbericht sein kann, der Auskünfte über selbst verpflichtete Tochtergesellschaften mit beinhaltet. Auch erscheint bei der praktischen Umsetzung des Gesetzes eine Unterscheidung zwischen selbst verpflichteten Töchtern und anderen Tochtergesellschaften möglicherweise artifiziell, wenn beispielsweise ohnehin auf ein einheitliches IT-System zugegriffen wird. Für die Frage der einheitlichen Handhabung innerhalb eines Konzerns ist zudem zu berücksichtigen, dass verbundene Unternehmen nach § 2 Abs. 6 Satz 3 LkSG zum eigenen Geschäftsbereich der Obergesellschaft gehören und insofern vollumfänglich in die Betrachtungen einzubeziehen sind.

2. Rolle des Menschenrechtsbeauftragten

19   Nach § 4 Abs. 3 Satz 1 LkSG hat das Unternehmen dafür zu sorgen, dass festgelegt ist, wer innerhalb des Unternehmens dafür zuständig ist, das Risikomanagement zu überwachen. Es erscheint konsequent für den Gesetzgeber, eine solche Rolle im Unternehmen vorzusehen. In gewisser Weise bildet dies die ohnehin typischerweise erfolgende Delegation durch den Vorstand bzw. die Geschäftsführung des Unternehmens ab. Gleichzeitig behält das Unternehmen eine große Gestaltungsfreiheit hinsichtlich der Ausgestaltung der Rolle. Der Gesetzgeber gibt lediglich eine Anregung dahingehend, dass er beispielhaft die Benennung eines Menschenrechtsbeauftragten vorschlägt. Insofern sind die Unternehmen frei in der inhaltlichen Gestaltung und Benennung der Rolle. In der Praxis wird zu diskutieren sein, inwiefern die Ausgestaltung der Rolle beispielsweise durch Bündelung der Aufgaben auf der Ebene der Konzernmutter effektiv und gleichzeitig effizient erfolgen kann.

20   Ergänzt wird die Regelung durch die Pflicht der Geschäftsleitung nach § 4 Abs. 3 Satz 2 LkSG, sich regelmäßig, mindestens einmal jährlich, über die Arbeit der zuständigen Person oder Personen zu informieren. Dies erscheint ebenfalls konsequent und kann effizient beispielsweise im Zusammenhang mit der ohnehin vorgesehenen Berichterstattung (§ 10 Abs. 2 LkSG) erfolgen.

3. Risikoanalyse

Aus Unternehmenssicht besonders spannend, aber sicher auch entspre- 21
chend aufwendig ist die nach § 5 LkSG jährlich sowie anlassbezogen
durchzuführende Risikoanalyse der menschenrechtlichen und umweltbezogenen Risiken. Sie ist Grundlage für viele weitere im Gesetz vorgesehene Schritte und Pflichten, insbesondere die Ableitung risiko-
minimierender Maßnahmen. Für die Gestaltung und Durchführung der
Risikoanalyse macht der Gesetzgeber keine konkreten Vorgaben. Insofern sind die Unternehmen frei darin, eine für ihre spezifische Situation
angemessene Vorgehensweise zu definieren. Typischerweise werden sich
größere Unternehmen bzw. Konzerne dabei in geeigneter Weise durch
IT-Systeme unterstützen lassen, um die in der Regel große Anzahl an
Lieferanten einheitlich, systematisch, dokumentiert und in der Gesamtheit auswertbar zu adressieren.

Der Gesetzgeber verlangt in einem zweiten Schritt, dass die ermittelten 22
menschenrechtlichen und umweltbezogenen Risiken angemessen ge-
wichtet und priorisiert werden. Letzteres soll insbesondere nach den in
§ 3 Abs. 2 LkSG genannten Kriterien erfolgen, d.h. anhand von Art und
Umfang der Geschäftstätigkeit des Unternehmens, Einflussvermögen
auf den Verursacher eines Risikos, typischerweise zu erwartender Schwere der Verletzung, Unumkehrbarkeit der Verletzung, Wahrscheinlichkeit
der Verletzung und Art des Verursachungsbeitrages des Unternehmens
selbst. Die Guidance ist sicherlich hilfreich, wenngleich es ohnehin Teil
einer Risikoanalyse sein sollte, die zusammengetragenen Erkenntnisse
zu systematisieren, um im Sinne einer Priorisierung die Abarbeitung in
der „richtigen" Reihenfolge zu ermöglichen.

Insgesamt lässt sich festhalten, dass die Risikoanalyse von ihrer Konzep- 23
tionierung, IT-seitigen Umsetzung, Durchführung und Auswertung her
einen vergleichsweise großen Aufwand für die betroffenen Unternehmen darstellt. Idealerweise wird das System so ausgestaltet, dass bei den
Risikoanalysen in den Folgejahren unmittelbar auf den vorhandenen Daten aufgesetzt werden kann.

4. Beschwerdesystem

Schließlich macht das Gesetz in § 8 LkSG konkrete Vorgaben für ein zu 24
implementierendes Beschwerdeverfahren, dass es ermöglichen soll, auf
menschenrechtliche und umweltbezogene Risiken sowie auf Verletzun-

gen menschenrechtsbezogener oder umweltbezogener Pflichten hinzuweisen. Der Gesetzgeber gibt dabei die Ausgestaltung detailliert vor, beispielsweise hinsichtlich der Pflicht, eine öffentlich zugängliche Verfahrensordnung zu erstellen (§ 8 Abs. 2 LkSG), oder mit der Vorgabe, dass die vom Unternehmen mit der Durchführung des Verfahrens betrauten Personen Gewähr für unparteiisches Handeln bieten müssen, d.h. sie müssen unabhängig und an Weisungen nicht gebunden sein. Zudem sind sie zur Verschwiegenheit verpflichtet (§ 8 Abs. 3 LkSG). Auch muss das Unternehmen sicherstellen, dass klare und verständliche Informationen zur Erreichbarkeit und Zuständigkeit sowie zur Durchführung des Beschwerdeverfahrens öffentlich zugänglich gemacht werden; dabei ist Vertraulichkeit der Identität zu bewahren und wirksamer Schutz vor Benachteiligungen oder Bestrafung aufgrund der Beschwerde zu gewährleisten (§ 8 Abs. 4 LkSG). Zudem ist die Wirksamkeit des Beschwerdesystems durch das Unternehmen mindestens einmal im Jahr sowie anlassbezogen zu überprüfen (§ 8 Abs. 5 LkSG).

25 Die Herausforderung für Unternehmen besteht darin, dieses Beschwerdesystem in bestehende Systeme zu integrieren, denn typischerweise verfügen betroffene Unternehmen bereits in unterschiedlicher Ausgestaltung über Beschwerde- bzw. Whistleblower-Systeme und haben bestehende Prozesse zum Umgang mit entsprechenden Beschwerden in anderen Bereichen, klassischerweise Compliance-Themen wie Antikorruption, Kartellrecht oder Datenschutz. Die Herausforderung besteht auch darin, die Umsetzung mit weiteren gesetzlichen Vorgaben, wie beispielsweise solchen aufgrund der EU-Whistleblower-Richtlinie, in Einklang zu bringen.

VIII. Bewertung

26 Insgesamt stellt das Lieferkettensorgfaltspflichtengesetz die betroffenen Unternehmen trotz bereits vorhandener Befassung mit der Materie vor eine große Herausforderung. Dieser werden sie insbesondere dann gerecht werden können, wenn sie die Umsetzung systematisch angehen, alle relevanten Bereiche entsprechend einbinden und Ressourcen für die Umsetzung zur Verfügung stellen. Der Bereich Lieferkette wird dynamisch bleiben, zumal die Anforderungen des deutschen Gesetzes aufgrund von europarechtlichen Vorgaben noch eine Anpassung erfahren werden.

Bericht über die Diskussion des Referats Lochen

Johannes Bäumges
Rechtsanwalt, Essen

Herr Prof. Dr. *Peter Hommelhoff* übernahm die Sitzungsleitung und kündigte den Vortrag von Herrn Dr. *Sebastian Lochen*, Group General Counsel und Chief Compliance Officer thyssenkrupp AG, zum Thema „Das neue Lieferkettensorgfaltspflichtengesetz – Pflichtenprogramm und praktische Umsetzung" an. Er führte im Einzelnen aus, dass das neue Lieferkettensorgfaltspflichtengesetz (LkSG) im Hinblick auf Intensität und Umfang Herausforderungen an die Unternehmen mit sich bringe, die weit über die Compliance Organisation hinausgehen. Er stellte anschließend Herrn Dr. *Lochen* persönlich vor und wies darauf hin, dass Herr Dr. *Lochen* als Group General Counsel von thyssenkrupp in der Tradition bedeutender Kollegen stehe. Explizit nannte er hier Dr. *Wolfgang Gäbelein*, ehemaliger Chefjustitiar der Fried. Krupp GmbH und langjähriger Vorsitzender des Rechtsausschusses des BDI.

Herr Dr. *Lochen* trug im Anschluss zwischen 15.22 Uhr und 15.46 Uhr unter Einsatz einer Powerpoint-Präsentation zum Thema „Das neue Lieferkettensorgfaltspflichtengesetz – Pflichtenprogramm und praktische Umsetzung" vor.

Herr Prof. Dr. *Hommelhoff* dankte Herrn Dr. *Lochen* für seinen Vortrag und leitete in die Diskussion über, in dem er als herausfordernden Bereich des neuen Gesetzes zunächst das Thema Sozialstandards sowie Menschenrechte ansprach und Herrn Dr. *Lochen* fragte, welche Auswirkungen das LkSG auf den Umgang mit Vorlieferanten aus Ländern und Regionen haben werde, in denen die Menschenrechtslage herausfordernd sei.

Herr Dr. *Lochen* antwortete, dass Unternehmen die als besonders herausfordernd identifizierten Regionen hinsichtlich ihrer Lieferanten zwangsläufig noch weiter in den Fokus nehmen müssten. Bereits heute würden sich viele Unternehmen über das Thema Lieferketten hinaus Ethikstandards geben, d.h. Codes of Conduct etc.

1

2

3

4

137

5 thyssenkrupp unterhalte Geschäfte mit Geschäftspartnern in fast allen Ländern der Welt – selbstverständlich im Rahmen der rechtlichen aber auch praktischen Möglichkeiten. Auch für thyssenkrupp stelle sich die Frage, welche Standards man sich selbst gebe, eben beispielsweise durch einen Code of Conduct.

6 Aus dem Plenum wurde zunächst von Herrn Dr. *Eberhard Vetter* die Frage an Herrn Dr. *Lochen* gerichtet, inwieweit aus dessen Sicht das Gesetz in einem Konzern anzuwenden sei, der aus zehn Töchtern mit je 400 Mitarbeitern und einer in Deutschland ansässigen (Zwischen-)Holding bestehe, deren Mutter in England ansässig sei. Würde der Anwendungsbereich der LkSG dann auch für die deutsche (Zwischen-)Holding eröffnet sein oder wäre in Bezug auf die Anwendbarkeit des Gesetzes gar auf die nicht in Deutschland ansässige Konzernspitze abzustellen?

7 Herr Dr. *Lochen* wies diesbezüglich zunächst darauf hin, dass das Gesetz Mitarbeiterzahlen wohl breit zurechnen würde. Demnach könnte es naheliegen, im vorgestellten Fall die Mitarbeiter der Töchter jedenfalls der deutschen (Zwischen-)Holding als höchster deutscher Gesellschaft zuzurechnen. Zweifelsohne hänge dies aber davon ab, wie der im LkSG verwendete Begriff der „Obergesellschaft" auszulegen sei. Es spreche einiges dafür, dass der Begriff der „Obergesellschaft" in solchen Fällen auch die (Zwischen-)Holding miterfasse, auch wenn eigentlich wohl eher die Konzernspitze gemeint sei.

8 Herr Prof. Dr. *Hommelhoff* ergänzte diesbezüglich, dass es sehr unbefriedigend sei, dass der Gesetzgeber erst in praktisch letzter Minute des Gesetzgebungsverfahrens Regelungen zur Anwendbarkeit des LkSG auf Konzerne im Gesetz ergänzt habe. Dies habe nun zur Folge, dass Regelungen nun leider teilweise unzureichend seien und mehrfach – aufgrund mangelnder Bestimmtheit – zumindest Interpretationen herausfordern würden.

9 Herr Privatdozent Dr. *Kaspar Krolop* wies im Anschluss darauf hin, dass Konzernthemen im ursprünglichen Regierungsentwurf des Gesetzes enthalten gewesen wären. Einzelne Regelungen seien dann aber im Laufe des Gesetzgebungsverfahrens nicht weiterverfolgt worden. Beispielhaft hierfür nannte er die Berücksichtigung ausländischer Unternehmen beim Anwendungsbereich des Gesetzes. Deren Berücksichtigung hätte ursprünglich wie bei der Unternehmerischen Mitbestimmung erfolgen sollen und nicht wie jetzt analog zu den Vorgaben der Rechnungslegung.

Anschließend führte er aus, dass die jetzigen Regelungen aber auch Potential böten, Synergien im Hinblick auf CSR etc. zu nutzen.

Im Hinblick auf die angesprochenen Synergien ging Herr Dr. *Lochen* an- 10
schließend darauf ein, dass es sicherlich sinnvoll sei, Bündelungen der Aufgabenwahrnehmung in Unternehmen wo nur eben möglich vorzunehmen. Zur Erfüllung des LkSG ermittelte Daten könnten, wenn sie auch jetzt noch nicht für Synergien genutzt werden können, hierfür möglicherweise später in Frage kommen. Derzeit liege jedoch der Fokus auf den neuen gesetzlichen Anforderungen und den spezifischen Erfordernissen an die Daten und deren Qualität.

Herr Prof. Dr. *Michael Nietsch* ging im Anschluss unter Bezugnahme 11
auf den Vortrag von Herrn Dr. *Lochen* näher auf den Anwendungsbereich des Gesetzes ein. Er führte aus, dass aus seiner Sicht bei drei in Deutschland registrierten Tochtergesellschaften mit jeweils mehr als 3.000 Mitarbeitern und einer in Deutschland ansässigen Holding der unmittelbare Anwendungsbereich des Gesetzes für die Holding und alle drei Tochtergesellschaften eröffnet sei.

Ferner ging er näher auf den § 2 Abs. 3 des neuen LkSG ein. Hier sei ge- 12
regelt, dass ein menschenrechtliches Risiko im Sinne dieses Gesetzes vorliegt, wenn aufgrund tatsächlicher Umstände mit hinreichender Wahrscheinlichkeit ein Verstoß gegen das Verbot der Beschäftigung von Personen in Zwangsarbeit droht. Herr Prof. Dr. *Nietsch* führte diesbezüglich aus, dass aus seiner Sicht die Gesetzesbegründung zu dieser Norm unklar sei. Die Kontrollmöglichkeiten der Unternehmen im Hinblick auf die Zwangsarbeit in einzelnen Ländern schätzte er als geringer als die Kontrollmöglichkeiten im Kartellrecht ein. Er erläuterte zudem, dass auch dann, wenn Unternehmen in kritischen Regionen weder selbst noch durch unmittelbare Zulieferer produzierten, immer noch die Gefahr von menschenrechtswidrig hergestellten Vorprodukten besteht. Aufgrund mangelnder Transparenz sei es häufig herausfordernd, die hier vorliegenden Verstöße zu identifizieren.

Herr Prof. Dr. *Nietsch* ging ferner auf soziale Grundrechte ein und führ- 13
te aus, dass zu diesen aus seiner Sicht unabänderlich der angemessene Lohn und der Umweltschutz gehören würden. Anschließend führe er unter Verweis auf das Shell-Urteil näher zur aktuellen Situation in Frankreich aus, wo Unternehmen vermehrt von NGOs zur Erreichung sozialpolitischer Ziele in Anspruch genommen werden würden. Diese Ent-

wicklung lasse ihn erwarten, dass auch das LkSG mehr Spannung für die Unternehmen mit sich bringen würde, als ursprünglich gedacht.

14 Herr Dr. *Lochen* dankte Herrn Prof. Dr. *Nietsch* ausdrücklich für seine Hinweise und erinnerte daran, dass er bereits in seinem Vortrag ausgeführt habe, dass aus seiner Sicht bei drei in Deutschland registrierten Tochtergesellschaften mit jeweils mehr als 3.000 Mitarbeitern und einer in Deutschland ansässigen Holding der unmittelbare Anwendungsbereich des Gesetzes für die Holding und alle drei Tochtergesellschaften eröffnet sei. Er wies darauf hin, dass es gerade in Konzernen aber eine praktische Herausforderung sei, unmittelbar betroffene Gesellschaften und sonstige Tochtergesellschaften unterschiedlich zu behandeln, da beispielsweise gemeinsame Tools und Systeme genutzt würden, Lieferanten verschiedene Tochtergesellschaften belieferten etc.

15 Die Herausforderungen an die Transparenz von Lieferketten wurden von Herrn Dr. *Lochen* geteilt. Schließlich bestätigte er, dass das Thema Umweltklagen derzeit in der Tat viele Unternehmen beschäftige.

16 Anschließend wies Herr Prof. Dr. *Ulrich Tödtmann* zunächst darauf hin, dass es noch vor Inkrafttreten des LkSG eine europäische Verordnung geben solle und es insofern auch wichtig sei zu beobachten, welche Regelungen der europäische Gesetzgeber auf den Weg bringen würde.

17 Er stellte sodann einen praktischen Fall vor, der sich wie folgend darstellte: Es stelle sich etwa die Frage, ob ein Vorstandsmitglied persönlich dafür haftbar gemacht werden kann, wenn ein mit einem ausländischen Lieferanten geschlossener Kaufvertrag über eine dreijährige Sukzessivlieferung von der Gesellschaft nicht eingehalten werden kann, weil seine Durchführung einen Verstoß gegen das LkSG bedeuten würde. Die Frage stelle sich zum Beispiel, wenn ein Vorstandsmitglied eines Telekommunikationsunternehmens, das in der Form einer Aktiengesellschaft organisiert ist, heute einen mehrjährigen Liefervertrag für Mobiltelefone von Samsung mit einem ausländischen Händler abschließt, obwohl bekannt ist, dass das in den fest installierten Akkus enthaltene Kobalt durch Kinderarbeit gewonnen worden ist. Zumindest wenn das dem Vorstand des Telekommunikationsunternehmens vor Abschluss des Vertrages bekannt war, hafte er dem Telekommunikationsunternehmen wohl anschließend nach § 93 Abs. 2 AktG auf Schadensersatz, wenn der Händler das Telekommunikationsunternehmen seinerseits zuvor erfolgreich auf Schadensersatz in Anspruch nimmt, weil es die Mo-

biltelefone mit Rücksicht auf das LkSG nicht wie vereinbart abnimmt und bezahlt.

Auf den Vorschlag von Herrn Dr. *Lochen,* die Bewertung dieses Falles 18 vorzunehmen, führte Herr Prof. Dr. *Tödtmann* weiter aus, dass Unternehmen zu raten sei, ab sofort von Lieferketten, in denen Menschenrechtsverstöße vorliegen, möglichst abzusehen. Zumindest als Rechtsberater bestehe nach der BGH-Rechtsprechung zur Verpflichtung, dem Mandanten stets den sog. „sicheren Weg" zu raten, aus anwaltlicher Sicht keine andere Möglichkeit. Im Zweifel sei daher bereits jetzt dazu zu raten, nicht auf das Inkrafttreten des Gesetzes zu warten, sondern Verträge, deren Laufzeit über den 1.1.2023 hinausreiche und die mit nicht behebbaren Verstößen im Sinne des LkSG verbunden sind, bereits derzeit gar nicht erst abzuschließen.

Herr Dr. *Lochen* antwortete, dass er die dargestellte Bewertung teile. Der 19 mittelbare Lieferant dürfe nicht ignoriert werden, wenn dessen Verstöße gegen Vorgaben des LkSG belegt seien. Da, wo ein Menschenrechtsverstoß klar auf der Hand liege, sei bereits heute zur Vorsicht geraten.

Herr Dr. *Löbbe* richtete danach den Blick auf den Einfluss der Unternehmen 20 men auf die Vertragsbeziehungen mit Lieferanten und fragte, was genau von einem Unternehmen bei Verstößen erwartet werde. Könne bei einem Verstoß eine Kündigung aus wichtigem Grund ausgesprochen werden und könnten Bußgelder ggf. an den Lieferanten weitergereicht werden?

Herr Dr. *Lochen* sagte diesbezüglich unter Verweis auf die Regelungen 21 in § 7 des LkSG, dass das Unternehmen dann, wenn es feststellt, dass die Verletzung einer menschenrechtsbezogenen oder einer umweltbezogenen Pflicht in seinem eigenen Geschäftsbereich oder bei einem unmittelbaren Zulieferer bereits eingetreten ist oder unmittelbar bevorsteht, unverzüglich angemessene Abhilfemaßnahmen zu ergreifen hat. Er wies beispielsweise auf die Möglichkeit hin, das Recht zur Kündigung aus wichtigem Grund auszuüben, oder die Möglichkeit, für den Fall einer Pflichtverletzung mit dem Lieferanten das Recht, Bußgelder weiterzureichen, vorab vertraglich zu vereinbaren, wenn sich dies in der Verhandlung durchsetzen lasse.

Nach Abschluss der Wortmeldungen aus dem Plenum stellte Herr Prof. 22 Dr. *Hommelhoff* abschließend fest, dass das LkSG einige Herausforderungen mit sich bringe und dass es sich in erster Linie an Vorstände und Geschäftsführungen richte. Diese müssten sich kümmern, dass den Anforderungen des Gesetzes im Unternehmen Rechnung getragen wird. Die Aufsichtsräte müssten dafür Sorge tragen und kontrollieren, dass Vorstände und Geschäftsführungen den Anforderungen des Gesetzes nachkommen.

23 Herr Prof. Dr. *Hommelhoff* schloss mit einem Dank für die aktive Beteiligung die Diskussion um 16.00 Uhr.

Massesicherung nach Insolvenzreife – Der neue § 15b InsO!

Prof. Dr. Georg Bitter

Universität Mannheim

143

I. Einführung

1   Der Kampf um die Deutungshoheit des neuen § 15b InsO hat begonnen. Seit dem Inkrafttreten des SanInsFoG[1] zum 1.1.2021 ist eine Vielzahl an Publikationen zu dieser Neuregelung erschienen[2] und der *Verfasser* dieser Zeilen hat sich in jene Debatte bereits umfassend eingebracht.[3] Mit dem Untertitel des hiesigen Beitrags – „*Der neue § 15b InsO!*" – und dem darin enthaltenen Ausrufungszeichen will er einen bewussten Kontrapunkt zu teilweise in der Literatur feststellbaren Tendenzen setzen, das neue Recht vollständig im Lichte des alten zu interpretieren und da-

---

1 Der RegE eines Gesetzes zur Fortentwicklung des Sanierungs- und Insolvenzrechts (SanInsFoG) ist abgedruckt in BT-Drucks. 19/24181 und BR-Drucks. 619/20, die Änderungen im Rechtsausschuss in BT-Drucks. 19/25303, der endgültige Gesetzestext in BR-Drucks. 762/20 und im BGBl. I 2020, 3256.

2 Vgl. – in alphabetischer Reihenfolge – u.a. *Altmeppen*, ZIP 2021, 2413; *Baumert*, NZG 2021, 443; *Baumert*, ZRI 2021, 962; *Berberich*, ZInsO 2021, 1313; *Bitter*, GmbHR 2020, 1157; *Bitter*, GmbHR 2021, R16; *Bitter*, ZIP 2021, 321; *Brinkmann*, ZIP 2020, 2361 = VGR, Gesellschaftsrecht in der Diskussion 2020, 2021, S. 93 ff.; *Brünkmans*, ZInsO 2021, 1, 15 ff.; *Desch*, Das neue Restrukturierungsrecht, 2021, § 6 D.; *Gehrlein*, DB 2020, 2393; *Jacobs/Kruth*, DStR 2021, 2534; *Kunz* in Kluth/Harder/Harig/Kunz, Das neue Restrukturierungsrecht, 2022, § 20 (S. 435 ff.); *Lieder/Wagner*, ZGR 2021, 495; *H.-F. Müller*, GmbHR 2021, 737; *Poertzgen*, ZInsO 2020, 2509; *Rönnau/Wegner*, ZInsO 2021, 1137; *Romey/Weber*, ZInsO 2021, 2594; *A. Schmidt*, ZRI 2021, 389; *Schmittmann*, ZRI 2020, 649; *Schneider*, NZI 2021, 996; *Thole*, BB 2021, 1347; *Vorwerk/Dust*, NWB 2021, 2366; *Witfeld/Dannemann*, NZI 2021, 905.

3 *Bitter*, GmbHR 2020, 1157; *Bitter*, GmbHR 2021, R16; *Bitter*, ZIP 2021, 321.

bei die von der bisherigen Rechtsprechung zu § 64 GmbHG a.F. erzielten Ergebnisse auf den neuen § 15b InsO zu übertragen.[4] Richtigerweise sollte der II. Zivilsenat des BGH – und das ist die Hauptthese der hier angestellten Überlegungen – die Neufassung des Massesicherungsgebots in § 15b InsO zum Anlass nehmen, seine bisherige Rechtsprechung zu § 64 GmbHG a.F. zu korrigieren. Eine Fortführung der bisherigen Grundsätze widerspräche dem im SanInsFoG klar zum Ausdruck kommenden Willen des Gesetzgebers.

Die nachfolgenden Ausführungen konzentrieren sich dabei auf zwei Kernbereiche der neuen Vorschrift, in denen die Korrektur der bisher herrschenden, insbesondere von der Rechtsprechung vertretenen Sichtweise augenfällig wird: 2

Zum einen wird die Sorgfaltsausnahme des bisherigen § 64 Satz 2 GmbHG zwar in § 15b Abs. 1 Satz 2 InsO grundsätzlich übernommen, dabei jedoch durch die neuen Abs. 2, 3 und 8 des § 15b InsO erheblich und in bewusster Abweichung von der Rechtsprechung des II. Zivilsenats modifiziert (unten II., Rz. 6 ff.).   3

Zum anderen überraschte der Gesetzgeber die insolvenz- und gesellschaftsrechtliche Gemeinde mit der Neufassung der Rechtsfolge in § 15b Abs. 4 Sätze 1 und 2 InsO, indem er den Grundlagenstreit über den Rechtscharakter des Massesicherungsgebots mit der herrschenden Einzelbetrachtung und dem Gegenkonzept der Gesamtbetrachtung aufgreift, aber nicht endgültig entscheidet (unten III., Rz. 47 ff.).   4

Die Ergebnisse der Untersuchung werden zum Schluss thesenartig zusammengefasst (unten IV., Rz. 75 ff.).   5

---

4 Siehe besonders deutlich *A. Schmidt*, ZRI 2021, 389, u.a. 392 („*Die neue Regelung [in § 15b Abs. 2 InsO] kodifiziert im Wesentlichen die Rechtsprechung zu § 64 Satz 2 GmbHG a.F.*"), 395 („*Die Bedeutung des § 15b Abs. 4 InsO beschränkt sich … im Kern darauf, die Rechtsprechung des BGH zur Kompensation der Masseschmälerung zu kodifizieren*"), 396 („*viel alter Wein in neuen Schläuchen*"); dagegen schon zutreffend *Lieder/Wagner*, ZGR 2021, 495, 526.

II. Neuausrichtung der Sorgfaltsausnahme in § 15b Abs. 1 Satz 2, Abs. 2, 3 und 8 InsO

6 Der erste Absatz des § 15b InsO liest sich zunächst wie eine Fortführung des bisherigen § 64 GmbHG und seiner Parallelvorschriften im Aktien- und Genossenschaftsgesetz sowie im Handelsgesetzbuch.[5] Er lautet:

7 *„Die nach § 15a Absatz 1 Satz 1 antragspflichtigen Mitglieder des Vertretungsorgans und Abwickler einer juristischen Person dürfen nach dem Eintritt der Zahlungsunfähigkeit oder der Überschuldung der juristischen Person keine Zahlungen mehr für diese vornehmen. Dies gilt nicht für Zahlungen, die mit der Sorgfalt eines ordentlichen und gewissenhaften Geschäftsleiters vereinbar sind."*

8 Wie sich aus der Begründung des Regierungsentwurfs zum SanInsFoG ergibt, übernimmt der Gesetzgeber mit dieser Formulierung die bisher im Gesellschaftsrecht kodifizierten Verbote, wobei der Begriff der „Zahlung" in Anknüpfung an das bisherige Verständnis weit auszulegen sein soll.[6]

1. Doppelte Modifizierung der bisherigen Grundsätze zur Sorgfaltsausnahme

9 Im zweiten Satz des ersten Absatzes wird die Sorgfaltsausnahme des bisherigen § 64 Satz 2 GmbHG übernommen, dabei jedoch laut der Begründung des Regierungsentwurfs durch die neuen Abs. 2 und 3 – zu ergänzen ist der im Rechtsausschuss hinzugefügte Abs. 8 – *„konkretisiert".*[7] Diese „Konkretisierung" stellt in Wahrheit eine beachtliche Modifizierung der bisherigen BGH-Rechtsprechung in Anlehnung an einen vom *Verfasser* im Jahr 2016 im ZIP-Festheft für *Katherine Knauth* unterbreiteten Vorschlag[8] dar.[9] Die Abweichung von den früher anerkannten

---

5 Siehe die früheren Regelungen in § 92 Abs. 2 AktG a.F., § 99 GenG a.F., §§ 130a Abs. 1, 177a Satz 1 HGB a.F.
6 Begr. RegE zu § 15b Abs. 1 InsO, BT-Drucks. 19/24181, 194; dazu *Lieder/Wagner*, ZGR 2021, 495, 524.
7 Begr. RegE zu § 15b Abs. 2 und 3 InsO, BT-Drucks. 19/24181, S. 194.
8 *Bitter*, Beilage zu ZIP 22/2016, 6 ff.; vgl. nachfolgend auch *Bitter/Baschnagel*, ZInsO 2018, 557, 588 ff.; *Bitter* in Scholz, Band 3, 12. Aufl. 2021, § 64 GmbHG Rz. 167 ff.
9 Dazu näher *Bitter*, ZIP 2021, 321, 324 ff.

Grundsätzen ist dabei ausweislich der Begründung des Regierungsentwurfs eine doppelte:

a) Bei *fehlender* Insolvenzverschleppung, also in der noch laufenden Drei- 10
bzw. Sechswochenfrist des § 15a Abs. 1 Sätze 1 und 2 InsO sowie im Eröffnungsverfahren soll künftig ein großzügigerer Maßstab für die Sorgfaltsausnahme gelten, indem sämtliche Zahlungen privilegiert werden, die *„im ordnungsgemäßen Geschäftsgang erfolgen, insbesondere solche Zahlungen, die der Aufrechterhaltung des Geschäftsbetriebs dienen"* (vgl. den Wortlaut des § 15b Abs. 2 Satz 1 InsO). Die frühere Begrenzung auf die sog. Notgeschäftsführung gibt es damit nicht mehr; ferner können auch Zahlungen für Dienstleistungen privilegiert sein, die nach der später noch anzusprechenden Rechtsprechung des BGH zum sog. Aktiventausch (dazu unten Rz. 57 ff.) nicht als kompensationsfähig und damit die Haftung ausschließend angesehen wurden.[10]

b) Umgekehrt werden die Geschäftsleiter in Fällen der Insolvenzver- 11
schleppung – und diese hatte der II. Zivilsenat regelmäßig zu beurteilen
– in Zukunft[11] härter „rangenommen", weil die Sorgfaltsausnahme dem
pflichtwidrig handelnden Geschäftsführer im Regelfall nicht mehr zugutekommen soll (§ 15b Abs. 3 InsO),[12] auch nicht bei der Zahlung von
Arbeitnehmerbeiträgen zur Sozialversicherung sowie von Steuern, deren
Nichtentrichtung für die Geschäftsleitung straf- bzw. haftungsrechtliche Konsequenzen haben kann (§ 266a StGB bzw. §§ 34, 69 AO; vgl.
unten Rz. 28 ff.).[13]

2. Differenzierung der Sorgfaltsausnahme nach dem Stadium des Insolvenzgeschehens

In Zukunft ist für die Anwendbarkeit der Sorgfaltsausnahme nach dem 12
Stadium des Insolvenzgeschehens in einer Weise zu differenzieren, die
der *Verfasser* bereits an anderer Stelle grafisch wie nachfolgend ersichtlich aufbereitet hat:[14]

---

10 Begr. RegE zu § 15b Abs. 2 und 3 InsO, BT-Drucks. 19/24181, S. 194; dazu
   schon *Bitter*, ZIP 2021, 321, 324.
11 Den neuen § 15b Abs. 3 InsO als klarstellende Regel auch für die Altfälle des
   § 64 GmbHG heranziehend LG Hamburg v. 3.6.2021 – 326 T 27/21, ZIP 2021,
   1722, 1723.
12 Begr. RegE zu § 15b Abs. 2 und 3 InsO, BT-Drucks. 19/24181, S. 195.
13 Dazu schon *Bitter*, ZIP 2021, 321, 326 ff.
14 *Bitter*, ZIP 2021, 321, 327.

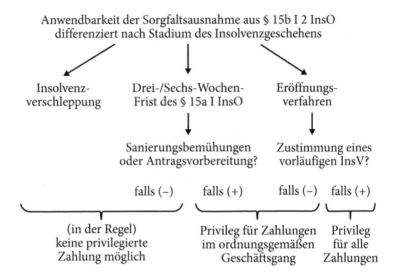

Anwendbarkeit der Sorgfaltsausnahme aus § 15b I 2 InsO
differenziert nach Stadium des Insolvenzgeschehens

Insolvenzverschleppung — Drei-/Sechs-Wochen-Frist des § 15a I InsO — Eröffnungsverfahren

Sanierungsbemühungen oder Antragsvorbereitung? — Zustimmung eines vorläufigen InsV?

falls (−) — falls (+) — falls (−) — falls (+)

(in der Regel) keine privilegierte Zahlung möglich — Privileg für Zahlungen im ordnungsgemäßen Geschäftsgang — Privileg für alle Zahlungen

13 Befindet sich die Gesellschaft – links in der Grafik – bereits im Stadium der Insolvenzverschleppung, ist dem Geschäftsleiter nach der neuen und überzeugenden[15] Entscheidung des Gesetzgebers im Grundsatz keine privilegierte Zahlung mehr möglich (§ 15b Abs. 3 InsO).[16] Die gerade (auch) für diese Phase der Insolvenzverschleppung früher vom BGH gewährte Privilegierung ist nicht zu rechtfertigen, weil über Sanierungsmaßnahmen nach Eintritt der Insolvenzreife gemäß der gesetzlichen Konzeption (vgl. § 15a InsO) ein vorläufiger Insolvenzverwalter oder der eigenverwaltende Schuldner unter Aufsicht eines Sachwalters entscheiden soll, nicht hingegen der bisherige Geschäftsleiter den Betrieb trotz Ablaufs der (damaligen) Dreiwochenfrist fortführen darf.[17]

---

15 Ebenso *Bork/Kebekus* in Kübler/Prütting/Bork, Stand: März 2021, § 15b InsO Rz. 51; *Poertzgen*, ZInsO 2020, 2509, 2517 a.E.; etwas zurückhaltender *H.-F. Müller*, GmbHR 2021, 737, 740 Rz. 8, der im Grundsatz aber ebenfalls die Unterscheidung zwischen insolvenzverschleppendem und pflichtgemäß handelndem Geschäftsführer begrüßt (vgl. Rz. 15 im Anschluss an *Bitter*, Beilage zu ZIP 22/2016, 6, 7).

16 Vgl. dazu Begr. RegE zu § 15b Abs. 2 und 3 InsO, BT-Drucks. 19/24181, S. 195.

17 Vgl. dazu u.a. *Bitter* in Scholz, Band 3, 12. Aufl. 2021, § 64 GmbHG Rz. 170; *Bitter*, ZIP 2021, 321, 326; ähnlich *Schmidt/Poertzgen*, NZI 2013, 369, 372 f. m.w.N.

Befinden wir uns – in der Mitte der Grafik – noch in der Drei- bzw. 14
Sechswochenfrist des § 15a Abs. 1 Sätze 1 und 2 InsO, kommt es für die
Anwendbarkeit der Sorgfaltsausnahme gem. § 15b Abs. 2 Satz 2 InsO
darauf an, ob die Geschäftsleitung diese für die Auslotung letzter Sanie-
rungsmöglichkeiten gedachte Höchstfrist (!) für den Insolvenzantrag[18]
auch tatsächlich für derartige Maßnahmen oder doch jedenfalls zur sorgfältigen Vorbereitung eines Insolvenzantrags nutzt.[19] Ist dies der Fall,
greift das Privileg des § 15b Abs. 2 Satz 1 InsO ein und es sind für diesen
begrenzten Zeitraum[20] alle Zahlungen im ordnungsgemäßen Geschäftsgang erlaubt. Gibt es hingegen keine Bemühungen um eine Sanierung
oder eine Vorbereitung des Insolvenzantrags, gilt das Gleiche wie im Zustand der Insolvenzverschleppung: Die geleisteten Zahlungen sind (in
der Regel) nicht privilegiert, also pflichtwidrig und damit haftungsbe-
gründend.

Ist der Insolvenzantrag – rechts in der Grafik – bereits gestellt und damit 15
das Eröffnungsverfahren eingeleitet, muss für den Umfang der dann immer eingreifenden Privilegierung nach § 15b Abs. 2 Satz 3 InsO differenziert werden: Hat ein vorläufiger Insolvenzverwalter – gemeint ist der
sog. schwache vorläufige Verwalter[21] – der Zahlung zugestimmt, greift
zugunsten der Geschäftsleitung ein *Safe Harbour* ein, weil dann – abgesehen von Missbrauchsfällen – *alle* Zahlungen privilegiert sind, ohne
dass zusätzlich geprüft werden müsste, ob diese im ordnungsgemäßen

---

18 Dazu näher *Bitter* in Scholz, Band 3, 12. Aufl. 2021, § 64 GmbHG Rz. 286;
   zur Fortgeltung der bisherigen Grundsätze im neuen Recht *Vorwerk/Dust*,
   NWB 2021, 2366, 2367; siehe auch *Witfeld/Dannemann*, NZI 2021, 905,
   907 f.
19 Dazu – mit Differenzierung beider Fälle – *Vorwerk/Dust*, NWB 2021, 2366,
   2370 ff. m.w.N.
20 Die Drei- bzw. Sechswochenfrist darf bei der Vorbereitung eines Insolvenzantrags nicht notwendigerweise ausgeschöpft werden, vgl. *Bitter*, ZIP 2021,
   321, 326; zust. *Vorwerk/Dust*, NWB 2021, 2366, 2371 m.w.N.; großzügiger
   zum erforderlichen Zeitraum *Jacobs/Kruth*, DStR 2021, 2534, 2538.
21 Wurde ausnahmsweise nach § 21 Abs. 2 Nr. 2 Alt. 1 InsO ein sog. starker vorläufiger Insolvenzverwalter eingesetzt, auf den die Verwaltungs- und Ver-
   fügungsbefugnis gem. § 22 Abs. 1 Satz 1 InsO übergeht, kommt eine Haftung
   der Geschäftsleiter – wie bei Einsetzung eines endgültigen Insolvenzverwalters (vgl. § 80 Abs. 1 InsO) – mangels fortbestehender eigener Verfügungsmög-
   lichkeiten nicht mehr in Betracht; vgl. Begr. RegE zu § 15b Abs. 2 und 3
   InsO, BT-Drucks. 19/24181, S. 195; *Bitter* in Scholz, Band 3, 12. Aufl. 2021,
   § 64 Rz. 47, 53; *Brünkmans*, ZInsO 2021, 1, 18 f.

Geschäftsgang erfolgten.[22] Fehlt es hingegen an der Zustimmung eines vorläufigen Insolvenzverwalters, sind die Zahlungen zwar nicht *per se,* wohl aber immer noch dann privilegiert, wenn sie im ordnungsgemäßen Geschäftsgang erfolgen. Die fehlende Zustimmung kann dabei auf unterschiedlichen Gründen beruhen: Entweder ist im regulären Eröffnungsverfahren noch gar kein vorläufiger Insolvenzverwalter vom Gericht bestellt[23] oder er wurde zwar bestellt, aber von der Geschäftsleitung nicht oder erfolglos um Zustimmung gebeten.[24] Schließlich kann die Person eines vorläufigen Insolvenzverwalters in der vorläufigen Eigenverwaltung (§§ 270b, 270c InsO n.F.) schlicht deshalb fehlen, weil er in jenem Verfahren nicht bestellt wird.[25] Dann kann sich freilich die nicht einfach zu beantwortende Frage ergeben, ob der *Safe Harbour* des § 15b Abs. 2 Satz 3 InsO analog bei Zustimmung eines vorläufigen Sachwalters gilt.

3. Weiter Umfang der Zahlungen im ordnungsgemäßen Geschäftsgang

16 Wie weit der Kreis jener „Zahlungen im ordnungsgemäßen Geschäftsgang" zu ziehen ist, wird für das neue Recht unterschiedlich beurteilt. Der *Verfasser* hat sich zur Interpretation jenes aus § 2 Abs. 1 Nr. 1 COV-InsAG stammenden Begriffs für ein weites Verständnis ausgesprochen[26] und dafür Zustimmung gefunden:[27] Erlaubt seien alle Zahlungen, denen

---

22 Näher *Bitter,* ZIP 2021, 321, 326.
23 Vgl. *Bitter,* ZIP 2021, 321, 326 in Fn. 85; *Benz/Rhode,* SanB 2020, 160, 162; a.A. – die Privilegierung insoweit ablehnend – *Gehrlein,* DB 2020, 2393, 2395; noch allgemeiner das Privileg bei fehlender Zustimmung ablehnend *Brünkmans,* ZInsO 2021, 1, 19.
24 A.A. *Brünkmans,* ZInsO 2021, 1, 19: Auszahlungen ohne die erforderliche Zustimmung des vorläufigen Insolvenzverwalters seien nicht mit der Sorgfalt eines ordentlichen und gewissenhaften Geschäftsleiters vereinbar.
25 Nach der vom *Verfasser* gegen die Begr. RegE § 15b Abs. 2 und 3 InsO, BT-Drucks. 19/24181, S. 195, vertretenen Position ist § 15b InsO auch in der vorläufigen Eigenverwaltung neben der insoweit zusätzlich geschaffenen Haftungsnorm des § 276a Abs. 2 und 3 InsO anwendbar; vgl. *Bitter,* ZIP 2021, 321, 335 f. gegen *Brinkmann,* ZIP 2020, 2361, 2367 = VGR, Gesellschaftsrecht in der Diskussion 2020, 2021, S. 109 (Rz. 42); *Brünkmans,* ZInsO 2021, 1, 20; s. zu dieser Streitfrage auch *Thole,* BB 2021, 1347, 1354; *Bork/Kebekus* in Kübler/Prütting/Bork, Stand: März 2021, § 15b InsO Rz. 55.
26 *Bitter,* ZIP 2021, 321, 325 f.
27 *Bork/Kebekus* in Kübler/Prütting/Bork, Stand: März 2021, § 15b InsO Rz. 43; s. auch *Vorwerk/Dust,* NWB 2021, 2366, 2369 f.; *Jacobs/Kruth,* DStR 2021, 2534, 2537.

ein objektiv denkender Gläubiger im Interesse einer vorläufigen, die Werte erhaltenden Aufrechterhaltung des Geschäftsbetriebs zugestimmt hätte.[28] Als Beispiele hat der *Verfasser* die Bezahlung von Löhnen und Mieten sowie die Bestellung von Waren und Dienstleistungen und die Betankung von Fahrzeugen angeführt.[29] Nicht hingegen solle die schlichte Erfüllung von Altverbindlichkeiten ohne neuen Beitrag des Zahlungsempfängers zur Fortführung des Geschäftsbetriebs[30] oder die einseitige Rückführung von Gesellschafterdarlehen privilegiert sein.[31]

Andere haben sich deutlich restriktiver geäußert und dabei die rechts- 17
politische Entscheidung des Gesetzgebers kritisiert.[32] Insbesondere sei nicht einzusehen, warum die Zahlung von Dienst- und Arbeitsleistungen erlaubt werden solle, da diese gewöhnlich erst nach erbrachter Leistung bezahlt würden und folglich der Drei- bzw. Sechswochenzeitraum des § 15a Abs. 1 Sätze 1 und 2 InsO auch ohne Zahlungen überbrückt werden könne.[33] Wieder andere Autoren nehmen eine Mittelposition ein, indem sie die Zahlung von Löhnen oder Dienstleistungen (z.B. Sanierungsberatung) zwar für privilegiert halten, umfangreiche Investitionen aber nicht.[34]

---

28 *Bitter*, ZIP 2021, 321, 326; zust. *Vorwerk/Dust*, NWB 2021, 2366, 2369; insoweit übereinstimmend auch *Baumert*, ZRI 2021, 962, 965.
29 *Bitter*, ZIP 2021, 321, 326; ähnlich die Aufzählung bei *H.-F. Müller*, GmbHR 2021, 737, 739 Rz. 4; *Kunz* in Kluth/Harder/Harig/Kunz, Das neue Restrukturierungsrecht, 2022, § 20 Rz. 19.
30 Insoweit ähnlich *Bork/Kebekus* in Kübler/Prütting/Bork, Stand: März 2021, § 15b InsO Rz. 43 a.E., *Jacobs/Kruth*, DStR 2021, 2534, 2537 und *Vorwerk/Dust*, NWB 2021, 2366, 2369 a.E.: im Einzelfall zulässige Zahlung von Altverbindlichkeiten, um den Fortgang der Geschäfte (durch zukünftige Lieferungen) und die Verlässlichkeit von Leistungsbeziehungen nicht zu gefährden.
31 *Bitter*, ZIP 2021, 321, 326; dem letztgenannten Punkt zustimmend *H.-F. Müller*, GmbHR 2021, 737, 739 Rz. 5 m.w.N.; vgl. auch *Thole*, BB 2021, 1347, 1353 („*ungewöhnliche Zahlungen, insbesondere Selbstbegünstigungen, Rückzahlungen auf Gesellschafterdarlehen, neue Investitionen oder sonstige Transaktionen zwecks Gläubigerbenachteiligung, komplexe Umstrukturierungen zwecks Vermögensverlagerung*").
32 *Baumert*, NZG 2021, 443, 446 f. mit Kritik am Gesetz.
33 *Baumert*, NZG 2021, 443, 446 f.
34 *Thole*, BB 2021, 1347, 1353; *H.-F. Müller*, GmbHR 2021, 737, 739 Rz. 5.

a) Bezahlung von Arbeitnehmern und Dienstleistern

18 Zutreffend ist sicher, dass die zum COVInsAG entwickelten Grundsätze trotz gleichen Wortlauts der Normen nicht eins zu eins übernommen werden können. Bei der Aussetzung der Insolvenzantragspflicht im Rahmen der Corona-Pandemie (§ 1 COVInsAG) und der während dieses Zeitraums trotz Insolvenzreife ermöglichten Fortführung des Unternehmens (§ 2 Abs. 1 Nr. 1 COVInsAG) ging es nämlich teilweise um längere Zeiträume als die im Rahmen der Drei- bzw. Sechswochenfrist in Rede stehen.[35] Doch gilt die in § 15b Abs. 2 Satz 1 InsO konkretisierte Sorgfaltsausnahme nicht nur im recht kurzen Zeitraum des § 15a Abs. 1 Sätze 1 und 2 InsO, sondern – wie dargelegt – auch im Eröffnungsverfahren, so dass durchaus ein Zeitraum von mehreren Monaten zu überbrücken ist. Dass Arbeitnehmer und Dienstleister ihre Arbeit für Wochen und Monate fortsetzen, ohne Zahlung zu erhalten, ist kein realistisches Szenario. Ihre Bezahlung kann deshalb durchaus zur Aufrechterhaltung des Geschäftsbetriebs erforderlich sein,[36] ganz abgesehen von dem betrügerischen Zynismus, der darin läge, diese Personengruppen als Geschäftsleitung in der sicheren Erwartung späterer Nichtzahlung (weiter) vorleisten zu lassen.

19 Allein in Bezug auf die Arbeitnehmer ließe sich in jenem Umfang, in dem sie bei Insolvenz ihres Arbeitgebers Anspruch auf Insolvenzgeld haben (§ 165 SGB III), erwägen, ob ihre Lohnzahlung aus dem Vermögen der insolventen Gesellschaft zur Aufrechterhaltung des Geschäftsbetriebs wirklich erforderlich ist.[37] Eine alternative Verweisung der Arbeitnehmer auf das Insolvenzgeld käme jedoch allenfalls in den ganz engen Grenzen in Betracht, in denen das BAG erwogen hat, das Zurückbehaltungsrecht an der Arbeitsleistung aus § 273 BGB im Hinblick auf eine unzweifelhafte Sicherstellung der Lohnzahlung durch jenes Insolvenzgeld einzuschränken.[38] Das käme bei einer bereits fix vereinbarten Insolvenzgeldvorfinanzierung und Sicherstellung der Insolvenzeröffnung

---

35 In diesem Sinne *Baumert*, NZG 2021, 443, 446; *Baumert*, ZRI 2021, 962, 964; zust. *Thole*, BB 2021, 1347, 1352 f. („*beachtliches Argument*").

36 Ebenso *Thole*, BB 2021, 1347, 1353; *Jacobs/Kruth*, DStR 2021, 2534, 2537 f.

37 Vgl. *Baumert*, ZRI 2021, 962, 965 bei Fn. 43, der die Erforderlichkeit wegen des Insolvenzgeldes ablehnt.

38 Vgl. sehr zurückhaltend BAG v. 25.10.1984 – 2 AZR 417/83, ZIP 1985, 302, 304 f. (juris Rz. 34 ff.) zum früheren Konkursausfallgeld; großzügiger auf Basis des mit der InsO eingeführten Rechts *Blank*, ZInsO 2007, 426 ff.

vor dem Ende des Dreimonatszeitraums des § 165 Abs. 1 Satz 1 SGB III in Betracht.[39] Auch insoweit erscheint jedoch offen, ob der Gesetzgeber die Geschäftsleitung zur „Einsparung" von Löhnen für bis zu drei Monate auf Kosten der Allgemeinheit (auch zukünftig) gemäß der bisherigen, nicht unumstrittenen Praxis im Eröffnungsverfahren[40] nicht nur berechtigen, sondern zugleich verpflichten wollte oder er nun auch die pünktliche Lohnzahlung durch die insolvente Gesellschaft selbst als „ordnungsgemäßen Geschäftsgang" ansieht. Letzteres liegt nach allgemeinem Sprachverständnis näher, da der Lohnersatz durch Insolvenzgeld im „Geschäftsgang" eindeutig irregulär ist. Jedenfalls versagt der Verweis auf das Insolvenzgeld bei beabsichtigter Sanierung innerhalb der Drei- bzw. Sechswochenfrist des § 15a Abs. 1 Sätze 1 und 2 InsO, weil dann kein Insolvenzereignis i.S.v. § 165 Abs. 1 SGB III vorliegt und folglich kein Anspruch auf Insolvenzgeld entsteht.[41]

Soweit man die Lohnzahlung als privilegiert i.S.v. § 15b Abs. 2 InsO ansieht, mag auf den ersten Blick überraschen, dass damit die Abführung des Nettolohns weitergehend erlaubt wird als die Zahlung der Arbeitnehmerbeiträge zur Sozialversicherung und Steuern, hinsichtlich derer nun gem. § 15b Abs. 8 InsO in direkter bzw. analoger Anwendung – vorbehaltlich des neu gefassten § 55 Abs. 4 InsO[42] – von einem generellen Vorrang der Massesicherung auszugehen ist (dazu unten Rz. 28 ff., zur Analogie insb. Rz. 37 ff.). Doch entspricht diese Konsequenz eben dem neuen Konzept der Gestattung (nur) solcher Zahlungen, die der vorläu- 20

---

39 *Bittner/Kolbe* in Staudinger, 2019, § 273 BGB Rz. 89; erweiternd auf Fälle fehlender Insolvenzgeldvorfinanzierung *Blank*, ZInsO 2007, 426 ff., insb. S. 429 f.
40 Überblick bei *Honold*, NZI 2015, 785 ff.; deutlich kritisch zu dieser Praxis *Richter*, Verschleppte Eröffnung von Insolvenzverfahren – Zur unzulässigen Verlängerung von Insolvenzeröffnungsverfahren unter besonderer Berücksichtigung der Insolvenzgeldvorfinanzierung, 2018.
41 Insoweit übereinstimmend auch *Baumert*, ZRI 2021, 962, 965.
42 Dazu *Schmittmann*, ZInsO 2021, 211 ff.; ausführlich *Witfeld*, ZRI 2021, 173 ff.; knapp *Witfeld/Dannemann*, NZI 2021, 905, 906 (Steuerausfälle bei Umsatz- und Lohnsteuer überschaubar); demgegenüber wird bei *Schneider*, NZI 2021, 996 ff. offenbar übersehen, dass § 55 Abs. 4 InsO die Wirkung des § 15b Abs. 8 InsO partiell zugunsten des Fiskus neutralisiert, weil zwar der rechtzeitig den Insolvenzantrag stellende Geschäftsführer gleichwohl bei Nichtzahlung entlastet wird, aber die Insolvenzmasse für die Steuern aufkommen muss. Insoweit kommt es dann gerade nicht zur behaupteten „*Insolvenzfinanzierung durch Nichtzahlung von Steuern*".

figen Aufrechterhaltung des Geschäftsbetriebs im Interesse der Gläubigergesamtheit dienen, und derartige Zahlungen sind immer dann erforderlich, wenn die insolvenzreife Gesellschaft eine für die Betriebsfortführung erforderliche Gegenleistung vom Empfänger erwartet, die dieser bei ausbleibender Zahlung nicht zu erbringen bereit ist. Derartige Gegenleistungen gibt es vom Finanzamt und Sozialversicherungsträger nicht.[43]

b) Mietzahlungen

21 Ähnlich wie beim Lohn ist für Mietzahlungen zu entscheiden, ob sie auch in dem Umfang zur Aufrechterhaltung des Geschäftsbetriebs erforderlich sind, in dem ihre Zurückhaltung noch nicht zu einem Kündigungsrecht des Vermieters führt.[44] Der Anfang 2021 geäußerten Vorstellung des *Verfassers*[45] entsprach es insoweit anzunehmen, dass die *pünktliche* Mietzahlung einem „ordnungsgemäßen Geschäftsgang" entspricht[46] – dies jedenfalls in solchen Fällen, in denen auch ein objektiv denkender Gläubiger einer solchen Handhabung zur Vermeidung von Irritationen im Mietverhältnis zugestimmt hätte.

c) Zins und Tilgung bei laufenden Darlehen

22 Das Gleiche gilt auch für die reguläre Zahlung fälliger Zins- und Tilgungsbeträge gegenüber Finanzierern (insbesondere Kreditinstituten), um die Ausübung von Kündigungsrechten wegen Zahlungsverzugs und eine dadurch bewirkte Gesamtfälligstellung des Kredits zu vermeiden.[47] Davon sauber zu unterscheiden ist aber die unzulässige schlichte Rückführung ausgelaufener, also bereits zur Rückzahlung fälliger Darlehen oder gar die vorzeitige Rückführung (insbesondere von Gesellschafterdarlehen).[48]

---

43 Kritik bei *Schneider*, NZI 2021, 996, 999: „*Sanierungsbemühungen auf Kosten der staatlichen Solidargemeinschaft*".
44 Vgl. auch dazu *Baumert*, ZRI 2021, 962, 965.
45 *Bitter*, ZIP 2021, 321, 326.
46 Für eine allgemeine Privilegierung von Miet- und Pachtzahlungen auch *Jacobs/Kruth*, DStR 2021, 2534, 2538; *H.-F. Müller*, GmbHR 2021, 737, 739 Rz. 4.
47 *Jacobs/Kruth*, DStR 2021, 2534, 2537.
48 Ebenso *Jacobs/Kruth*, DStR 2021, 2534, 2537; vgl. zur Rückführung von Gesellschafterdarlehen bereits oben Rz. 16 m.w.N.

d) Zurückstellung umfangreicher Investitionen

Richtig erscheint es, die in § 15b Abs. 2 Satz 1 InsO konkretisierte Sorg-   23
faltsausnahme im Anschluss an *H.-F. Müller*[49] im Rahmen kürzerer Zeiträume strenger zu handhaben[50] und auf solche Zahlungen zu begrenzen,
die einer notwendigen Überbrückung dieses kürzeren Zeitraums dienen,
während umfangreiche Investitionen nicht getätigt werden dürfen (vgl.
ähnlich auch § 89 Abs. 3 Satz 2 StaRUG)[51]. Doch ändert diese von dem
tatsächlich kürzeren Zeitraum abhängige Handhabung[52] nichts an der
grundsätzlich weiten Interpretation des in § 15b Abs. 2 InsO gewährten
Privilegs, das gerade (auch) im Interesse der Gläubiger eine vorläufige
Fortführung des Geschäftsbetriebs während des Drei- bzw. Sechswochen-
zeitraums des § 15a Abs. 1 Sätze 1 und 2 InsO sowie im Eröffnungsverfahren ermöglichen will. Bei zu strikter Anwendung des Zahlungsverbots
würden durch eine dann notwendige sofortige Betriebsstilllegung irrepa-
rable Schäden entstehen, weil der Geschäftsbetrieb in sich zusammen-
fällt und damit das Unternehmen nicht mehr oder jedenfalls schlechter
zugunsten der Gläubigergesamtheit verwertbar wäre.

4. Fälle erlaubter Zahlungen bei Insolvenzverschleppung?

Ob umgekehrt bei Insolvenzverschleppung noch Fälle erlaubter Zahlun-   24
gen anzuerkennen sind, ist eine ebenfalls umstrittene Frage. Da in § 15b
Abs. 3 InsO davon die Rede ist, Zahlungen seien im Zeitraum der Insolvenzverschleppung *„in der Regel* nicht mit der Sorgfalt eines ordentlichen und gewissenhaften Geschäftsleiters vereinbar", scheint der Gesetzgeber Ausnahmefälle für möglich zu halten, die von der im Gesetz
erwähnten Regel abweichen. Allerdings werden die *„Ausnahmebedin-
gungen"* in der Begründung des § 15b InsO nur begrifflich erwähnt, nicht
hingegen in irgendeiner Weise spezifiziert.[53]

---

49 *H.-F. Müller*, GmbHR 2021, 737, 739 Rz. 5.
50 Zur besonders engen Interpretation bei Überbrückung des sehr kurzen Zeit-
    raums zur Vorbereitung eines Insolvenzantrags i.S.v. § 15b Abs. 2 Satz 2 InsO
    Vorwerk/Dust, NWB 2021, 2366, 2371.
51 Auf den Rechtsgedanken des § 89 Abs. 3 StaRUG hinweisend auch *Baumert*,
    ZRI 2021, 962, 965.
52 Deutlich *Baumert*, ZRI 2021, 962, 965: zukünftig exakte Messung an der Er-
    forderlichkeit; a.A. *Jacobs/Kruth*, DStR 2021, 2534, 2537, die für einen von
    der Dauer unabhängigen Haftungsmaßstab plädieren.
53 In der Begr. RegE zu § 15b Abs. 2 und 3, BT-Drucks. 19/24181, S. 195 heißt es
    wörtlich: *„Ist der für eine rechtzeitige Antragstellung maßgebliche Zeitraum
    abgelaufen, lassen sich Zahlungen nur unter Ausnahmebedingungen noch*

25 Da die primäre Pflicht der Geschäftsleitung spätestens nach Ablauf der Drei- oder Sechswochenfrist des § 15a Abs. 1 Sätze 1 und 2 InsO auf die Stellung des Insolvenzantrags gerichtet ist[54] und sodann im Eröffnungs- und endgültigen Insolvenzverfahren zu entscheiden ist, welche Beträge im Interesse einer Verwertung zugunsten der Gläubiger noch fortgezahlt werden sollen, hat sich der *Verfasser* äußerst zurückhaltend zu der Möglichkeit geäußert, im Zeitraum der Insolvenzverschleppung noch privilegierte Zahlungen anerkennen zu können.[55]

26 Einen deutlichen Gegenstandpunkt hat *A. Schmidt* eingenommen, wenn er meint, sogar die Abführung von Arbeitnehmerbeiträgen zur Sozialversicherung sowie die Weiterleitung treuhänderisch entgegengenommener Gelder könnten in Übereinstimmung mit der bisherigen Rechtsprechung des II. Zivilsenats[56] weiterhin auch im Zustand der Insolvenzverschleppung als sorgfaltsgemäß angesehen werden.[57] Das ist eindeutig unzutreffend, hat sich der Gesetzgeber doch mit dem neuen § 15 Abs. 3 InsO exakt von jener Rechtsprechung absetzen wollen.[58] Überdeutlich wird in der Gesetzesbegründung ausgeführt, dass jene (angebliche) Pflichtenkollision zwischen dem Gebot der Massesicherung (früher § 64 GmbHG, jetzt § 15b InsO) und der strafbewehrten Pflicht zur Abführung von Arbeitnehmerbeiträgen zur Sozialversicherung (§ 266a StGB) sowie auch der buß- und haftungsbewehrten Pflicht zur Steuerabführung, auf die die von *A. Schmidt* in Bezug genommene Rechtsprechung des II. Zivilsenats aufbaut,[59] vom Geschäftsführer selbst verschuldet ist; ihr habe sich der Geschäftsführer schlicht durch Antragstellung zu entziehen.[60] Damit ist – in Übereinstimmung mit der vom *Verfasser* schon bislang vertretenen

---

als mit der Sorgfalt eines ordentlichen und gewissenhaften Geschäftsleiters vereinbaren.“

54 Deutlich insoweit Begr. RegE zu § 15b Abs. 2 und 3, BT-Drucks. 19/24181, S. 195.

55 *Bitter*, ZIP 2021, 321, 326.

56 Darstellung jener Rechtsprechung bei *Bitter/Baschnagel*, ZInsO 2018, 557, 589 ff.; *Bitter* in Scholz, Band 3, 12. Aufl. 2021, § 64 GmbHG Rz. 171 ff., 180.

57 *A. Schmidt*, ZRI 2021, 389, 393 f.; für Sozialversicherungsbeiträge ebenso *Baumert*, ZRI 2021, 962, 967.

58 Wie hier auch *Jacobs/Kruth*, DStR 2021, 2534, 2540.

59 Dazu *Bitter* in Scholz, Band 3, 12. Aufl. 2021, § 64 GmbHG Rz. 174 und 180.

60 Begr. RegE zu § 15b Abs. 2 und 3 InsO (letzter Absatz), BT-Drucks. 19/24181, S. 195.

Position[61] – klar ausgedrückt, dass die weitere Abführung jener Beträge nach Beginn der Insolvenzantragspflicht nicht mehr privilegiert, sondern gem. § 15b InsO haftungsbewehrt sein soll.[62]

Allenfalls lässt sich über eine von *Gehrlein* in Anlehnung an § 744 Abs. 2 BGB und § 21 Abs. 2 WEG ins Spiel gebrachte enge Ausnahmekonstellation nachdenken.[63] Diese müsste jedoch restriktiver gehandhabt werden als die bisherige sog. Notgeschäftsführung, will man die vom Gesetzgeber in § 15 Abs. 3 InsO aufgestellte Regel nicht aushebeln.[64] Selbst bei der von *Gehrlein* als Beispiel angeführten Zahlung von Prämien für die Versicherung elementarer Gefahren wie Feuer[65] erscheint die Privilegierung im Zustand der Insolvenzverschleppung nicht wirklich überzeugend, weil die Dauer der Fortzahlung solcher Versicherungsprämien durch die Verschleppung unzulässig verlängert wird.[66] Zu denken ist aber an Notmaßnahmen im Katastrophenfall: Wird beispielsweise das Dach eines der insolventen Gesellschaft gehörenden Hauses im Sturm abgedeckt, darf die Geschäftsleitung es vorläufig sichern, um das Eindringen von Wasser und dadurch verursachte Schäden zu vermeiden.[67] Schon eine nachhaltige Reparatur des Dachs wäre hingegen nicht mehr als Ausnahmefall anzuerkennen, weil über die Notwendigkeit und konkrete Ausführung jener Reparatur eben nicht mehr der insolvenzver-

27

---

61 *Bitter/Baschnagel*, ZInsO 2018, 557, 589 ff.; *Bitter* in Scholz, Band 3, 12. Aufl. 2021, § 64 GmbHG Rz. 171 ff.

62 Dazu *Bitter*, GmbHR 2021, R16, R17; *Bitter*, ZIP 2021, 321, 327 f.; ebenso *Jacobs/Kruth*, DStR 2021, 2534, 2540.

63 *Gehrlein*, DB 2020, 2393, 2396 (Beheizung von Gebäuden im Winter; Prämien der Brandschutzversicherung); zust. *H.-F. Müller*, GmbHR 2021, 737, 740 Rz. 8; *Kunz* in Kluth/Harder/Harig/Kunz, Das neue Restrukturierungsrecht, 2022, § 20 Rz. 27; vgl. auch *Thole*, BB 2021, 1347, 1353 („*bedenkenswerter Vorschlag*"); ferner *Bork/Kebekus* in Kübler/Prütting/Bork, Stand: März 2021, § 15b InsO Rz. 52 („*äußerst strenger Maßstab*": Abwehr unmittelbar drohender Schäden); ggf. Zahlungen an existenziell wichtige Lieferanten oder an Arbeitnehmer).

64 Ebenso *Thole*, BB 2021, 1347, 1353; *Kunz* in Kluth/Harder/Harig/Kunz, Das neue Restrukturierungsrecht, 2022, § 20 Rz. 29; ähnlich *H.-F. Müller*, GmbHR 2021, 737, 740 Rz. 8: „*tendenziell strenger … als bisher*".

65 *Gehrlein*, DB 2020, 2393, 2396; zust. *H.-F. Müller*, GmbHR 2021, 737, 740 Rz. 8; für Österreich zuvor schon *Trenker*, JBl 2018, 434, 436 f.

66 *Bitter* in Scholz, Band 3, 12. Aufl. 2021, § 64 GmbHG Rz. 170 in Fn. 508; *Bitter*, ZIP 2021, 321, 326.

67 Ähnlich *Baumert*, ZRI 2021, 962, 963: Zahlungen zur Vermeidung von „*Verrotten von Assets*".

schleppende Geschäftsleiter, sondern der Insolvenzverwalter im Regelverfahren oder ausnahmsweise der eigenverwaltende Schuldner unter Aufsicht eines Sachwalters zu entscheiden hat.

5. Pflichtenkollision zwischen Massesicherungspflicht und Abführungsgeboten aus § 266a StGB und §§ 34, 69 AO

28 Wie soeben schon ausgeführt, korrigiert der Gesetzgeber bewusst auch die bisherige Rechtsprechung des II. Zivilsenats zur (angeblich) privilegierten Zahlung von Arbeitnehmerbeiträgen zur Sozialversicherung sowie von Steuern (vgl. oben Rz. 26).

a) Die Problematik der bisherigen Rechtsprechung

29 Nach einigem Hin und Her zwischen dem II. Zivilsenat und dem 5. Strafsenat des BGH[68] hatte sich der II. Zivilsenat bekanntlich im Jahr 2007 dazu entschieden, die Abführung der Arbeitnehmeranteile zur Sozialversicherung sowie von Steuern im Hinblick auf die Straf- bzw. Haftungsbewehrung der Nichtabführung (§ 266a StGB bzw. §§ 34, 69 AO) als mit der Sorgfalt eines ordentlichen und gewissenhaften Geschäftsleiters vereinbar zu erklären mit der Folge einer Ausnahme von der Ersatzpflicht nach dem damaligen § 64 Abs. 2 GmbHG (später § 64 GmbHG).[69]

30 Die Problematik dieser Rechtsprechung hat der *Verfasser* an anderen Stellen bereits eingehend aufgezeigt,[70] so dass hier eine knappe Wiederholung genügt: Der II. Zivilsenat privilegierte – wie nun auch in der Gesetzesbegründung zu § 15b InsO klargestellt wird[71] – fehlerhaft eine im Zustand der Insolvenzverschleppung selbst verursachte Pflichtenkollisi-

---

68 Zur Entwicklung der Rechtsprechung s. *Bitter/Baschnagel*, ZInsO 2018, 557, 589; *Bitter* in Scholz, Band 3, 12. Aufl. 2021, § 64 GmbHG Rz. 173 ff.

69 BGH v. 14.5.2007 – II ZR 48/06, GmbHR 2007, 757 = ZIP 2007, 1265 (Ls. 1 und Rz. 12 ff.); dazu *Altmeppen* in Roth/Altmeppen, 10. Aufl. 2021, § 43 GmbHG Rz. 74; *Bitter* in Scholz, Band 3, 12. Aufl. 2021, § 64 GmbHG Rz. 174 f.

70 *Bitter*, Beilage zu ZIP 22/2016, 6 ff.; *Bitter/Baschnagel*, ZInsO 2018, 557, 589 ff.; *Bitter* in Scholz, Band 3, 12. Aufl. 2021, § 64 GmbHG Rz. 171 ff., 181 ff.; gänzlich anders *Altmeppen*, ZIP 2021, 2413 ff.; *Schneider*, NZI 2021, 996 ff., insb. 999 („*ausgewogene stRspr. ... aufgegeben*"), 1000 f. („*Kein Bedürfnis für Gesetzesänderung*").

71 Begr. RegE zu § 15b Abs. 2 und 3 InsO (letzter Abs.), BT-Drucks. 19/24181, S. 195.

on.[72] Das einzig sorgfaltsgemäße Verhalten des Geschäftsleiters liegt in dieser Situation in der Stellung des Insolvenzantrags, nicht in der Betriebsfortführung trotz Insolvenzreife.

Die nicht überzeugende Privilegierung des Geschäftsleiters durch den 31 II. Zivilsenat schaffte unnötige Probleme im Zeitraum *nach* dem Insolvenzantrag, in dem es eine nicht vermeidbare Pflichtenkollision nun tatsächlich gibt, ferner in der Dreiwochenfrist des § 15a Abs. 1 InsO (nun: Drei- oder Sechswochenfrist).[73] Der BFH stieß nämlich in Konsequenz der (kritikwürdigen) Rechtsprechung des II. Zivilsenats des BGH in die von Letzterem unnötig geöffnete Lücke vor und entschied, dass nun auch in der Dreiwochenfrist des § 15a Abs. 1 InsO sowie im Insolvenzeröffnungsverfahren die Abführung der Steuern zu verlangen sei, weil sie als nach § 64 Satz 2 GmbHG a.F. (angeblich) privilegierte Zahlung nicht mehr gegen das Zahlungsverbot des § 64 GmbHG a.F. verstießen.[74]

Die Praxis behalf sich insoweit mit einer Notlösung, indem die Steuer- 32 beträge – wie auch die Arbeitnehmeranteile zur Sozialversicherung – im Eröffnungsverfahren abgeführt wurden, der Zahlungsempfänger aber zuvor im Hinblick auf den gestellten Insolvenzantrag bösgläubig gemacht wurde, um die Beträge später nach der Eröffnung des Insolvenzverfahrens im Wege der Insolvenzanfechtung zurückholen zu können.[75] Dieses Hin und Her nach dem Prinzip *„erst zahlen, dann anfechten"* führte nicht nur zu völlig unnötigem Aufwand,[76] sondern insbesondere zu einem misslichen Abfluss von Liquidität in einem Zeitraum, in dem sie

---

72 Von *„übergesetzlichem Notstand"* (so *Altmeppen,* ZIP 2021, 2413, 2414) kann deshalb nicht im Ansatz die Rede sein.

73 Siehe zum Folgenden zusammenfassend bereits *Bitter,* ZIP 2021, 321, 327.

74 Für die Dreiwochenfrist BFH v. 23.9.2008 – VII R 27/07, BFHE 222, 228 = BStBl. II 2009, 129 (Ls. 3) = GmbHR 2009, 222; für das Eröffnungsverfahren BFH v. 26.9.2017 – VII R 40/16, BFHE 259, 423 = BStBl. II 2018, 772 = GmbHR 2018, 221; BFH v. 22.10.2019 – VII R 30/18, BFH/NV 2020, 711 = ZIP 2020, 911 = GmbHR 2020, 671 m. Anm. *Hoffmann;* diese Rspr. begrüßend *Schneider,* NZI 2021, 996, 999.

75 Siehe zu dieser und anderen Ausweichstrategien *Bitter/Baschnagel,* ZInsO 2018, 557, 592 f.; *Romey/Weber,* ZInsO 2021, 2594, 2596 f.; knapper *Bitter* in Scholz, Band 3, 12. Aufl. 2021, § 64 GmbHG Rz. 185; *Kunz* in Kluth/Harder/ Harig/Kunz, Das neue Restrukturierungsrecht, 2022, § 20 Rz. 50; *Witfeld/ Dannemann,* NZI 2021, 905.

76 Zutreffend *Romey/Weber,* ZInsO 2021, 2594, 2596.

für erste Schritte der Sanierung des Unternehmens sowie für die Fortführung im Eröffnungsverfahren besonders dringend gebraucht wurde.[77]

b) Auflösung der Problematik durch § 15b Abs. 3 und 8 InsO für Steuerzahlungen

33 Die Problematik wird durch die neuen Abs. 3 und 8 des § 15b InsO zumindest für Steuerzahlungen klar aufgelöst:[78]

34 Mit dem dritten Absatz und der zugehörigen Gesetzesbegründung wird – wie bereits dargelegt – klargestellt, dass im Zeitraum der Insolvenzverschleppung grundsätzlich keine nach § 15b Abs. 1 Satz 2 InsO privilegierten Zahlungen mehr in Betracht kommen, auch nicht, soweit es sich um Arbeitnehmeranteile zur Sozialversicherung und Steuern handelt (vgl. oben Rz. 26). Von der bisherigen Rechtsprechung soll (auch) insoweit abgewichen werden.

35 Für den pflichtgemäß handelnden Geschäftsführer, der die Insolvenz nicht verschleppt, wird die Kollision zwischen dem Massesicherungsgebot des § 15b InsO und den haftungsbewehrten Abführungspflichten des Steuerrechts (§§ 34, 69 AO) sodann aufgelöst, dies jedoch in exakt umgekehrter Richtung wie nach der bisherigen Rechtsprechung: Nicht das Zahlungsverbot tritt zurück, sondern gem. § 15b Abs. 8 Satz 1 InsO die steuerliche Abführungspflicht. Es heißt dort nämlich: *„Eine Verletzung steuerrechtlicher Zahlungspflichten liegt nicht vor, wenn zwischen dem Eintritt der Zahlungsunfähigkeit nach § 17 oder der Überschuldung nach § 19 und der Entscheidung des Insolvenzgerichts über den Insolvenzantrag Ansprüche aus dem Steuerschuldverhältnis nicht oder nicht rechtzeitig erfüllt werden, sofern die Antragspflichtigen ihren Verpflichtungen nach § 15a nachkommen."* Bei einer verspäteten Antragstellung gilt diese zur Enthaftung des Geschäftsführers führende

---

77 Vgl. auch *Heinrich*, NZI 2021, 258, 261 („*Liquiditätsentzug ohne dauerhaften Vorteil für die Finanzverwaltung*"); bei Lohnsteuer die Anfechtbarkeit wegen § 142 InsO verneinend *Schneider*, NZI 2021, 996, 998; a.A. insoweit BGH v. 22.1.2004 – XI ZR 39/03, ZIP 2004, 513, 517 f. m. partiell krit. Anm. *Bitter*, WuB VI E § 829 ZPO 2.04; offen BFH v. 9.12.2005 – VII B 124-125/05, BFH/NV 2006, 897 = GmbHR 2005, 610, 613.

78 Siehe zum Folgenden schon *Bitter*, ZIP 2021, 321, 327 f.; ähnlich jüngst *Romey/Weber*, ZInsO 2021, 2594, 2597 f.; zu offenen Detailfragen *Witfeld/Dannemann*, NZI 2021, 905 ff.; völlig anders *Altmeppen*, ZIP 2021, 2413 ff.; *Schneider*, NZI 2021, 996 ff.

Privilegierung gem. § 15b Abs. 8 Satz 2 InsO erst nach Anordnung der vorläufigen Insolvenzverwaltung oder Eigenverwaltung, so dass – anders als im bisherigen Recht – ein Anreiz gesetzt wird, der Insolvenzantragspflicht noch nachträglich nachzukommen.[79]

Im Ergebnis setzt sich damit im neuen Recht – vorbehaltlich des § 55   36
Abs. 4 InsO[80] – wieder der Vorrang der Massesicherungspflicht, also der Gedanke einer Unzulässigkeit selektiver Zahlung einzelner Verbindlichkeiten durch;[81] Ausweichstrategien nach dem Motto *„erst zahlen, dann anfechten"* werden überflüssig.[82]

c) Analoge Anwendung des § 15b Abs. 8 InsO auf Arbeitnehmerbeiträge zur Sozialversicherung

Die umstrittenste Frage des neuen Rechts geht dahin, ob die Vorschrift   37
des § 15b Abs. 8 InsO auf die im Grundsatz strafbewehrte Nichtzahlung von Arbeitnehmerbeiträgen zur Sozialversicherung (§ 266a StGB) analog anwendbar ist, sich also auch hier das Massesicherungsgebot durchsetzt und die Strafnorm zurücktritt, um den pflichtgemäß handelnden Geschäftsführer aus der Pflichtenkollision zu befreien.

Dass der Gesetzgeber von den beiden bislang immer parallel behandel-   38
ten Fällen der Zahlung von Steuern und Arbeitnehmerbeiträgen zur Sozialversicherung nur den Ersteren geregelt hat, der Zweite jedoch in § 15b Abs. 8 InsO unerwähnt bleibt, ist in der Literatur teilweise scharf kritisiert worden. *Rönnau/Wegner* halten die Rechtslage für *„völlig unklar"* und die fehlende gesetzliche Regelung trotz ausführlicher vorheriger Debatte für *„unbegreiflich"*; nun sei *„das Chaos perfekt"*.[83]

---

79 Bericht des Rechtsausschusses zur Einfügung des § 15b Abs. 8 InsO, BT-Drucks. 19/25353, S. 12; dazu *Witfeld/Dannemann*, NZI 2021, 905, 906 und 909 f.
80 Dazu *Witfeld*, ZRI 2021, 173 ff.; w.N. oben in Rz. 20.
81 *Bitter*, GmbHR 2020, 1157, 1159 f.; zust. *Romey/Weber*, ZInsO 2021, 2594, 2598; insoweit übereinstimmend auch *Altmeppen*, ZIP 2021, 2413, 2414.
82 Bericht des Rechtsausschusses zur Einfügung des § 15b Abs. 8 InsO, BT-Drucks. 19/25353, S. 12; zum Vorrang der Massesicherungspflicht s. auch Begr. RegE zu § 15b Abs. 2 und 3 InsO, BT-Drucks. 19/24181, S. 195.
83 *Rönnau/Wegner*, ZInsO 2021, 1137, 1146 f.; vgl. auch *Heinrich*, NZI 2021, 258, 260 (*„nicht nachvollziehbar"*).

aa) Methodisches Problem und Streitstand

39 Für den methodisch versierten Juristen liegt das Problem auf der Hand: Wenn der Gesetzgeber von zwei langjährig diskutierten und stets gleich behandelten Fällen nur einen ausdrücklich regelt, den anderen hingegen nicht, kommen zwei Lösungen in Betracht: Entweder liegt für den im Gesetz nicht angesprochenen Fall eine planwidrige Regelungslücke vor, die wegen der Vergleichbarkeit der Interessenlage durch Analogie geschlossen werden kann,[84] oder es ist ein Gegenschluss geboten,[85] weil der Gesetzgeber offenbar nur den Fall der Steuerzahlungen i.S.d. § 15b Abs. 8 InsO geregelt wissen wollte, die Nichtabführung von Arbeitnehmerbeiträgen zur Sozialversicherung hingegen nicht.[86]

40 Vor diesem Hintergrund verwundert es nicht, dass die Literatur zur Frage der analogen Anwendung des § 15b Abs. 8 InsO auf die Fälle des § 266a StGB gespalten ist, wobei sich die beiden Lager etwa gleichstark gegenüberstehen. Der *Verfasser* hat sich gleich nach der Verabschiedung der Reform zur Vermeidung eines interessenwidrigen Ergebnisses für die Analogie stark gemacht[87] und dafür viel Zustimmung gefunden.[88] Das Lager der Analogiegegner ist jedoch ähnlich groß.[89]

---

84 Allgemein zu den Voraussetzungen einer Analogie BGH v. 14.12.2017 – IX ZR 118/17, ZIP 2018, 233, 234 Rz. 15; *Larenz/Canaris*, Methodenlehre der Rechtswissenschaft, 3. Aufl. 1995, S. 202 ff.; *Möllers*, Juristische Methodenlehre, 4. Aufl. 2021, S. 250 ff.; *Bitter/Rauhut*, JuS 2009, 289, 297 f.

85 Allgemein zum Gegenschluss *Larenz/Canaris*, Methodenlehre der Rechtswissenschaft, 3. Aufl. 1995, S. 209 f.; *Bydlinski*, Juristische Methodenlehre und Rechtsbegriff, 2. Aufl. 1991, S. 476 f.; *Rüthers/Fischer/Birk*, Rechtstheorie und juristische Methodenlehre, 11. Aufl. 2020, Rz. 899 ff.; *Wank*, Juristische Methodenlehre, 2020, § 15 Rz. 106 f.; *Bitter/Rauhut*, JuS 2009, 289, 296.

86 Ausführlich zu beiden methodischen Ansätzen im hiesigen Zusammenhang *Berberich*, ZInsO 2021, 1313 ff.; knapper *Bitter*, GmbHR 2021, R16, R18.

87 *Bitter*, GmbHR 2021, R16, R18.

88 *Hodgson*, NZI-Beilage 1/2021, 85, 86 f.; *H.-F. Müller*, GmbHR 2021, 737, 739 Rz. 6 (jedenfalls fehlendes Verschulden bis zur Klärung der Rechtslage); *Rönnau/Wegner*, ZInsO 2021, 1137, 1148 („*gut vertretbar*"); ausführlich *Berberich*, ZInsO 2021, 1313 ff.; i.E. identisch *Altmeppen*, ZIP 2021, 2413, 2414 („*Schulfall der Analogie*"); ähnlich *Desch/Hochdorfer* in Desch, Das neue Restrukturierungsrecht, 2021, § 6 Rz. 55 f. (aber sicherheitshalber zahlen und später anfechten); nur referierend *Kunz* in Kluth/Harder/Harig/Kunz, Das neue Restrukturierungsrecht, 2022, § 20 Rz. 51; offen *Heinrich*, NZI 2021, 258 ff., insb. 262 und *Romey/Weber*, ZInsO 2021, 2594, 2598 f. (Gesetzgeber muss handeln).

89 *Baumert*, NZG 2021, 443, 449; *Baumert*, ZRI 2021, 962, 967; *A. Schmidt*, ZRI 2021, 389, 393; *Thole*, BB 2021, 1347, 1354 (deshalb weiter „*Zahlen und*

bb) Hektik des Gesetzgebungsverfahrens

Den Gegnern der Analogie ist zwar zuzugeben, dass es auf den ersten 41
Blick unwahrscheinlich klingt, der Gesetzgeber habe – hier in Gestalt
des Rechtsausschusses als Verfasser des § 15b Abs. 8 InsO – von den beiden zuvor breit diskutierten und immer gleich behandelten Fällen nur
den einen erkannt und den anderen übersehen, weshalb die Planwidrig-
keit der Regelungslücke zweifelhaft erscheint. Andererseits ist zu erkennen, dass hier ein Gesetz im „Hau-Ruck-Verfahren" verabschiedet
wurde, in dem schon der Regierungsentwurf ganz kurzfristig nach dem
Referentenentwurf vorgelegt und sodann im Rechtsausschuss des Deutschen Bundestags ebenfalls in Windeseile einige Dinge noch geradege-
rückt wurden. In der Hektik eines solchen Eilverfahrens erscheint es
nicht undenkbar, dass man im Rechtsausschuss nur die Steuerzahlungen im Blick hatte, zumal sich schon der Referentenentwurf mit einer
gesonderten Regelung allein auf die Steuerproblematik konzentriert hatte[90] und die Steuerthemen auch nach dem Regierungsentwurf stark in
der Diskussion standen.[91] Insoweit kann durchaus die Parallelproblema-
tik zu § 266a StGB aus dem Blickfeld des Rechtsausschusses geraten
sein.[92]

---

anfechten"); *Bork/Kebekus* in Kübler/Prütting/Bork, Stand: März 2021, § 15b
InsO Rz. 56 mit Fn. 167 (fehlende Regelungslücke); *Jacobs/Kruth*, DStR 2021,
2534, 2539 f.; vgl. auch das identische Ergebnis bei *Brinkmann*, ZIP 2020,
2361, 2366 = VGR, Gesellschaftsrecht in der Diskussion 2020, 2021, S. 106
(Rz. 32) zum RegE.

90 Vgl. den RefE SanInsFoG, S. 88 mit dem Vorschlag eines neuen, allein auf
Steuerzahlungen bezogenen § 64 Satz 3 GmbHG mit folgendem Wortlaut:
„*Nach diesem Zeitpunkt nicht mit der Sorgfalt eines ordentlichen Geschäfts-
manns vereinbar sind Zahlungen zur Erfüllung von Ansprüchen aus dem
Steuerschuldverhältnis.*" Damit sollte ausweislich der Begründung des RefE,
S. 242, klargestellt werden, dass künftig nach Eintritt der Insolvenzreife die
Steuerzahlungspflicht hinter die Massesicherungspflicht zurücktritt; vgl. da-
zu auch *Bitter* in Scholz, Band 3, 12. Aufl. 2021, § 64 GmbHG Rz. 184.

91 Vgl. *Bitter*, GmbHR 2021, R16, R18, mit Hinweis auf *Schmittmann*, ZRI
2020, 649, 652 ff.; *Poertzgen*, ZInsO 2020, 2509, 2518; vgl. auch *Schmittmann*,
BB 2021, Heft 4, S. I (rechte Spalte oben); ferner das vom Mannheimer ZIS
am 10.11.2020 veranstaltete Abendsymposion zum Thema „Insolvenzrecht
und Steuerrecht im Entwurf eines Sanierungsrechtsfortentwicklungsgesetzes
(SanInsFoG)" und dazu den Bericht im INDat Report 2021, S. 48 ff.

92 Ebenso *Altmeppen*, ZIP 2021, 2413, 2414; a.A. *Jacobs/Kruth*, DStR 2021,
2534, 2539.

cc) Ausdrücklicher Korrekturbedarf nur im Steuerrecht

42 *Berberich*[93] hat noch ein weiteres wesentliches Argument in die Debatte eingeführt: Für den Gesetzgeber bestand Regelungsbedarf nur für den Bereich des Steuerrechts, weil allein der BFH in die vom II. Zivilsenat des BGH durch Anerkennung der Sorgfaltsausnahme – wie dargelegt (oben Rz. 31)[94] – unnötig aufgerissene Lücke vorgestoßen war und entschieden hatte, dass die Massesicherungspflicht des früheren § 64 Satz 1 GmbHG nicht nur im Dreiwochenzeitraum des damaligen § 15a Abs. 1 InsO,[95] sondern auch im Eröffnungsverfahren zurücktritt[96] und allein deshalb die weitere Abführung der Steuern vom Geschäftsführer gefordert ist. Jene Rechtsprechung des BFH musste also (ausdrücklich) korrigiert werden, um zu der angemessenen und vom Gesetzgeber angestrebten Lösung zu kommen.

43 Für das Strafrecht bestand hingegen kein vergleichbarer Korrekturbedarf, weil der 5. Strafsenat schon sehr früh entschieden hatte, dass die Strafnorm des § 266a StGB im früheren Dreiwochenzeitraum des § 15a Abs. 1 InsO zurücktritt und insoweit das Massesicherungsgebot Vorrang genießt.[97] Für das Eröffnungsverfahren musste diese Entscheidung erst recht gelten, hatte der Geschäftsführer dann ja sogar den Eröffnungsantrag gestellt und das Insolvenzgeschehen in ein staatlich gelenktes Verfahren überführt.[98]

44 Dieser richtigen Lösung hätte allein die falsche Rechtsprechung des II. Zivilsenats des BGH entgegenstehen können, die früher (auch) die Abführung von Arbeitnehmerbeiträgen zur Sozialversicherung als sorgfalts-

---

93 *Berberich*, ZInsO 2021, 1313, 1317; im Ansatz auch *Heinrich*, NZI 2021, 258, 260.

94 Näher *Bitter*, Beilage zu ZIP 22/2016, 6; *Bitter/Baschnagel*, ZInsO 2018, 557, 589 ff.; *Bitter* in Scholz, Band 3, 12. Aufl. 2021, § 64 GmbHG Rz. 171 ff., 181 ff.

95 BFH v. 23.9.2008 – VII R 27/07, BFHE 222, 228 = BStBl. II 2009, 129 (Ls. 3) = GmbHR 2009, 222.

96 BFH v. 26.9.2017 – VII R 40/16, BFHE 259, 423 = BStBl. II 2018, 772 = GmbHR 2018, 221 Rz. 15 ff.; BFH v. 22.10.2019 – VII R 30/18, BFH/NV 2020, 711 = GmbHR 2020, 671 m. Anm. *Hoffmann*.

97 BGH v. 30.7.2003 – 5 StR 221/03, BGHSt 48, 307 = GmbHR 2004, 122 (Ls. 1).

98 *Kahlert*, ZIP 2012, 2089, 2090; *Bork*, KTS 2017, 189, 202 f.; dazu *Bitter* in Scholz, Band 3, 12. Aufl. 2021, § 64 GmbHG Rz. 182 und 184 a.E.; zust. *Romey/Weber*, ZInsO 2021, 2594, 2595.

gemäß i.S.v. § 64 Satz 2 GmbHG a.F. eingestuft hatte (vgl. oben Rz. 29). Jene Rechtsprechung wurde nun aber für das neue Recht bereits durch § 15b Abs. 3 InsO korrigiert (vgl. oben Rz. 26). Insoweit ergibt sich die richtige Lösung für das Strafrecht bereits auf der Basis der bisherigen strafgerichtlichen Rechtsprechung,[99] auf die die Begründung des Regierungsentwurfs auch zutreffend Bezug nimmt. Ausdrücklich heißt es dort: *„Solche Pflichtenkollisionen lassen sich nach der Antragstellung dahingehend auflösen, dass das Abführungsgebot hinter der Massesicherungspflicht zurücktritt (BGH, Beschl. v. 30.7.2003 – 5 StR 221/03, BGHSt 48, 307)."* Der Gesetzgeber sah folglich jenen Effekt, den er für die Steuerzahlungen mit § 15b Abs. 8 InsO erst in Korrektur der früheren BFH-Rechtsprechung erreichen wollte, im Bereich des Strafrechts bereits durch die dortige Rechtsprechung des 5. Strafsenats des BGH verwirklicht. Vor diesem Hintergrund bestand letztlich keine zwingende Notwendigkeit, die neue klarstellende Regelung des § 15b Abs. 8 InsO[100] ausdrücklich auch auf die Fälle des § 266a StGB auszudehnen, weil sich das gleiche Ergebnis dort ohnehin einstellen konnte.

Dies jedoch spricht klar dafür, beide Fälle auch im neuen Recht gleich 45 zu behandeln und – soweit man überhaupt Bedarf für eine (ausdrückliche) Regelung sieht – die Vorschrift des § 15b Abs. 8 InsO analog auf die Nichtabführung von Arbeitnehmerbeiträgen zur Sozialversicherung anzuwenden. Eine gegenteilige Entscheidung würde nur dazu führen, dass beide bislang immer vergleichbar angesehenen Fälle nunmehr unterschiedlich beurteilt würden, obwohl es dafür – wie auch die Gegner der Analogie ausdrücklich anerkennen – keinerlei sachlichen Grund gibt[101] und ein solcher auch in keiner Weise aus dem Gesetzgebungsverfahren erkennbar ist. Ganz im Gegenteil ergibt sich – wie dargelegt – aus der Begründung des Regierungsentwurfs mit Deutlichkeit, dass der Gesetzgeber für den Bereich des § 266a StGB das gleiche Ergebnis anstrebte,[102] das er für den Bereich des Steuerrechts erst durch die Ein-

---

99 Insoweit übereinstimmend auch *Baumert*, ZRI 2021, 962, 967 bei Fn. 72.

100 Zur klarstellenden Funktion des § 15b Abs. 8 InsO s. *Bitter*, ZIP 2021, 321, 328.

101 Die Gegner der Analogie verweisen allein auf das Fehlen einer planwidrigen Regelungslücke, während die Vergleichbarkeit der Interessenlage – soweit ersichtlich – von niemandem in Frage gestellt wird.

102 Ebenso *Romey/Weber*, ZInsO 2021, 2594, 2598; dies trotz Zitierung jener Begründung vernachlässigend *Jacobs/Kruth*, DStR 2021, 2534, 2539 f.

führung des § 15b Abs. 8 InsO rechtssicher erreichen zu können glaubte.[103]

6. Zwischenergebnis

46 Als Zwischenergebnis lässt sich deshalb festhalten, dass der Gesetzgeber für den Bereich der früher in § 64 Satz 2 GmbHG und jetzt in § 15b Abs. 1 Satz 2 InsO enthaltenen Sorgfaltsausnahme eine klare Kurskorrektur gegenüber den bisherigen Rechtsprechungsgrundsätzen vorgenommen hat, und dies nicht nur in Bezug auf die sog. Notgeschäftsführung, sondern auch in Bezug auf die Abführung von Steuern und Arbeitnehmerbeiträgen zur Sozialversicherung. Nur der pflichtgemäß handelnde Geschäftsführer wird weitergehend als bisher durch den zweiten Absatz des § 15b InsO privilegiert, während der pflichtwidrig die Insolvenz verschleppende Geschäftsführer nach dem dritten Absatz der Norm grundsätzlich nicht mehr von der Sorgfaltsausnahme profitiert. Dies gilt auch für die früher (fehlerhaft) von der Rechtsprechung des II. Zivilsenats privilegierte Zahlung von Steuern und Arbeitnehmerbeiträgen zur Sozialversicherung.

III. Neuausrichtung der Rechtsfolgenseite in § 15b Abs. 4 InsO

47 Die zweite wesentliche Kurskorrektur ist auf der Rechtsfolgenseite des neuen § 15b Abs. 4 InsO in den dortigen Sätzen 1 und 2 erfolgt.

48 Der erste Satz liest sich zwar noch ganz wie das alte Recht, wenn es dort heißt: *„Werden entgegen Absatz 1 Zahlungen geleistet, sind die Antragspflichtigen der juristischen Person zur Erstattung verpflichtet."* Die Abweichung von § 64 GmbHG a.F., die bisweilen gar als *„Sensation"* gefeiert wird,[104] erfolgt erst im zweiten Satz mit folgendem Wortlaut: *„Ist der Gläubigerschaft der juristischen Person ein geringerer Schaden*

---

103 Überzeugend *Berberich*, ZInsO 2021, 1313, 1317; s. auch *Heinrich*, NZI 2021, 258, 261: Der Gesetzgeber schreibe die Rechtsprechung des 5. Strafsenats konsequent fort.

104 *Poertzgen*, ZInsO 2020, 2509, 2515 f.; energisch zust. auch *Brinkmann*, ZIP 2020, 2361, 2367 = VGR, Gesellschaftsrecht in der Diskussion 2020, 2021, S. 107 (Rz. 37); neutral von *„Innovation"* sprechend *Lieder/Wagner*, ZGR 2021, 495, 525, 530, mit ausdrücklicher Kritik an der Einordnung als *„Sensation"*.

entstanden, beschränkt sich die Ersatzpflicht auf den Ausgleich dieses Schadens."

1. Dogmatik des § 15b Abs. 4 Sätze 1 und 2 InsO

Wie bereits an anderer Stelle näher dargelegt, greift der Gesetzgeber damit 49 den bisherigen Grundlagenstreit über die Rechtsnatur des Anspruchs[105] auf, ohne ihn zu entscheiden.[106] Die herrschende Einzelbetrachtung[107] und die insbesondere von *Altmeppen,*[108] *K. Schmidt*[109] und vom *Verfasser*[110] seit jeher vertretene Gesamtbetrachtung[111] werden miteinander verbunden[112] und zu einem Konzept verwoben, in dem nun im Ergebnis der allen Gläubigern gemeinschaftlich entstandene Schaden haftungsrelevant ist (vgl. Satz 2: *„Schaden der Gläubigerschaft"*), der jedoch in Höhe der verbotswidrig geleisteten Einzelzahlungen widerleglich vermutet wird (Satz 1).[113] Damit wird für Deutschland per Gesetz ein Konzept

---

105 Dazu *Bitter/Baschnagel,* ZInsO 2018, 557, 581 f.; *Bitter* in Scholz, Band 3, 12. Aufl. 2021, § 64 GmbHG Rz. 20 ff., 99 ff.; *Lieder/Wagner,* ZGR 2021, 495, 500 f.

106 So ausdrücklich die Begr. RegE zu § 15b Abs. 4 InsO, BT-Drucks. 19/24181, S. 195; dazu *Bitter,* ZIP 2021, 321, 328.

107 Grundlegend BGH v. 29.11.1999 – II ZR 273/98, BGHZ 143, 184 = GmbHR 2000, 182 m. Bespr. *Bitter,* WM 2001, 666; bestätigend BGH v. 18.10.2010 – II ZR 151/09, ZIP 2010, 2400 = GmbHR 2011, 25 Rz. 21 (Fleischgroßhandel): Es komme nicht auf einen Vergleich des Vermögens bei Eintritt der Insolvenzverschleppung und deren Ende an; BGH v. 4.7.2017 – II ZR 319/15, GmbHR 2017, 969 = ZIP 2017, 1619 Rz. 11: Die haftungsrelevante Handlung liege in einzelnen Zahlungen; der Ersatzanspruch sei nicht auf die Erstattung des Quotenschadens gerichtet; ferner OLG München v. 18.5.2017 – 23 U 5003/16, GmbHR 2017, 1090, 1092 = juris Rz. 34: kein Ausgleich des „Gesamtverlustes"; OLG München v. 22.6.2017 – 23 U 3769/16, GmbHR 2017, 1094, 1097 = juris Rz. 66: allgemeine Saldierung nicht möglich; OLG Rostock v. 22.1.2018 – 6 U 10/14, GmbHR 2019, 719, 720 = juris Rz. 95; w.N. zur h.M. bei *Bitter* in Scholz, Band 3, 12. Aufl. 2021, § 64 GmbHG Rz. 101 f.

108 *Altmeppen,* ZIP 2001, 2201, 2206 ff.; zuvor auch schon *Altmeppen/Wilhelm,* NJW 1999, 673, 678 f.; aus jüngerer Zeit *Altmeppen,* ZIP 2020, 937 ff. m.w.N.

109 *K. Schmidt,* GmbHR 2000, 1225 ff.; aus jüngerer Zeit *K. Schmidt,* NZG 2015, 129 ff.; *K. Schmidt,* ZHR 183 (2019), 2 ff., jeweils m.w.N.

110 Siehe etwa *Bitter,* WM 2001, 666 ff.; *Bitter,* Beilage zu ZIP 22/2016, 6 ff.

111 Weitere Nachw. zu dieser wachsenden Gegenansicht bei *Bitter* in Scholz, Band 3, 12. Aufl. 2021, § 64 GmbHG Rz. 102 in Fn. 276.

112 So Begr. RegE zu § 15b Abs. 4, BT-Drucks. 19/24181, S. 195.

113 Begr. RegE zu § 15b Abs. 4, BT-Drucks. 19/24181, S. 195 mit Hinweis auf RG v. 30.11.1938 – II 39/18, RGZ 159, 211, 229 f.

eingeführt, das der österreichische OGH bereits gut vier Jahre früher im Anschluss an *K. Schmidt* per gerichtlicher Interpretation der dortigen Parallelvorschrift in § 25 Abs. 3 Nr. 2 öGmbHG verwirklicht hat.[114] Dieses Konzept überzeugt zwar insoweit nicht, als die Einzelzahlungen keinerlei Bezug zu dem letztlich haftungsrelevanten Gesamtgläubigerschaden haben und deshalb nicht als Vermutungstatbestand taugen;[115] es handelt sich im Vergleich zur bislang h.M. jedoch immerhin um einen *„Schritt in die richtige Richtung".*[116]

50 Da sich im Hinblick auf die Kombination von Einzel- und Gesamtbetrachtung sowohl die Vertreter der früher h.M. als auch jene der Gegenansicht im neuen § 15b Abs. 4 Sätze 1 und 2 InsO wiederfinden können, verwundert es nicht, dass der Streit um die Rechtsnatur nach der Reform erneut entbrannt ist und je nachdem, ob stärker der erste oder zweite Satz des § 15b Abs. 4 InsO betont wird, erneut unterschiedliche Positionen vertreten werden:

51 Soweit man das Augenmerk stärker auf die in Satz 1 im Einklang mit der früheren Einzelbetrachtung enthaltene Anordnung eines Ersatzes *jeder einzelnen Zahlung* legt, wird – in Übereinstimmung mit der früher h.M. zu § 64 GmbHG[117] – von einem Ersatzanspruch eigener Art gesprochen.[118] Andere stellen demgegenüber zutreffend auf den nun nach Satz 2

---

114 OGH Wien v. 26.9.2017 – 6 Ob 164/16k unter Ziff. 2.3.3. bis 2.3.5. mit Hinweis auf *K. Schmidt* in Scholz, Band 3, 11. Aufl. 2015, § 64 GmbHG Rz. 16, 63, 68 f.; dazu *Trenker*, JBl 2018, 434, 437 ff.
115 *Bitter* in Scholz, Band. 3, 12. Aufl. 2021, § 64 GmbHG Rz. 108, 202; zust. *Altmeppen*, ZIP 2021, 2413, 2417.
116 So bereits *Bitter*, GmbHR 2020, 1157, 1158 und *Bitter*, ZIP 2021, 321, 328 f.
117 BGH v. 8.1.2001 – II ZR 88/99, BGHZ 146, 264, 278 = GmbHR 2001, 190, 194 unter III.1. der Gründe = juris Rz. 31; BGH v. 5.2.2007 – II ZR 51/06, GmbHR 2007, 936 = ZIP 2007, 1501 Rz. 7; BGH v. 26.3.2007 – II ZR 310/05, GmbHR 2007, 596 = ZIP 2007, 1006 Rz. 7; BGH v. 11.2.2008 – II ZR 291/06, GmbHR 2008, 702 = ZIP 2008, 1026 (Ls. 3 und Rz. 6); BGH v. 20.9.2010 – II ZR 78/09, BGHZ 187, 60 = GmbHR 2010, 1200 = ZIP 2010, 1988 Rz. 14 (Doberlug); BGH v. 15.3.2016 – II ZR 119/14, GmbHR 2016, 592 = ZIP 2016, 821 Rz. 15 (Kornhaas); BGH v. 6.8.2019 – X ARZ 317/19, ZIP 2019, 1659 = GmbHR 2019, 1112 Rz. 18; BGH v. 19.11.2019 – II ZR 233/18, ZIP 2020, 318 Rz. 15; *Haas* in Baumbach/Hueck, 22. Aufl. 2019, § 64 GmbHG Rz. 12; *Kleindiek* in Lutter/Hommelhoff, 20. Aufl. 2020, § 64 GmbHG Rz. 5 m.w.N.
118 *Bork/Kebekus* in Kübler/Prütting/Bork, Stand: März 2021, § 15b InsO Rz. 5, 64 ff. (Abs. 4 regelt nur eine *„Obergrenze"*); *A. Schmidt*, ZRI 2021, 389, 394 f.

im Ergebnis haftungsrelevanten „Schaden der Gläubigerschaft" ab und sprechen demgemäß von einem besonders ausgestalteten, insolvenzrechtlichen Schadensersatzanspruch,[119] wobei teilweise betont wird, die neue Regelungstechnik bedeute eine Absage des Gesetzgebers an die bisherige Einzelbetrachtung des BGH und eine Hinwendung zum Lager der Gesamtbetrachtung.[120] Dabei ist freilich dogmatisch ebenfalls umstritten, ob der nunmehr im Ergebnis haftungsrelevante Gesamtgläubigerschaden mit dem sog. Quotenverminderungsschaden (der Altgläubiger) bei § 823 Abs. 2 BGB i.V.m. § 15a InsO[121] identisch ist[122] oder nicht.[123]

2. Darlegungs- und Beweislast in der Prozesspraxis

Jedenfalls der erstgenannte Streit um die Einordnung als Ersatzanspruch eigener Art oder als Schadensersatzanspruch führt letztlich nicht weiter und richtigerweise war dies auch schon im alten Recht so.[124] Entscheidend für die Prozesspraxis wird zukünftig sein, welche Anforderungen die Gerichte im Rahmen des § 15b Abs. 4 Satz 2 InsO an die Darlegungs- und Beweislast des Geschäftsführers stellen.[125] Der Insolvenzverwalter

52

(schlichte Kodifikation der bisherigen BGH-Rechtsprechung); *Wolfer* in BeckOK/InsO, Stand: 15.7.2021, § 15b InsO Rz. 27.

119 *H.-F. Müller*, GmbHR 2021, 737, 741 Rz. 11; ähnlich *Desch/Hochdorfer* in Desch, Das neue Restrukturierungsrecht, 2021, § 6 Rz. 61 und 67 („*im Kern ein Schadensersatzanspruch*"); tendenziell für die Einordnung als Schadensersatzanspruch auch *Lieder/Wagner*, ZGR 2021, 495, 525 f. und 531.

120 *Hodgson*, NZI-Beilage 1/2021, 85, 87.

121 Dazu *Bitter* in Scholz, Band 3, 12. Aufl. 2021, § 64 GmbHG Rz. 312 ff.

122 So *Wolfer* in BeckOK/InsO, Stand: 15.7.2021, § 15b InsO Rz. 33 f.; *Baumert*, NZG 2021, 443, 448 mit Fn. 94; *Baumert*, ZRI 2021, 962, 966; *Desch/Hochdorfer* in Desch, Das neue Restrukturierungsrecht, 2021, § 6 Rz. 62 ff. („*Differenz der maximalen hypothetischen und minimalen tatsächlichen Quote*"); *Altmeppen*, ZIP 2021, 2413, 2417; *Kunz* in Kluth/Harder/Harig/Kunz, Das neue Restrukturierungsrecht, 2022, § 20 Rz. 67.

123 So *Bitter*, ZIP 2021, 321, 329 (Hinweis auf BGH v. 6.6.2013 – IX ZR 204/12, ZIP 2013, 1332 zur Steuerberaterhaftung = GmbHR 2013, 934 m. Anm. *Römermann/Praß*); *H.-F. Müller*, GmbHR 2021, 737, 743 Rz. 13; *Lieder/Wagner*, ZGR 2021, 495, 526 f.; vgl. zum Unterschied beider Ansätze *Bitter* in Scholz, Band 3, 12. Aufl. 2021, § 64 GmbHG Rz. 103.

124 Dazu *Bitter* in Scholz, Band 3, 12. Aufl. 2021, § 64 GmbHG Rz. 26 f.

125 Siehe dazu schon *Bitter*, ZIP 2021, 321, 329; zust. *Lieder/Wagner*, ZGR 2021, 495, 529 f. m.w.N.; erste Entscheidung hierzu LG Hamburg v. 3.6.2021 – 326 T 27/21, ZIP 2021, 1722, 1723 a.E., wo ein schlüssiger und substantiierter Vortrag zum geringeren Gesamtschaden gefordert wird; ebenso *Kunz* in Kluth/Harder/Harig/Kunz, Das neue Restrukturierungsrecht, 2022, § 20 Rz. 69.

kann sich nämlich nach § 15b Abs. 4 Satz 1 InsO wie bisher darauf beschränken, die einzelnen zum Vermögensabfluss führenden „Zahlungen" vorzutragen, und dann obliegt es nach § 15b Abs. 4 Satz 2 InsO dem Geschäftsführer darzulegen und zu beweisen, dass der Gläubigerschaft ein geringerer Schaden entstanden ist als er jenen Einzelzahlungen entspricht.

53 Wie bereits an anderer Stelle ausgeführt, wird jener Gegenbeweis[126] ohne praktische Bedeutung und folglich im Sinne von *Gehrlein* alles beim Alten bleiben,[127] wenn man die Anforderungen an die Substantiierung und den Beweis hochschraubt und verlangt, dass der Geschäftsführer einerseits exakt den kompletten Zeitraum der Insolvenzreife bestimmt, andererseits für jenen Zeitraum konkret belegt, dass der Gesamtschaden der Gläubiger geringer ist als die vom Insolvenzverwalter eingeklagten Einzelzahlungen.[128] Umgekehrt käme es zu einer faktischen Blockade aller auf § 15b InsO gestützten Klageverfahren, wenn man es genügen lassen würde, dass der Geschäftsführer gegenüber der vom Insolvenzverwalter gestützt auf die Einzelzahlungen erhobenen Klage schlicht darauf verweist, der Gesamtschaden der Gläubiger sei niedriger, um dafür Beweis durch Sachverständigengutachten anzubieten.[129] Der Sachverständige hätte nämlich vergleichbare Schwierigkeiten zur Bestimmung des auf die komplette Periode der Insolvenzreife bezogenen Gesamtgläubigerschadens und dies vermutlich selbst dann, wenn man insoweit – wie schon früher vom *Verfasser* vorgeschlagen[130] – nicht auf den sog. Quotenverminderungsschaden abstellt,[131] den praktisch niemand berechnen kann,[132] sondern auf den durch die verspätete Insolvenzantragstellung

---

126 Ebenso die Begrifflichkeit bei *Lieder/Wagner*, ZGR 2021, 495, 529, und *Baumert*, ZRI 2021, 962, 965, während *Thole*, BB 2021, 1347, 1353, präzisierend von „Gegenteilsbeweis" spricht mit weiterführendem Hinweis in Fn. 75.

127 So die Einschätzung bei *Gehrlein*, DB 2020, 2393, 2398 und 2399; zust. *Brünkmans*, ZInsO 2021, 1, 18; ähnlich *Bork/Kebekus* in Kübler/Prütting/ Bork, Stand: März 2021, § 15b InsO Rz. 70; optimistischer *H.-F. Müller*, GmbHR 2021, 737, 743 (kein „totes Recht").

128 Vgl. *Bitter*, ZIP 2021, 321, 329; zust. *Lieder/Wagner*, ZGR 2021, 495, 530; a.A. *Jacobs/Kruth*, DStR 2021, 2534, 2540 f.

129 Auch dazu schon *Bitter*, ZIP 2021, 321, 329; zust. *Lieder/Wagner*, ZGR 2021, 495, 530; vgl. auch *Kunz* in Kluth/Harder/Harig/Kunz, Das neue Restrukturierungsrecht, 2022, § 20 Rz. 69.

130 *Bitter*, Beilage zu ZIP 22/2016, 6, 11.

131 So aber *K. Schmidt* in Scholz, Band 3, 11. Aufl. 2015, § 64 GmbHG Rz. 21.

132 Dazu *Bitter* in Scholz, Band 3, 12. Aufl. 2021, § 64 GmbHG Rz. 314 m.w.N.

verursachten Vermögensverlust, den der IX. Zivilsenat im Jahr 2013 in einem Haftungsprozess gegen einen fehlerhaft beratenden Steuerberater für ersatzfähig erklärt hat.[133]

3. Ausweitung der Rechtsprechung zum Aktiventausch

Um Skylla und Charybdis zu umschiffen, hatte der *Verfasser* vorgeschla- 54
gen, einen Mittelweg zu beschreiten, indem die schon bisher in Richtung des heutigen § 15b Abs. 4 InsO weisende, jedoch nicht in jeder Hinsicht überzeugende Rechtsprechung des BGH zum sog. Aktiventausch[134] ausgeweitet wird.[135] Diese Gedanken sollen hier nicht vollständig wiederholt, sondern knapp zusammengefasst und gegen Kritik verteidigt werden, die daran im Laufe des Jahres 2021 geübt wurde.

a) Grundsätzliche Relevanz der Reihenfolge von „Zahlung" und Gegenleistung

Grundsätzlich zutreffend erscheint es zunächst bei der an einzelne Zah- 55
lungen anknüpfenden Vermutungsregel des § 15b Abs. 4 Satz 1 InsO, mit der bisherigen Rechtsprechung die Kompensationsmöglichkeit im Rahmen des Aktiventauschs von der Reihenfolge der Leistungen abhängig zu machen. Danach kann nur eine der „Zahlung" nachfolgende Leistung des Zahlungsempfängers kompensierend wirken.[136] Fließt nämlich dem

---

133 BGH v. 6.6.2013 – IX ZR 204/12, ZIP 2013, 1332 (Ls. 2) = GmbHR 2013, 934 m. Anm. *Römermann/Praß*; vgl. zum Unterschied zwischen beiden Ansätzen *Bitter* in Scholz, Band 3, 12. Aufl. 2021, § 64 GmbHG Rz. 103; die Unterschiede nicht zur Kenntnis nehmen wollend *Altmeppen*, ZIP 2021, 2413, 2416 f. in Fn. 22 und 36.

134 Grundlegend BGH v. 18.11.2014 – II ZR 231/13, BGHZ 203, 218 = GmbHR 2015, 137; sodann auch BGH v. 23.6.2015 – II ZR 366/13, BGHZ 206, 52 = GmbHR 2015, 925 Rz. 26; BGH v. 4.7.2017 – II ZR 319/15, GmbHR 2017, 969 = ZIP 2017, 1619 (Ls. 1 und Rz. 10 ff.); BGH v. 27.10.2020 – II ZR 355/18, BGHZ 227, 221 = ZIP 2020, 2453 Rz. 33 f.; BGH v. 15.6.2021 – II ZR 146/20, ZRI 2021, 635 = ZInsO 2021, 1684 Rz. 8 f.; dazu umfassend *Bitter* in Scholz, Band 3, 12. Aufl. 2021, § 64 GmbHG Rz. 136 ff.

135 *Bitter*, ZIP 2021, 321, 329 ff.

136 BGH v. 27.10.2020 – II ZR 355/18, BGHZ 227, 221 = ZIP 2020, 2453 Rz. 41 ff. mit (zu Unrecht) krit. Bespr. *Altmeppen*, ZIP 2021, 1 ff.; zuvor schon *Bitter* in Scholz, Band 3, 12. Aufl. 2021, § 64 GmbHG Rz. 147 m.w.N.; zum neuen Recht *Bitter*, ZIP 2021, 321, 330; dagegen erneut *Altmeppen*, ZIP 2021, 2413, 2417 in Fn. 33 (*„eindeutig nicht mehr haltbar"*).

Vermögen des insolventen Schuldners zunächst – im Wege der Vorleistung des Geschäftspartners – ein Wert zu, wird dadurch die im späteren Insolvenzverfahren verteilbare Masse vergrößert und jene nun gesteigerte Masse ist nach dem Grundgedanken des Massesicherungsgebots vom Geschäftsführer zu sichern. Die spätere „Zahlung" auf eine früher erbrachte Vorleistung des Zahlungsempfängers ist deshalb grundsätzlich haftungsrelevant, weil sie zu einer Reduktion der vormaligen Haftungsmasse führt.[137]

b) Fortlaufende Kompensation bei fortgesetzter laufender Geschäftsbeziehung

56 Dieser Grundsatz relativiert sich allerdings rasch, wenn man die in der Praxis häufigen Fälle einer laufenden Geschäftsbeziehung betrachtet, in der die insolvente Gesellschaft wieder und wieder vom Geschäftspartner beliefert wird. Im Regelfall wird der Geschäftspartner – gerade bei einer bonitätsmäßig nicht mehr so guten Schuldnerin – darauf bestehen, dass die frühere Lieferung bezahlt wird, ehe neue Ware im Wege der Vorleistung geliefert wird. In derartigen Fällen kann die *spätere* neue Lieferung im Rahmen des Aktiventauschs die *frühere* Bezahlung der vorangehenden Lieferung kompensieren.[138] Die Neulieferung durch den Geschäftspartner folgt nämlich der Bezahlung der Altrechnung durch die insolvente Gesellschaft zeitlich nach und gleicht damit den in der Bezahlung der Altrechnung liegenden früheren Abfluss aus der Masse aus. Im Rahmen einer laufenden Geschäftsbeziehung addieren sich also die im Zustand der Insolvenzverschleppung nach und nach erbrachten „Zahlungen" in Gestalt der beglichenen Rechnungen für Vorleistungen der Geschäftspartner nicht auf. Vielmehr ist im Rahmen der fortlaufenden Bezahlung alter Rechnungen und jeweils anschließenden neuen Be-

---

137 In diesem Sinne schon *Bitter*, ZIP 2021, 321, 330; ebenso *Lieder/Wagner*, ZGR 2021, 495, 528. Diese auf die einzelne Zahlung bezogene Sichtweise schließt es nicht aus, im Rahmen einer Gesamtbetrachtung, die sich auf den kompletten Zeitraum der Insolvenzverschleppung bezieht, festzustellen, dass der Gesamtheit der Gläubiger trotz der konkreten Zahlung auf eine ebenfalls während der Insolvenzverschleppung erbrachte Vorleistung des Geschäftspartners kein Schaden durch jene Insolvenzverschleppung entstanden ist; vgl. dazu *Altmeppen*, ZIP 2021, 1, 3 f. und sein damit übereinstimmender Beitrag im Rahmen der Diskussion zum hiesigen Vortrag (siehe den im Anschluss abgedruckten Diskussionsbericht von *Jochum*, S. 189, Rz. 9 f.).

138 In diesem Sinne schon *Bitter*, ZIP 2021, 321, 331.

lieferung nur ein zulasten der insolventen Gesellschaft sich ergebender Negativsaldo haftungsrelevant.[139]

c) Kompensationsfähigkeit auch von Dienst-/Arbeitsleistungen

Entgegen der bisherigen Rechtsprechung zu § 64 GmbHG a.F.[140] sind im Rahmen des § 15b Abs. 4 Satz 2 InsO auch reine Dienst- oder Arbeitsleistungen als Kompensation geeignet,[141] zumal jener kategoriale Ausschluss bestimmter Leistungsarten im Rahmen des Aktiventauschs schon zum alten Recht nicht überzeugen konnte.[142] Dies sei anhand von zwei Beispielen erneut ausgeführt:[143]   57

Stellen wir uns vor, die insolvente Gesellschaft betreibe ein Bauunternehmen. Als Generalunternehmerin errichtet sie im Auftrag eines Bauherrn ein Haus zu einem mit dem Bauherrn vereinbarten Werklohn von 500.000 €. Zur Durchführung des Bauvorhabens bestellt die Generalunternehmerin Baumaterial und es werden diverse Dienst- und Arbeitsleistungen in Anspruch genommen: Der Architekt liefert den Plan, der Statiker die Baustatik und eine Vielzahl an Handwerkern erbringt Leistungen, beispielsweise das Errichten der Mauern oder die Einbringung von Bädern, Böden und der Elektrik. Nehmen wir nun an, dass die Generalunternehmerin – unsere insolvente Gesellschaft – alle für die Errichtung des Hauses erforderlichen Leistungen einschließlich ihres eigenen   58

---

139 Zu vergleichbaren Ergebnissen im Rahmen der Insolvenzanfechtung *Bitter*, KTS 2016, 455 ff., zur dort als „Variante 3" aufgegriffenen laufenden Geschäftsverbindung insb. 457, 463 ff., 475 und vor allem 488 ff.; zur mehrfachen Gewährung und Rückführung von Gesellschafterdarlehen *Bitter* in FS Lwowski, 2014, S. 223 ff.; *Bitter* in Scholz, Band 3, 12. Aufl. 2021, Anh. § 64 GmbHG Rz. 151 ff.

140 BGH v. 4.7.2017 – II ZR 319/15, GmbHR 2017, 969 m. Anm. *Münnich* = ZIP 2017, 1619 Rz. 18 mit Hinweis auf *Fölsing*, KSI 2015, 70, 73; a.A. die Vorinstanz OLG Düsseldorf v. 1.10.2015 – 6 U 169/14, NZI 2016, 642, 645 f. = juris Rz. 39; wie der BGH und gegen das OLG Düsseldorf auch schon OLG München v. 22.6.2017 – 23 U 3769/16, GmbHR 2017, 1094 = juris Rz. 51 ff.

141 *Bitter*, ZIP 2021, 321, 330; tendenziell auch *Thole*, BB 2021, 1347, 1353.

142 *Bitter/Baschnagel*, ZInsO 2018, 557, 586 f.; *Bitter* in Scholz, Band 3, 12. Aufl. 2021, § 64 GmbHG Rz. 152; ähnlich *Gehrlein*, ZHR 181 (2017), 482, 511; *Ries*, FD-InsR 2012, 335994; *Altmeppen*, ZIP 2017, 1833, 1835; im Grundsatz zustimmend hingegen *Kordes*, NZG 2017, 1140, 1142.

143 Kürzer bereits *Bitter/Baschnagel*, ZInsO 2018, 557, 586; *Bitter*, ZIP 2021, 321, 330.

auf das Projekt entfallenden Allgemeinkostenanteils für 450.000 € bezahlen kann, hat sie mit der Errichtung des Hauses (im Zustand der Insolvenzverschleppung) einen Gewinn von 50.000 € erzielt.

59 Trotz des erzielten Gewinns und eines damit fehlenden Schadens für ihre Gläubiger müsste die Geschäftsleitung der Gesellschaft nach der bisherigen Rechtsprechung des BGH wegen Verletzung des früher aus § 64 Satz 1 GmbHG folgenden Massesicherungsgebots in erheblichem Umfang haften, weil nur ganz wenige für die Errichtung des Hauses erbrachte Leistungen im Rahmen des Aktiventauschs als kompensationsfähig anzuerkennen wären: Das angelieferte Baumaterial wäre nach der – von der Rechtsprechung geforderten[144] – Liquidationsperspektive grundsätzlich verwertbar[145] und damit für den Fall kompensationsfähig, dass entweder (wohl eher theoretisch) der Kaufpreis hierfür vor oder allerspätestens bei der Lieferung bezahlt wurde (zur Relevanz der Reihenfolge von Leistung und Gegenleistung oben Rz. 55) oder das Material unter Eigentumsvorbehalt geliefert und bei Bezahlung noch nicht verbaut war, weil dann im Gegenzug zur Zahlung das Eigentum in die Masse fallen würde. Die grundsätzliche Kompensationsfähigkeit gilt auch für das vom Elektriker oder Installateur verwendete Material,[146] während ihre Arbeitsleistung beim Einbau der Leitungen etc. nach der bisherigen Rechtsprechung schon nicht mehr als kompensationsfähige Gegenleistung anerkannt werden könnte. Erst recht gilt dies für die Planungsleistungen des Architekten und Baustatikers, weil sie nach der Rechtsprechung die Aktivmasse (angeblich) nicht erhöhen.[147] Unter einer Liquidationsperspektive wäre nämlich eine zum Zeitpunkt der Insolvenzeröffnung vorliegende isolierte Planung kaum verwertbar.[148]

---

144 BGH v. 4.7.2017 – II ZR 319/15, GmbHR 2017, 969 = ZIP 2017, 1619 Ls. 3 und Rz. 20.

145 Vgl. dazu *Lieder/Wagner*, ZGR 2021, 495, 508.

146 Dort dürfte es jedoch regelmäßig zu einem Eigentumsübergang durch Einbau bereits vor der Bezahlung kommen, so dass die Zahlung keinen zusätzlichen kompensierenden Wert in die Masse bringt.

147 Zur fehlenden Kompensationsfähigkeit von Arbeits- und Dienstleistungen wegen fehlender Erhöhung der Aktivmasse BGH v. 4.7.2017 – II ZR 319/15, GmbHR 2017, 969 = ZIP 2017, 1619 Ls. 2 und Rz. 18 mit Hinweis auf *Fölsing*, KSI 2015, 70, 73.

148 Vgl. allgemein BGH v. 4.7.2017 – II ZR 319/15, GmbHR 2017, 969 = ZIP 2017, 1619 Rz. 20: *„Die Bewertung hat aufgrund der Insolvenzreife der Gesellschaft danach zu erfolgen, ob die Insolvenzgläubiger die Gegenleistung*

Das Gleiche ergäbe sich – um ein zweites Beispiel zu nennen – für einen 60
insolvenzreifen Anbieter von Fachseminaren, der im Zustand der Insolvenzverschleppung noch ein Seminar mit Gewinn abschließt, weil er
für die Bezahlung der Referenten sowie die Raumnutzung und das Catering eines Hotels als Veranstaltungsort des Seminars und die eigenen
anteiligen (Personal-)Kosten weniger bezahlt als die Seminarteilnehmer
durch die Seminargebühren aufbringen. Die Geschäftsleitung müsste
trotz des erzielten Gewinns für die einzelnen im Rahmen der Seminar-
abwicklung geleisteten „Zahlungen" der insolvenzreifen GmbH haften,
weil weder die Dienstleistungen der Referenten noch die Möglichkeit
der Raumnutzung[149] sowie das Catering als Verbrauchsgut[150] unter einer Liquidationsperspektive als Kompensation des Masseabflusses in
Betracht kommen.

Doch war schon nach bisherigem Recht nicht einzusehen, warum Ar- 61
beits- und Dienstleistungen sowie Verbrauchsgüter *per se* als Kompensation im Rahmen des Aktiventauschs ausscheiden sollten (oben Rz. 57),
tragen diese doch – wie unsere beiden Beispiele hinreichend deutlich machen sollten – ebenso zur Wertschöpfung der insolventen Gesellschaft
bei wie angeliefertes (Bau-)Material oder sonstige der Gesellschaft über-
eignete körperliche Vermögensgegenstände.

d) Kompensation bei mit Gewinn abgeschlossenem Gesamtprojekt

Um den vom Geschäftsleiter im Rahmen des § 15b Abs. 4 Satz 2 InsO 62
zu führenden Gegenbeweis[151] nicht ins Unermessliche zu steigern, sondern ihm eine realistische Chance für einen erfolgreichen Prozessvortrag einzuräumen, hat der *Verfasser* vor dem geschilderten Hintergrund
den Vorschlag unterbreitet, jedenfalls in Zukunft die Darlegung (und im
Bestreitensfall den Beweis) der Geschäftsleitung genügen zu lassen, dass

---

*verwerten könnten, wenn zum Bewertungszeitpunkt das Verfahren eröffnet
wäre."*

149 Dazu *Kunz* in Kluth/Harder/Harig/Kunz, Das neue Restrukturierungsrecht,
2022, § 20 Rz. 63: *„bloße Nutzungsmöglichkeit eines Mietobjekts".*

150 Zu (geringwertigen) Verbrauchsgütern BGH v. 4.7.2017 – II ZR 319/15,
GmbHR 2017, 969 = ZIP 2017, 1619 Rz. 20.

151 Ebenso die Begrifflichkeit bei *Lieder/Wagner*, ZGR 2021, 495, 529, und *Baumert*, ZRI 2021, 962, 965, während *Thole*, BB 2021, 1347, 1353, präzisierend
von „Gegenteilsbeweis" spricht mit weiterführendem Hinweis in Fn. 75.

das während der Insolvenzverschleppung durchgeführte *Gesamtprojekt,* dessen Teil die einzelne vom Insolvenzverwalter eingeklagte „Zahlung" war, mit Gewinn abgeschlossen wurde.[152] Nur so lassen sich nämlich die Überkompensationen vermeiden,[153] die sich als Konsequenz der nun vom Gesetzgeber bewusst korrigierten Einzelbetrachtung ergaben. Es kann nicht sachgerecht sein, dass die Geschäftsleiter – wie in den beiden Beispielsfällen – für Zahlungen im Rahmen eines Gesamtprojekts haften sollen, obwohl dieses mit Gewinn abgeschlossen wurde, und folglich die Zahlungen keinen Schaden der Gesamtgläubigerschaft hervorgerufen haben. In deutlich größerem Umfang als bisher vom BGH angenommen sollte insoweit sein im Grundsatz richtiger Satz gelten: „*Eine nochmalige Erstattung durch den Geschäftsleiter würde die Masse über ihre bloße Erhaltung hinaus anreichern und über den mit dem sog. Zahlungsverbot des § 64 Satz 1 GmbHG verbundenen Zweck hinausgehen.*"[154]

aa) Kritik am Vorschlag des Verfassers

63 Gleichwohl hat der Vorschlag des *Verfassers,* § 15b Abs. 4 Satz 2 InsO bereits dann mit der Folge einer Haftungsfreistellung der Geschäftsleitung zur Anwendung zu bringen, wenn eine konkrete Zahlung Teil eines mit Gewinn abgeschlossenen Gesamtprojekts ist, bislang nur partielle Gefolgschaft gefunden,[155] während er anderweitig zurückhaltend

---

152 *Bitter,* ZIP 2021, 321, 330. Im Rahmen des Gesamtprojekts sollte die Reihenfolge der Leistungen (oben Rz. 55) grundsätzlich unerheblich sein, insoweit also jene Idee herangezogen werden, die auch bei einer Gesamtbetrachtung für den kompletten Zeitraum der Insolvenzverschleppung gilt (vgl. dazu oben die letzte Fußnote in Rz. 55).

153 *Bitter* in Scholz, Band 3, 12. Aufl. 2021, § 64 GmbHG Rz. 152; zu Überkompensationen in Durchleitungsfällen zuvor schon *Bitter,* Beilage zu ZIP 22/2016, 6, 9 f.; deutlich wie hier auch *Ries,* FD-InsR 2012, 335994.

154 BGH v. 4.7.2017 – II ZR 319/15, ZIP 2017, 1619 Rz. 10 = GmbHR 2017, 969 m. Anm. *Münnich.*

155 *Lieder/Wagner,* ZGR 2021, 495, 527; ferner *Bork/Kebekus* in Kübler/Prütting/Bork, Stand: März 2021, § 15b InsO Rz. 71, die jedoch ergänzen, die Zahlung sei i.d.R. zur Betriebsfortführung erforderlich und deshalb bereits nicht pflichtwidrig. Letzteres erscheint im Hinblick auf § 15b Abs. 3 InsO unzutreffend, weil nach jener Norm die Sorgfaltsausnahme des § 15b Abs. 1 Satz 2, Abs. 2 InsO in Fällen der Insolvenzverschleppung gerade nicht anwendbar ist (vgl. dazu auch unten Rz. 66).

aufgenommen[156] oder ganz abgelehnt wurde:[157] *H.-F. Müller* hat insoweit vorgebracht, mit diesem Vorschlag würden die Restriktionen des § 15b Abs. 2 InsO unterlaufen,[158] während *A. Schmidt* gemeint hat, die Geschäftsleitung werde bereits hinreichend über § 15b Abs. 2 InsO geschützt.[159]

bb) Unterscheidung von Tatbestand und Rechtsfolge des § 15b InsO

Beide Argumentationsstränge können nicht überzeugen, weil sie das gesetzgeberische Konzept des § 15b InsO verkennen, in dem der vierte Absatz eine ganz andere Funktion übernimmt als der zweite Absatz.[160] § 15b Abs. 2 InsO führt durch die Anerkennung einer Sorgfaltsausnahme dazu, dass schon der Haftungstatbestand einer *verbotenen* Zahlung gar nicht erfüllt ist, die Zahlung vielmehr sorgfaltsgemäß und damit schon nicht pflichtwidrig oder jedenfalls nicht schuldhaft pflichtwidrig ist.[161] Für diesen Bereich hat der Gesetzgeber klar ausgesprochen, dass die Nichtberücksichtigung von Dienstleistungen durch die bisherige BGH-Rechtsprechung nicht überzeugen kann, weil die im Drei- bzw. Sechswochenzeitraum des § 15a Abs. 1 Sätze 1 und 2 InsO sowie im Eröffnungsverfahren nun nach § 15b Abs. 2 InsO erlaubte Geschäftsfortführung im Interesse der Gläubigergesamtheit (oben Rz. 16 und 23) nicht realistisch wäre, wenn die Geschäftsleitung Dienst- und Arbeitsleistungen nicht in Auftrag geben könnte, sie insbesondere die Arbeitnehmer der Gesellschaft nicht weiter beschäftigen und bezahlen könnte (oben Rz. 18 ff.).[162] Insoweit legt § 15b Abs. 2 InsO den Rahmen fest, innerhalb dessen die Geschäftsführung agieren darf, ohne überhaupt eine haftungsrelevante Zahlung zu leisten.[163]

64

---

156 *Thole*, BB 2021, 1347, 1353.
157 Vgl. neben den nachfolgend aufgeführten Autoren auch *Altmeppen*, ZIP 2021, 2413, 2417.
158 *H.-F. Müller*, GmbHR 2021, 737, 743 Rz. 17.
159 *A. Schmidt*, ZRI 2021, 389, 395.
160 Zutreffende Differenzierung beider Absätze bei *Lieder/Wagner*, ZGR 2021, 495, 523 f., 528 (klare Trennung zwischen Zahlungstatbestand und Haftungsumfang).
161 Zum Streit um die richtige dogmatische Verortung der Sorgfaltsausnahme s. *Bitter* in Scholz, Band 3, 12. Aufl. 2021, § 64 GmbHG Rz. 162 m.N.; mit guten Gründen für ein Entfallen der Pflichtwidrigkeit bei Eingreifen der Sorgfaltsausnahme *Lieder/Wagner*, ZGR 2021, 495, 523 m.w.N. in Fn. 148.
162 Anders *Baumert*, NZG 2021, 443, 446 f.
163 Ähnlich *Lieder/Wagner*, ZGR 2021, 495, 523 f.

65 Hiervon zu unterscheiden ist die in § 15b Abs. 4 InsO angesprochene Rechtsfolgenseite, die erst bei einer im Grundsatz pflichtwidrigen Zahlung relevant wird,[164] dann aber dem Geschäftsführer immer noch eine Enthaftung über den Nachweis erlaubt, dass der allen Gläubigern entstandene Schaden hinter der Höhe der Einzelzahlungen zurückbleibt. Wenn in diesem Rahmen der Vortrag des Geschäftsführers gehört wird, die Zahlung sei Teil eines mit Gewinn abgeschlossenen Gesamtprojekts, und dadurch die Haftung entfällt, werden hierdurch die Grenzen des § 15b Abs. 2 InsO keineswegs unterlaufen. Während nämlich die Anwendung der in § 15b Abs. 2 InsO konkretisierten Sorgfaltsausnahme *per se* zur Enthaftung führt, also auch bei einer im Ergebnis die Haftungsmasse verkleinernden Handlung, ist im Rahmen des § 15b Abs. 4 Satz 2 InsO immer die Feststellung erforderlich, dass eine Masseschmälerung durch das konkrete Gesamtprojekt nicht eingetreten ist. Im Rahmen des § 15b InsO gilt insoweit nichts anderes als bei sonstigen Haftungstatbeständen wie etwa § 823 BGB. Niemand würde dort behaupten, dass eine Haftungsfreistellung des Handelnden bei fehlendem Schaden die Begrenzungen unterlaufen würde, die das Gesetz im Rahmen des sonstigen Haftungstatbestands enthält, etwa das Entfallen einer Haftung bei fehlender Rechtsgutsverletzung, fehlender Rechtswidrigkeit oder fehlendem Verschulden.

66 Gar nicht überzeugen kann insoweit der von *A. Schmidt* vorgebrachte Einwand, die Geschäftsleitung werde bereits hinreichend über § 15b Abs. 2 InsO geschützt.[165] In Fällen der Insolvenzverschleppung kann sie nämlich schon nach § 15b Abs. 3 InsO nicht von der Sorgfaltsausnahme des § 15b Abs. 1 Satz 2, Abs. 2 InsO profitieren (oben Rz. 13). Übertragen auf § 823 BGB liefe die Argumentation von *A. Schmidt* darauf hinaus, dem Handelnden den Nachweis eines fehlenden Schadens deshalb abzusprechen, weil er bereits hinreichenden Schutz dadurch genieße, Rechtfertigungs- oder Entschuldigungsgründe vortragen zu können. Doch stellt sich die Frage des Schadensumfangs auf der Rechtsfolgenseite richtigerweise erst, wenn der sonstige Haftungstatbestand erfüllt ist.

---

164 Unterscheidung wie hier auch bei *Lieder/Wagner*, ZGR 2021, 495, 523 f. und 528.
165 *A. Schmidt*, ZRI 2021, 389, 395.

cc) Entlastung in gewinnträchtigen Bereichen trotz Haftung für Verlustbringer

Gegen den Vorschlag des *Verfassers*, eine Enthaftung bereits bei einem 67
mit Gewinn abgeschlossenen Gesamtprojekt anzuerkennen, ist ferner
vorgebracht worden, der Geschäftsleiter könne unmöglich entlastet werden, wenn er nur einzelne Projekte mit Gewinn abgeschlossen, daneben
aber im Zeitraum der Insolvenzverschleppung weitere Projekte mit Verlust durchgeführt habe.[166] So könne die Generalunternehmerin im oben
angeführten Beispielsfall vielleicht das eine Haus mit Gewinn verkauft
haben, ein anderes Haus oder mehrere andere Häuser jedoch mit Verlust. Der Anbieter von Fachseminaren habe möglicherweise nur in einem
Seminar (mit vielen Teilnehmern) Gewinn gemacht, in anderen (mit
wenigen Teilnehmern) aber Verluste, so dass die Betriebsfortführung im
Zeitraum der Insolvenzverschleppung im Ergebnis verlustreich gewesen
sei.

Doch ergibt sich aus jener Argumentation richtigerweise kein Einwand 68
gegen den vom *Verfasser* unterbreiteten Vorschlag. Es mag zwar sein,
dass es andere Projekte mit Verlust im Zeitraum der Insolvenzreife gegeben hat. Doch reicht es dann vollkommen aus, wenn diese verlustrei-
chen Projekte zu einer Haftung führen, weil der Geschäftsführer *insoweit* nicht den Gegenbeweis des § 15b Abs. 4 Satz 2 InsO führen kann.
Warum aber die Annahme einer Haftung für verlustreiche Projekte es
auch rechtfertigen soll, für nicht verlustreiche Bereiche der Geschäftstätigkeit eine Haftung zu postulieren, ist nicht erklärbar. Richtigerweise
wird ja die Geschäftsleitung auf der Basis des hier erneut unterbreiteten
Vorschlags keineswegs vollständig entlastet. Es soll ihr der Gegenbeweis
nur für Teilbereiche erleichtert werden, ganz ebenso, wie es die bisherige Rechtsprechung zum sog. Aktiventausch ebenfalls schon getan hat.
Niemand hat etwa bislang die Möglichkeit bestritten, einen Aktiventausch und damit eine Enthaftung der Geschäftsleitung bei einem Aus-
tauschgeschäft zu marktgerechten Konditionen deshalb abzulehnen,
weil es daneben weitere Geschäfte zu für die insolvente Gesellschaft un-
günstigen Konditionen gegeben hat.

---

166 Dieser Einwand ist in mehreren vom *Verfasser* im Jahr 2021 gehaltenen Vor-
trägen zu § 15b InsO (vgl. https://www.jura.uni-mannheim.de/bitter/for
schung/vortraege/) geäußert worden.

69 Es geht folglich bei dem vom *Verfasser* unterbreiteten Vorschlag allein um die Frage, wie weit der Blickwinkel im Rahmen eines Aktiventauschs auszurichten ist, ob er sich nur auf einzelne ausgetauschte Leistungen beziehen kann oder auch auf größere Einheiten (Gesamtprojekte).[167] Letzteres erscheint deshalb sinnvoll, weil sich eine Geschäftstätigkeit nicht in Einzelsequenzen zerlegen lässt, sondern eine einzelne erworbene Leistung immer in ihrem Gesamtkontext zu sehen ist. So mag der von einem Architekten gelieferte Plan für ein zu errichtendes Gebäude (unter einer Liquidationsperspektive) nutzlos sein, wenn der Auftraggeber direkt nach der Übergabe des Plans in Insolvenz fällt und das angedachte Projekt dann nicht mehr realisiert wird. Umgekehrt hat aber der Plan des Architekten eindeutig zu einer Wertschöpfung beigetragen, wenn auf seiner Basis erfolgreich ein Haus errichtet und mit Gewinn veräußert werden konnte. In letzterem Fall kann nur eine auf das Gesamtprojekt blickende Betrachtung Überkompensationen durch eine zu scharfe Geschäftsleiterhaftung vermeiden, wie sie der neue § 15b Abs. 4 Satz 2 InsO gerade zu vermeiden sucht.

e) Aktiventausch bei debitorisch geführten Konten

70 Der neue § 15b Abs. 4 InsO bietet auch die Chance, noch einmal über die bisherige Rechtsprechung zum Aktiventausch bei debitorisch geführten Konten nachzudenken.[168]

aa) Problematik der bisherigen Rechtsprechung

71 Während der II. Zivilsenat in BGHZ 203, 218 im Verhältnis zwischen einer Mutter- und Tochtergesellschaft angenommen hat, die Rückführung des von der Mutter früher gewährten Darlehens durch die Tochter und die darin liegende „Zahlung" i.S.v. § 64 Satz 1 GmbHG a.F. könne durch die erneute Gewährung des Darlehens von der Mutter an die Tochter kompensiert werden,[169] sollte dies nach der deutschen – im Gegensatz zur österreichischen[170] – Rechtsprechung offenbar nicht bei debitorisch

---

167 Eine genauere Fixierung jener „Projekte" ist dabei entgegen *Thole*, BB 2021, 1347, 1353, m.E. nicht erforderlich.

168 Siehe dazu nach bisherigem Stand schon *Bitter*, Beilage zu ZIP 22/2016, 6, 9; *Bitter* in Scholz, Band 3, 12. Aufl. 2021, § 64 GmbHG Rz. 140 ff.; ähnlich jüngst *Lieder/Wagner*, ZGR 2021, 495, 516 f., zum neuen Recht 522 ff.

169 BGH v. 18.11.2014 – II ZR 231/13, BGHZ 203, 218 = GmbHR 2015, 137.

170 OGH Wien v. 26.9.2017 – 6 Ob 164/16k unter Ziff. 3.2.3. der Gründe; dazu auch *Trenker*, JBl 2018, 354, 359.

geführtem Konto gelten – jedenfalls nicht im Verhältnis zur Bank.[171] Der BGH entschied nämlich in BGHZ 206, 52, dass die in dem Eingang auf einem debitorisch geführten Konto liegende „Zahlung" an die Bank nicht durch die erneute Kreditgewährung bzw. durch die Zulassung von weiteren Verfügungen kompensiert werde, weil die Auszahlung im debitorischen Bereich lediglich ein Gläubigertausch sei und keinen Massezufluss darstelle.[172] Eine Kompensation und somit ein haftungsausschließender Aktiventausch sei aber denkbar bei (1) einer Separierung der erneut in Anspruch genommenen Mittel oder (2) einer Verwendung der Mittel für die Zahlung an einen (Neu-)Gläubiger, wenn im Gegenzug dazu ein werthaltiger Gegenstand in die Masse gelangt sei.[173]

Diese Rechtsprechung war schon zum alten Recht aus zwei Gründen zu kritisieren, die hier nur in Stichworten wiederholt seien:[174]   72

– Fehlende Praktikabilität: Bei größeren Unternehmen mit einer Vielzahl von Kontoein- und -ausgängen pro Tag ist es nicht möglich, einen konkreten Ausgang einem konkreten vorherigen Eingang zum Zwecke der Kompensationsbestimmung zuzuordnen.[175]

– Widersprüchlichkeit: Es ist nicht nachvollziehbar, warum einmal – bei der Muttergesellschaft als Kreditgeberin oder bei Warenlieferungen – auf das Verhältnis zu einem einzelnen Vertragspartner der insolventen Gesellschaft geschaut wird, ein anderes Mal – im Verhältnis zur Bank als Vertragspartnerin – nicht und stattdessen der Blick geweitet wird auf die Frage, was anschließend mit der „Gegenleistung" geschehen ist. Der OGH Wien liegt insoweit richtiger, wenn

---

171 Dazu kritisch schon *Bitter*, Beilage zu ZIP 22/2016, 6, 9; *Bitter/Baschnagel*, ZInsO 2018, 557, 584 f.; *Bitter* in Scholz, Band 3, 12. Aufl. 2021, § 64 GmbHG Rz. 140 ff.; ferner *Casper*, ZIP 2016, 793, 798 a.E.; *Gehrlein*, ZHR 181 (2017), 482, 524.

172 BGH v. 23.6.2015 – II ZR 366/13, BGHZ 206, 52 = GmbHR 2015, 925 Rz. 32; auf die abweichende Rechtsprechung im Anfechtungsrecht hinweisend *Gehrlein*, ZHR 181 (2017), 482, 521 ff.; vgl. zur fehlenden Trennung zwischen Deckungs- und Valutaverhältnis auch *Bitter* in Scholz, Band 3, 12. Aufl. 2021, § 64 GmbHG Rz. 125; *Lieder/Wagner*, ZGR 2021, 495, 503 f.

173 BGH v. 23.6.2015 – II ZR 366/13, BGHZ 206, 52 = GmbHR 2015, 925 Rz. 33.

174 Details bei *Bitter*, Beilage zu ZIP 22/2016, 6, 9; im Ergebnis ähnlich jüngst auch *Lieder/Wagner*, ZGR 2021, 495, 516 f.

175 Deutlich auch *Casper*, ZIP 2016, 793, 799 m.w.N. in Fn. 59; *Kordes*, NZG 2017, 1140, 1141 f. („*Aufarbeitung ... extrem aufwendig*"); ferner *Altmeppen*, NZG 2016, 521, 524.

er mit Hinweis auf die von *K. Schmidt* vertretene Ansicht[176] für Kontokorrentfälle ausführt: *„Masseschmälernd wirkt nur die Verringerung des Schuldsaldos vom Eintritt der materiellen Insolvenz bis zur Insolvenzeröffnung.“*[177]

bb) Perspektiven verbesserter Rechtsanwendung in der Zukunft

73 Nach dem neuen Konzept auf der Rechtsfolgenseite, das nach § 15b Abs. 4 Satz 2 InsO im Ergebnis auf den der Gläubigergesamtheit entstandenen Schaden schaut und sich damit von der Einzelbetrachtung der bislang h.M. löst, überzeugt es noch weniger, an den Grundsätzen der früheren Rechtsprechung zum Aktiventausch bei debitorischen Konten festzuhalten, ist sie doch ihrerseits Konsequenz der Einzelbetrachtungslehre.[178] Will man dem Geschäftsführer eine realistische Chance zur Darlegung und zum Beweis der in § 15b Abs. 4 Satz 2 InsO angelegten Enthaftung geben, sollte sich die Rechtsprechung auch insoweit öffnen und den Abfluss aus der Masse zugunsten der kreditgebenden Bank bereits dann und insoweit als kompensiert ansehen, wie jene Bank den Betrag anschließend wieder zur Verfügung gestellt hat.[179] Es überzeugt insoweit auch dogmatisch nicht, nur beim Kontoeingang zwischen dem Rechtsverhältnis der insolventen Gesellschaft zur Bank einerseits, zum Geschäftspartner andererseits zu trennen,[180] beim Kontoausgang hingegen nicht.[181]

74 Insgesamt harrt allerdings die Rechtsprechung zu Zahlungsein- und -ausgängen beim debitorischen Konto[182] mit ihren diversen Ausnahmen und Rückausnahmen und ihrer dadurch bewirkten, für die Praxis nicht mehr handhabbaren Komplexität[183] noch einer grundlegenden Aufarbei-

---

176 *K. Schmidt* in Scholz, Band 3, 11. Aufl. 2015, § 64 GmbHG Rz. 42 m.w.N.

177 OGH Wien v. 26.9.2017 – 6 Ob 164/16k unter 3.2.3. der Gründe.

178 Vgl. *Bitter* in Scholz, Band 3, 12. Aufl. 2021, § 64 GmbHG Rz. 142.

179 A.A. *Jacobs/Kruth*, DStR 2021, 2534, 2536: uneingeschränkte Anwendung der bisherigen Grundsätze.

180 Dazu *Lieder/Wagner*, ZGR 2021, 495, 503: Der einheitliche Inkassovorgang werde *„auseinandergezoomt“*.

181 Zur fehlenden Trennung von Deckungs- und Valutaverhältnis beim Zahlungsausgang *Bitter* in Scholz, Band 3, 12. Aufl. 2021, § 64 GmbHG Rz. 125; *Lieder/Wagner*, ZGR 2021, 495, 504 m.w.N. (*„Ergebnis unhaltbar“*).

182 Dazu jüngst ausführlich *Lieder/Wagner*, ZGR 2021, 495, 503 ff.

183 Dazu *Bitter* in Scholz, Band 3, 12. Aufl. 2021, § 64 GmbHG Rz. 126 ff.; *Bitter/Baschnagel*, ZInsO 2018, 557, 583 f.; *Bitter*, Beilage zu ZIP 22/2016, 6, 7 f.; dem folgend *Casper* in Ulmer/Habersack/Löbbe, Band 3, 2. Aufl. 2016,

tung und Neujustierung, zu der vielleicht auch die Neufassung der Massesicherung in § 15b InsO beitragen kann. Die neue Bestimmung zur Rechtsfolge im vierten Absatz der Vorschrift mit ihrem der Gesamtbetrachtungslehre zumindest angenäherten Konzept bietet insoweit die Chance, alte Zöpfe endlich einmal abzuschneiden. Eine neue Linie der Rechtsprechung zwingt nun nicht notwendig zum Eingeständnis einer bislang unrichtigen Rechtsanwendung, sondern kann schlicht auf die Bindung der Gerichte an die (neue) Entscheidung des Gesetzgebers gestützt werden (Art. 20 Abs. 3 GG). Dieser Aufbruch zu neuen Ufern sollte von der Literatur tatkräftig unterstützt und es sollte nicht in alten Gedankenmustern verharrt werden. Die Chance, Sackgassen zu verlassen, in die man sich im Laufe der Zeit verfahren hat, gilt es nun aktiv zu ergreifen.

IV. Thesenartige Zusammenfassung

Die Ergebnisse der hiesigen Überlegungen lassen sich in folgenden Thesen zusammenfassen:[184]   75

1. Die Neufassung des Massesicherungsgebots in § 15b InsO sollte der   76
II. Zivilsenat des BGH zum Anlass nehmen, seine bisherige Rechtsprechung zu § 64 GmbHG a.F. zu korrigieren. Eine Fortführung der bisherigen Grundsätze widerspräche dem im SanInsFoG klar zum Ausdruck kommenden Willen des Gesetzgebers.

▶ **Zur Sorgfaltsausnahme des § 15b Abs. 1 Satz 2, Abs. 2, 3, 8 InsO**

2. Die Konkretisierung der Sorgfaltsausnahme aus § 15b Abs. 1 Satz 2   77
InsO (früher § 64 Satz 2 GmbHG) in § 15b Abs. 2, 3 und 8 InsO bringt eine doppelte und richtige Korrektur der Rechtsprechung des II. Zivilsenats mit sich:

a) Der *pflichtwidrig* die Insolvenz verschleppende Geschäftsleiter profi-   78
tiert (grundsätzlich) nicht mehr vom Privileg der Sorgfaltsausnahme, auch nicht bei der straf- und haftungsbewehrten Abführung von Arbeit-

---

GmbHG Rz. 108 ff.; ferner *Casper*, ZIP 2016, 793, 799 ff.; *Gehrlein*, ZHR 181 (2017), 482, 525 ff.; *Lieder/Wagner*, ZGR 2021, 495, 507 ff.
184 Die nachfolgenden Thesen haben den Zuhörern des Vortrags vom 5.11.2021 als Basis der nachfolgend von *Jochum* zusammengefassten Diskussion vorgelegen.

nehmeranteilen zur Sozialversicherung (§ 266a StGB) und Steuern (§§ 34, 69 AO).

79 b) Der *pflichtgemäß* i.S.v. § 15a Abs. 1 InsO handelnde Geschäftsführer wird demgegenüber privilegiert: Im Drei- bzw. Sechswochenzeitraum des § 15a Abs. 1 InsO und im Eröffnungsverfahren sind grundsätzlich alle Zahlungen im ordnungsgemäßen Geschäftsgang erlaubt. Dieser Tatbestand ist erfüllt, wenn ein objektiv denkender Gläubiger der Zahlung im Interesse einer vorläufigen Aufrechterhaltung des Geschäftsbetriebs zugestimmt hätte. Die enger begrenzte Notgeschäftsführung gibt es nicht mehr. Im Drei- bzw. Sechswochenzeitraum und im Eröffnungsverfahren treten außerdem die genannten straf- und haftungsbewehrten Abführungsgebote grundsätzlich hinter dem Massesicherungsgebot zurück, um (nur) die *pflichtgemäß* handelnden Geschäftsleiter in dieser Phase der *unverschuldeten* Pflichtenkollision zu entlasten, und zwar in umgekehrter Richtung, als es der BGH-Rechtsprechung entsprach.

80 3. Die auf Steuerzahlungen begrenzte Regelung des § 15b Abs. 8 InsO ist analog auf die Abführung von Arbeitnehmeranteilen zur Sozialversicherung (§ 266a StGB) anzuwenden. Ob der Gesetzgeber angesichts der Rechtsprechung des 5. Strafsenats des BGH in Bezug auf § 266a StGB[185] insoweit von vornehmein kein Regelungsbedürfnis gesehen hat oder ihm die (Parallel-)Problematik in der außergewöhnlichen Hektik des Gesetzgebungsverfahrens entgangen ist und deshalb eine unbewusste Regelungslücke vorliegt, kann im Ergebnis dahinstehen. Angesichts der niemals bestrittenen Vergleichbarkeit der Interessenlage kann jedenfalls nicht angenommen werden, dass der Gesetzgeber des SanInsFoG die Zahlung von Arbeitnehmeranteilen zur Sozialversicherung (§ 266a StGB) anders behandelt wissen wollte als die haftungsbewehrte Abführung von Steuerzahlungen (§§ 34, 69 AO).

▶ **Zur Rechtsfolge des § 15b Abs. 4 Sätze 1 und 2 InsO**

81 4. Auf der Rechtsfolgenseite des Zahlungsverbots nähert § 15b Abs. 4 Sätze 1 und 2 InsO die Rechtslage in Deutschland per Gesetz jenen Grundsätzen an, die in Österreich bereits seit gut vier Jahren auf der Basis der Rechtsprechung des OGH Wien[186] gelten. Haftungsrelevant ist nun im Ergebnis der allen Gläubigern gemeinschaftlich entstandene Schaden

---

185 BGH v. 30.7.2003 – 5 StR 221/03, BGHSt 48, 307 = GmbHR 2004, 122.
186 OGH Wien v. 26.9.2017 – 6 Ob 164/16k.

(„Schaden der Gläubigerschaft"), der jedoch in Höhe der verbotswidrig geleisteten Einzelzahlungen widerleglich vermutet wird. Dieses Konzept überzeugt zwar insoweit nicht, als die Einzelzahlungen keinerlei Bezug zu dem Gesamtgläubigerschaden haben, und deshalb nicht als Vermutungstatbestand taugen; es handelt sich im Vergleich zur bislang h.M. jedoch immerhin um einen „Schritt in die richtige Richtung".

5. Entgegen der Annahme des OGH Wien und einer auch in Deutschland verbreiteten These sollte der in § 15b Abs. 4 Satz 2 InsO genannte „Schaden der Gläubigerschaft" nicht mit dem sog. Quotenverminderungsschaden gleichgesetzt werden, der im Rahmen des § 823 Abs. 2 BGB i.V.m. §§ 15a, 92 InsO – weitgehend theoretisch – für ersatzfähig erklärt wird. Vielmehr ist auf den durch die verspätete Insolvenzantragstellung verursachten Vermögensverlust abzustellen, den der IX. Zivilsenat im Jahr 2013 in einem Haftungsprozess gegen einen fehlerhaft beratenden Steuerberater für ersatzfähig erklärt hat.[187]

6. Der neu entflammte Streit um die richtige dogmatische Einordnung des Zahlungsverbots in § 15b InsO, in dem teils unter Betonung des § 15b Abs. 4 Satz 1 InsO weiter von einem Ersatzanspruch eigener Art ausgegangen wird, während andere unter Hinweis auf § 15b Abs. 4 Satz 2 InsO (richtigerweise) die Einordnung als insolvenzrechtlicher Schadensersatzanspruch (im Sinne der Gesamtbetrachtungslehre) vertreten, führt im Ergebnis kaum weiter. Entscheidend für die Prozesspraxis wird zukünftig sein, welche Anforderungen die Gerichte im Rahmen des § 15b Abs. 4 Satz 2 InsO an die Darlegungs- und Substantiierungslast des Geschäftsführers stellen. Diese sollten nicht überspannt werden, um dem in jener Norm zum Ausdruck kommenden Willen des Gesetzgebers zu einer Änderung der bisherigen Rechtsprechung zugunsten der Geschäftsführer zum Durchbruch zu verhelfen.

7. Der Gegenbeweis des § 15b Abs. 4 Satz 2 InsO sollte nicht auf die komplette Geschäftstätigkeit während des ganzen Zeitraums der Insolvenzreife bezogen werden. Vielmehr sollte es den Geschäftsleiter bereits entlasten, wenn er darlegen und beweisen kann, dass die konkrete Zahlung Teil eines während der Insolvenzreife durchgeführten, jedoch mit Gewinn abgeschlossenen Geschäftsvorgangs/Gesamtprojekts ist. In-

---

187 BGH v. 6.6.2013 – IX ZR 204/12, ZIP 2013, 1332 = GmbHR 2013, 934 m. Anm. *Römermann/Praß*.

soweit sind die bisherigen Grundsätze zum Aktiventausch auszuweiten, insbesondere auch Dienstleistungen als kompensationsfähig anzusehen. Ferner sind *neue* Leistungen, die im Rahmen einer laufenden Geschäftsbeziehung nach der „Zahlung" einer *alten* Leistung erbracht werden, haftungsmindernd anzurechnen.

Bericht über die Diskussion des Referats Bitter

Marcel Jochum

Wissenschaftlicher Mitarbeiter, Universität Mannheim

Die Diskussionsleitung übernahm *Alfred Bergmann*, der sich zunächst 1
für den beeindruckenden Vortrag und für die klare Darstellung der beiden Problembereiche des neuen § 15b InsO bedankte. Jene Problembereiche – die Neuausrichtung der Sorgfaltsausnahme (insbesondere in
Bezug auf die Pflichtenkollision zwischen der Massesicherungspflicht
und den Abführungsgeboten des Straf- und Steuerrechts) sowie die Änderung der Rechtsfolge nach § 15b Abs. 4 InsO – waren sodann auch Gegenstand der anschließenden Diskussion, die sich daneben mit den Auswirkungen des neuen § 15b InsO auf die Außenhaftung bei der GmbH &
Co. KG befasste und weiterhin die Behandlung von Altfällen in den Blick
nahm, die dem Anwendungsbereich des § 64 GmbHG a.F. unterfallen.

Vor der Übergabe des Wortes an den ersten Diskutanten wies *Bergmann* 2
einleitend darauf hin, die von *Bitter* an den II. Zivilsenat des BGH adressierte Forderung, die eigene Rechtsprechung mit Blick auf die Gesetzesänderung anzupassen, sei in der Tat an jenen Senat zu richten. Trotz der
Verlagerung des Zahlungsverbots in die Insolvenzordnung verbleibe die
Zuständigkeit für Ansprüche aus § 15b InsO nämlich einem Beschluss
des Präsidiums des BGH zur Geschäftsverteilung zufolge weiterhin beim
II. Zivilsenat.

Die Diskussion eröffnete *Daniel Könen* (Köln). Die aktuelle Debatte um 3
§ 15b InsO fokussiere sich nach seiner Wahrnehmung zu sehr auf die
AG und die GmbH, wohingegen die GmbH & Co. KG und die personengesellschaftsrechtlichen Strukturen aus dem Auge gerieten, obwohl
durch § 15b Abs. 6 InsO die frühere Regelung des § 130a HGB ja fortwir-
ke.

Weiterhin sei er nicht der Ansicht, die neue Vorschrift des § 15b InsO 4
bringe keine Änderung der Außenhaftung mit sich. Die von *Bitter* vertretene schadensrechtliche Gesamtbetrachtung ergebe sich unmittelbar
aus der Vorschrift des § 42 Abs. 2 BGB, die als verbandsrechtlicher Grundsatz die Insolvenzverschleppungshaftung bei körperschaftlichen Strukturen regele, wobei § 15b InsO die spezialgesetzliche Ausnahme für Ver-

187

eine des Handelsrechts darstelle. Bei der GmbH & Co. KG gebe es § 15b Abs. 6 InsO nur, weil die Haftungsverfassung des § 128 HGB für die GmbH & Co. KG versage. Regelungspendant zu § 128 HGB sei in der Insolvenz die Vorschrift des § 93 InsO, welche die Gesellschaftervermögen von einer primären Inanspruchnahme ausnehme und eine zentralisierte Geltendmachung durch den Insolvenzverwalter anordne, um den Grundsatz der Gläubigergleichbehandlung zu wahren. Diese Interessenlage sei vergleichbar mit der Inanspruchnahme des Geschäftsleiters bei der Außenhaftung wegen Insolvenzverschleppung, weshalb zumindest bei der GmbH & Co. KG in entsprechender Anwendung des § 93 InsO die Außenhaftung gegen den Geschäftsleiter nur treuhänderisch durch den Insolvenzverwalter geltend zu machen sei.

5 *Bitter* nahm den Hinweis zu § 15 Abs. 6 InsO auf und wies darauf hin, dass seine Darstellung in gleicher Weise für die GmbH & Co. KG gelte, weil § 15b Abs. 6 InsO letztendlich nur bewirke, dass Personengesellschaften, die im Ergebnis haftungsbeschränkt seien, dem Anwendungsbereich des § 15b InsO unterfielen.

6 Für die Außenhaftung nach § 823 Abs. 2 BGB i.V.m. § 15a InsO sei hingegen schon bisher anerkannt, dass die Altgläubigerschäden nach § 92 InsO zu einem Gesamtschaden zusammenzufassen seien. In diesem Zusammenhang habe insbesondere *K. Schmidt* diskutiert, ob sich jener Gesamtschaden mit der Rechtsfolge des § 64 GmbHG a.F. bzw. nun des § 15b InsO decke. Als wichtiger Unterschied zur Außenhaftung knüpfe die Innenhaftung aber nach § 15b InsO – wenn auch nur noch als Vermutungstatbestand – zumindest im Ausgangspunkt an einzelne Zahlungen an, wohingegen es bei der Außenhaftung keine entsprechende Vermutung gebe. Dies führe dazu, dass die Haftung nach § 823 Abs. 2 BGB i.V.m. § 15a InsO für Altgläubiger in der Praxis keine Bedeutung habe, weil jener Gesamtgläubigerschaden als Quotenschaden interpretiert werde, der einen Vergleich der realen Insolvenzquote mit einer hypothetischen Insolvenzquote in einem theoretisch früher durchgeführten Insolvenzverfahren erfordere. Jene Vergleichsrechnung gelinge in der Praxis nur in wenigen Einzelfällen. Deshalb führe die Diskussion um die Frage, ob die Rechtsfolge des § 15b InsO identisch mit derjenigen der Außenhaftung nach § 823 Abs. 2 BGB i.V.m. § 15a InsO sei, nicht weiter.

7 Für die im Rahmen der Außenhaftung getrennt zu betrachtenden Neugläubigerschäden bringe die Reform grundsätzlich keine Änderungen mit sich und darauf habe sich seine Aussage im Vortrag bezogen. Allein

für den Bereich des StaRUG gebe es nunmehr keine Insolvenzantrags-, sondern eine Insolvenzanzeigepflicht, bei deren Verletzung richtigerweise ebenfalls § 823 Abs. 2 BGB zur Anwendung kommen müsse.

Als nächster Diskutant meldete sich *Holger Altmeppen* (Passau) zu   8
Wort, der sich dem Lob von *Bergmann* anschloss und *Bitter* für den aus seiner Sicht brillanten Vortrag dankte. Sodann wandte er sich zunächst der Pflichtenkollision zwischen der Massesicherungspflicht und den Abführungsgeboten aus § 266a StGB und §§ 34, 69 AO zu. Das Einbehalten von Steuern und – wie von *Bitter* zu Recht angenommen – auch von Sozialabgaben begründe nach § 15b Abs. 8 Satz 1 InsO wegen des Zahlungsverbotes zutreffend keine Haftung, sofern die Insolvenzantragspflicht aus § 15a InsO eingehalten worden sei. Nicht eingegangen sei *Bitter* allerdings auf § 15b Abs. 8 Satz 2 InsO, der bei einer Verletzung der Insolvenzantragspflicht im Umkehrschluss wieder eine Verletzung der Steuerzahlungspflichten annehme, die Privilegierung aus § 15b Abs. 8 Satz 1 InsO also entfallen lasse. Weil zudem das Zahlungsverbot nach einer Verletzung der Insolvenzantragspflicht erst recht fortgelte, befinde sich der Geschäftsleiter folglich auch nach der Reform im altbekannten Dilemma einer Pflichtenkollision. Ein Geschäftsleiter hafte bei einem fahrlässig verspäteten Insolvenzantrag unabhängig davon, ob er die Steuern oder Sozialabgaben abführe oder nicht. Im ersten Fall folge die Haftung aus § 15b InsO, im zweiten Fall aus § 823 Abs. 2 BGB i.V.m. § 266a StGB bzw. aus §§ 34, 69 AO. Nicht richtig sein könne jedenfalls, dass der Geschäftsführer in diesen Fällen die Steuern und Sozialabgaben aus dem Privatvermögen zu zahlen habe.

Zudem widmete sich *Altmeppen* einer neueren Entscheidung des BGH   9
zum Aktiventausch, die er selbst kritisiert hatte.[1] Wenn *Bitter* die Kritik an jenem Urteil als nicht überzeugend einschätze, betrachte er möglicherweise nicht den gleichen Fall. Zwar sei es richtig, dass die Vorleistung eines Altgläubigers vor Insolvenzreife im Rahmen des Aktiventauschs keine kompensierende Wirkung für eine spätere Zahlung des Geschäftsführers im Zeitraum der Insolvenzverschleppung haben könne. Jene Vorleistung des Altgläubigers stehe in keinem Zusammenhang mit dem Gesamtschaden aus dem deliktischen Handeln der Insolvenzverschleppung, so dass die Haftung durch die Vorleistung an den Alt-

---

1 BGH v. 27.10.2020 – II ZR 355/18, BGHZ 227, 221 = ZIP 2020, 2453 mit krit. Bespr. *Altmeppen*, ZIP 2021, 1.

gläubiger nicht reduziert werde, weil der Geschäftsführer die Altgläubiger gerade nicht befriedigen dürfe.

10 Berücksichtigungsfähig müsse eine Vorleistung aber bei der Geschäftstätigkeit nach Insolvenzreife für denjenigen Schaden sein, der durch die Insolvenzverschleppung entstehe. Wenn etwa ein Geschäftsführer nach Insolvenzreife bei einem Händler Ware zum Preis von 100 € kaufe und diese zum Preis von 200 € an den Verbraucher verkaufe, mehre er die Insolvenzmasse um 100 €. Dennoch gelange die Rechtsprechung des BGH in Übereinstimmung mit *Bitter* in diesem Fall zu einer Inanspruchnahme des Geschäftsführers i.H.v. 300 €, sofern der Händler und der Verbraucher jeweils vorleisten würden. Diese Lösung könne nicht überzeugen. Richtigerweise sei im Rahmen einer Gesamtbetrachtung zu prüfen, welche Masseverkürzung vom Zeitpunkt des Beginns bis zum Ende der Insolvenzverschleppung eintrete. Nur jener Quotenschaden der Gläubiger sei ersatzfähig, was durch den neuen § 15b Abs. 4 Satz 2 InsO eindeutig bestätigt werde.

11 *Bitter* räumte ein, dass die Pflichtenkollision zwischen den Abführungsgeboten und der Massesicherungspflicht auch im neuen Recht fortbesteht. Allerdings habe der Geschäftsführer jene Pflichtenkollision durch die Insolvenzverschleppung selbst verursacht, weshalb es keinen Grund gebe, den Geschäftsführer von seinen Pflichten zu befreien. Der Gesetzgeber weiche insoweit bewusst von der bisherigen Rechtsprechung des II. Zivilsenats ab und wisse um die Pflichtenkollision beim Geschäftsführer. Sie stelle jedoch ein geeignetes Druckinstrument dar, das den Geschäftsführer zu einem rechtzeitigen Antrag bewege.

12 Für die geschilderten Fälle, in denen Vermögen erst nach einer Vorleistung abfließe, liege er inhaltlich mit *Altmeppen* wohl nicht auseinander. Inwieweit sich die Reihenfolge der Leistungen auswirke, hänge aus seiner Sicht davon ab, ob man auf die Vermutung anhand der einzelnen Zahlungen nach § 15b Abs. 4 Satz 1 InsO oder auf den Gesamtschaden nach § 15b Abs. 4 Satz 2 InsO blicke. Sofern der Geschäftsführer den Gesamtschaden nach § 15b Abs. 4 Satz 2 InsO darlegen könne, komme es in der Tat nicht auf die Reihenfolge der Leistungen, sondern nur auf den Schaden im Zeitraum der Insolvenzverschleppung an, bei dem Zu- und Abflüsse miteinander zu verrechnen seien. Weil jener Beweis aber selten gelingen werde, sei bei der Einzelbetrachtung nach § 15b Abs. 4 Satz 1 InsO schon eine Kompensation der einzelnen Abflüsse zu erwägen, die nach seiner Ansicht etwa auch im Rahmen von Gesamtprojekten mög-

lich sein müsse. Bei der Betrachtung der einzelnen Zahlungen könne aber etwa die spätere Zahlung des Kaufpreises nicht durch die schon zwei Monate zuvor erfolgte Übereignung und Lieferung der Kaufsache kompensiert werden. Die Übereignung der Kaufsache mehre zunächst die Insolvenzmasse und das Zahlungsverbot bezwecke gerade, den anschließenden Abfluss in der Form der Kaufpreiszahlung zu verhindern.

Zum Abschluss griff *Johannes Wertenbruch* (Marburg) die Diskussion um den zeitlichen Anwendungsbereich des Zahlungsverbots auf und führte aus, dass § 15b InsO für Zahlungen ab dem 1.1.2021 anwendbar sei, wohingegen § 64 GmbHG a.F. für Zahlungen bis zum 31.12.2020 gelte, was – wie *Bitter* ergänzte – durch das MoPeG nun klargestellt worden sei, um in der Praxis Klageabweisungen der Gerichte zu verhindern.[2] *Wertenbruch* richtete den Fokus anschließend auf die Altfälle und die Frage, ob der BGH seine bisherige Rechtsprechung im Rahmen des § 64 GmbHG a.F. beibehalten werde oder er insoweit den neuen § 15b InsO vorwegnehmen sollte. 13

Im Grundsatz sprach sich *Bitter* dafür aus, auch für die Altfälle von der bisherigen Rechtsprechung abzuweichen, erkannte aber an, dass den Geschäftsführern in gewissem Maße Vertrauensschutz zu gewähren sei. Deshalb könne etwa die bisher nach der Rechtsprechung des II. Zivilsenats privilegierte Zahlung von Arbeitnehmerbeiträgen zur Sozialversicherung oder von Steuern zumindest im Ergebnis nicht rückwirkend für die letzten Jahre eine Haftung begründen, weil sich der Geschäftsführer an jener Rechtsprechung orientiert habe. Denkbar sei insoweit aber, nur das Verschulden entfallen zu lassen, eine Pflichtwidrigkeit der Zahlungen jedoch anzunehmen. Eine Lösung über das Verschulden bringe zudem den Vorteil mit sich, dass die Rechtsprechung schon jetzt auf den neuen Weg einschwenken könne. Gerade in denjenigen Konstellationen, die sich über den Jahreswechsel 2020/2021 erstreckten und die Schadensbemessung nach § 15b Abs. 4 InsO beträfen, sei es nicht ideal, eine Aufteilung zwischen bisheriger und neuer Rechtslage vorzunehmen. Für Bereiche, in denen sich die Rechtsprechung – wie beim Aktiventausch – durch eine gewisse Offenheit auszeichne, biete es sich deshalb an, mit Blick auf das neue Recht die eigene Rechtsprechung auszuweiten. 14

---

2 Vgl. dazu die durch Art. 36 des MoPeG vom 10.8.2021 (BGBl. I 2021, 3436) ergänzte Vorschrift des Art. 103m EGInsO sowie den Bericht des Ausschusses für Recht und Verbraucherschutz, BT-Drucks. 19/31105, S. 7.

15 *Bergmann* ergänzte, für ihn sei die Situation, in welcher der BGH den neuen § 15b InsO zum Anlass nehme, in den Altfällen seine Rechtsprechung anzupassen, mit einer Rechtsprechungsänderung aus gänzlich eigenem Antrieb vergleichbar. Für eine solche Änderung der Rechtsprechung gebe es auch keinen grundsätzlichen Vertrauensschutz, wobei die Frage im Rahmen des Verschuldens möglicherweise anders zu bewerten sei. Diesem Aspekt stimmte auch *Altmeppen* zu, der auf die Gesetzesmaterialien zum SanInsFoG abstellte, nach denen der Gesetzgeber die geltende Rechtslage nur präzisieren und nicht ändern wolle, weshalb es nur um die von *Bergmann* angesprochene Rechtsprechungsänderung gehe.

Stichwortverzeichnis

Die Angaben beziehen sich auf die Seitenzahlen.

Schriftenreihe der Gesellschaftsrechtlichen Vereinigung (VGR)

Bd. 1 – **Gesellschaftsrecht in der Diskussion 1998**
Jahrestagung der Gesellschaftsrechtlichen Vereinigung. Herausgegeben von
der Vereinigung. 1999, 146 S., brosch. 29,80 €. ISBN 978-3-504-62701-0

Bd. 2 – **Gesellschaftsrecht in der Diskussion 1999**
Jahrestagung der Gesellschaftsrechtlichen Vereinigung. Herausgegeben von
der Vereinigung. 2000, 281 S., brosch. 49,80 €. ISBN 978-3-504-62702-7

Bd. 3 – **Gesellschaftsrecht in der Diskussion 2000**
Jahrestagung der Gesellschaftsrechtlichen Vereinigung. Herausgegeben von
der Vereinigung. 2001, 200 S., brosch. 38,– €. ISBN 978-3-504-62703-4

Bd. 4 – **Umwandlungen in den neuen Bundesländern nach der
Rechtsprechung des BGH**
Von RiLG Dr. Guido Wißmann, RiLG Dr. Markus Märtens und VorsRiLG
Dr. Enno Bommel. Herausgegeben von der Vereinigung. 2001, 171 S., brosch.
34,80 €. ISBN 978-3-504-62704-1

Bd. 5 – **Gesellschaftsrecht in der Diskussion 2001**
Jahrestagung der Gesellschaftsrechtlichen Vereinigung. Herausgegeben von
der Vereinigung. 2002, 205 S., brosch. 42,80 €. ISBN 978-3-504-62705-8

Bd. 6 – **Gesellschaftsrecht in der Diskussion 2002**
Jahrestagung der Gesellschaftsrechtlichen Vereinigung. Herausgegeben von
der Vereinigung. 2003, 204 S., brosch. 49,80 €. ISBN 978-3-504-62706-5

Bd. 7 – **Haftungsrisiken beim konzernweiten Cash Pooling**
Von RA Dr. Jochen Vetter und RA Dr. Christoph Stadler. Herausgegeben von
der Vereinigung. 2003, 168 S., brosch. 34,80 €. ISBN 978-3-504-62707-2

Bd. 8 – **Gesellschaftsrecht in der Diskussion 2003**
Jahrestagung der Gesellschaftsrechtlichen Vereinigung. Herausgegeben von
der Vereinigung. 2004, 195 S., brosch. 49,80 €. ISBN 978-3-504-62708-9

Bd. 9 – **Gesellschaftsrecht in der Diskussion 2004**
Jahrestagung der Gesellschaftsrechtlichen Vereinigung. Herausgegeben von
der Vereinigung. 2005, 187 S., brosch. 47,80 €. ISBN 978-3-504-62709-6

Bd. 10 – **Gesellschaftsrecht in der Diskussion 2005**
Jahrestagung der Gesellschaftsrechtlichen Vereinigung. Herausgegeben von
der Vereinigung. 2006, 179 S., brosch. 47,80 €. ISBN 978-3-504-62710-2

Schriftenreihe der Gesellschaftsrechtlichen Vereinigung (VGR)

Bd. 11 – **Die GmbH-Reform in der Diskussion**
Sondertagung der Gesellschaftsrechtlichen Vereinigung. Herausgegeben von
der Vereinigung. 2006, 244 S., brosch. 59,80 €. ISBN 978-3-504-62711-9

Bd. 12 – **Gesellschaftsrecht in der Diskussion 2006**
Jahrestagung der Gesellschaftsrechtlichen Vereinigung. Herausgegeben von
der Vereinigung. 2007, 226 S., brosch. 54,80 €. ISBN 978-3-504-62712-6

Bd. 13 – **Gesellschaftsrecht in der Diskussion 2007**
Jahrestagung der Gesellschaftsrechtlichen Vereinigung. Herausgegeben von
der Vereinigung. 2008, 196 S., brosch. 54,80 €. ISBN 978-3-504-62713-3

Bd. 14 – **Gesellschaftsrecht in der Diskussion 2008**
Jahrestagung der Gesellschaftsrechtlichen Vereinigung. Herausgegeben von
der Vereinigung. 2009, 206 S., brosch. 54,80 €. ISBN 978-3-504-62714-0

Bd. 15 – **Gesellschaftsrecht in der Diskussion 2009**
Jahrestagung der Gesellschaftsrechtlichen Vereinigung. Herausgegeben von
der Vereinigung. 2010, 182 S., brosch. 49,80 €. ISBN 978-3-504-62715-7

Bd. 16 – **Gesellschaftsrecht in der Diskussion 2010**
Jahrestagung der Gesellschaftsrechtlichen Vereinigung. Herausgegeben von
der Vereinigung. 2011, 254 S., brosch. 64,80 €. ISBN 978-3-504-62716-4

Bd. 17 – **Gesellschaftsrecht in der Diskussion 2011**
Jahrestagung der Gesellschaftsrechtlichen Vereinigung. Herausgegeben von
der Vereinigung. 2012, 215 S., brosch. 54,80 €. ISBN 978-3-504-62717-1

Bd. 18 – **Gesellschaftsrecht in der Diskussion 2012**
Jahrestagung der Gesellschaftsrechtlichen Vereinigung. Herausgegeben von
der Vereinigung. 2013, 205 S., brosch. 54,80 €. ISBN 978-3-504-62718-8

Bd. 19 – **Gesellschaftsrecht in der Diskussion 2013**
Jahrestagung der Gesellschaftsrechtlichen Vereinigung. Herausgegeben von
der Vereinigung. 2014, 166 S., brosch. 44,80 €. ISBN 978-3-504-62719-5

Bd. 20 – **Gesellschaftsrecht in der Diskussion 2014**
Jahrestagung der Gesellschaftsrechtlichen Vereinigung. Herausgegeben von
der Vereinigung. 2015, 244 S., brosch. 59,80 €. ISBN 978-3-504-62720-1

Schriftenreihe der Gesellschaftsrechtlichen Vereinigung (VGR)

Bd. 21 – Gesellschaftsrecht in der Diskussion 2015
Jahrestagung der Gesellschaftsrechtlichen Vereinigung. Herausgegeben von
der Vereinigung. 2016, 192 S., brosch. 49,80 €. ISBN 978-3-504-62721-8

Bd. 22 – Gesellschaftsrecht in der Diskussion 2016
Jahrestagung der Gesellschaftsrechtlichen Vereinigung. Herausgegeben von
der Vereinigung. 2017, 252 S., brosch. 64,80 €. ISBN 978-3-504-62722-5

Bd. 23 – Gesellschaftsrecht in der Diskussion 2017
Jahrestagung der Gesellschaftsrechtlichen Vereinigung. Herausgegeben von
der Vereinigung. 2018, 226 S., brosch. 64,80 €. ISBN 978-3-504-62723-2

Bd. 24 – Gesellschaftsrecht in der Diskussion 2018
Jahrestagung der Gesellschaftsrechtlichen Vereinigung. Herausgegeben von
der Vereinigung. 2019, 208 S., brosch. 59,80 €. ISBN 978-3-504-62724-9

Bd. 25 – Gesellschaftsrecht in der Diskussion 2019
Jahrestagung der Gesellschaftsrechtlichen Vereinigung. Herausgegeben von
der Vereinigung. 2020, 200 S., brosch. 59,80 €. ISBN 978-3-504-62725-6

Bd. 26 – Gesellschaftsrecht in der Diskussion 2020
Jahrestagung der Gesellschaftsrechtlichen Vereinigung. Herausgegeben von
der Vereinigung. 2021, 177 S., brosch. 54,80 €. ISBN 978-3-504-62726-3